教育部人文社会科学重点研究基地
云南大学西南边疆少数民族研究中心
西南边疆民族研究文库

中国婚礼通志

瞿明安 主编

赵春盛 姜亚碧 副主编

- 东北卷 -

张桔 编著

图书在版编目（CIP）数据

中国婚礼通志.东北卷/瞿明安主编；张桔编著.—北京：商务印书馆，2023
ISBN 978-7-100-20626-6

Ⅰ.①中… Ⅱ.①瞿…②张… Ⅲ.①结婚—礼仪—概况—东北地区 Ⅳ.①K892.22

中国版本图书馆CIP数据核字（2022）第018202号

权利保留，侵权必究。

中国婚礼通志
（东北卷）
瞿明安 主编
张桔 编著

商 务 印 书 馆 出 版
（北京王府井大街36号 邮政编码100710）
商 务 印 书 馆 发 行
北京顶佳世纪印刷有限公司印刷
ISBN 978-7-100-20626-6

2023年1月第1版　　开本787×1092　1/16
2023年1月北京第1次印刷　印张 14 3/4
定价：128.00元

本书获得云南大学民族学一流学科建设经费资助

总　序

　　婚礼是人的生命礼仪中不可缺少的一个重要环节，是人生历程中最能表达个体情感和反映群体利益需要的仪式象征符号。通过举行婚礼使得未婚的青年男女结为夫妻关系，既可以满足当事者的性爱活动、情感表达、生殖繁衍、世系传承和家庭日常生活的需要，同时也在两个不同的家族群体之间建立起长期的联姻关系。在中国传统社会中，婚礼自古以来就是儒家礼学体系的一个重要组成部分。儒家礼学的经典著作《仪礼·士昏礼》记载了先秦时期人们举行婚礼的仪式过程，其中的纳采、问名、纳吉、纳征、请期、亲迎就是人们通常所说的婚姻"六礼"。该书所记述的古代婚礼仪式细致入微，过程完整，耐人寻味，为人们认识中国传统婚礼提供了宝贵的历史资料和书写的基本范式。可以说后世各个朝代凡是详细记录婚礼习俗的文献古籍绝大部分都是以《仪礼·士昏礼》为历史源头的，无论是王室婚礼、士大夫婚礼还是民间婚礼，都可以看到《仪礼·士昏礼》中婚姻"六礼"及其他婚俗所产生的巨大影响。

　　中国历代有关婚礼习俗的文献古籍多不胜数，除了《仪礼·士昏礼》和与之相关联并具有重要影响力的《礼记·昏义》以外，各个朝代的典章制度、帝王实录、政书、类书、正史、野史、别史、法律文书、文集、地方志、风俗志、墓志铭、诗歌、小说、歌谣和绘画中也不同程度地记载或反映了社会各个阶层人们的婚礼习俗。其中反映某一特定地域婚礼习俗的私家著述比较有代表性的，如宋代孟元老的《东京梦华录》和吴自牧的《梦粱录》，明代顾起元的《客座赘语》和黄佐的《泰泉乡礼》，清代范祖述的《杭俗遗风》、黄叔璥的《台海使槎录》、罗布桑却丹的《蒙古风俗鉴》和陈鼎的《滇黔土司婚礼记》等，分别对北宋的开封和南宋的临安，明代的金陵和广西，清代的杭州、台湾、蒙古以及云南和贵州等不同地区人们的婚礼习俗加以详细记录，是研究中国古代不同地域传统婚礼的宝贵资料。明清时期的地方志中记载了许多府州县的民间婚礼，如明代永乐、弘治、嘉靖、万历、崇祯年间所修的地方志中曾有关于明代某些地区婚礼习俗的记载，而清代康熙、乾隆、嘉庆、道光、咸丰、同治、光绪、宣统年间所修的地方志中则有大量关于清代不同地区人们婚礼习俗的内容。中华民国时期以及中华人民共和国成立以来的数十年间，由政府有关部门所修的地方志以及由学者们所写的各种民族志和风俗志中，所记载的各个省、市、区、县、乡、镇、村人们有关婚礼的历史和现实资料更是举不胜举，为开展不同地区、不同民族的婚礼研究提供了丰富多彩的参考文献。

尽管中国的婚礼资料积累十分丰富，表现形式多种多样，但到目前为止尚未出版过一部全面反映中国各地区分省市县人们婚礼习俗的综合性著作，而这正是我们致力于开展《中国婚礼通志》写作的一个根本原因。从 2016 年开始，笔者拟订了写作大纲并广泛搜集资料，组织各位相关学者分工合作，经过三年的努力终于完成了这部通志性的著作。作为国内外第一部有关中国婚礼习俗的多卷本著作，本书具有以下几个方面的鲜明特点：

第一是规模宏大。中国是一个地域辽阔和民族众多的国家，了解中国各地的婚礼习俗是全面认识中国风土人情乃至国情的一道重要窗口。全套通志一共有七个分卷，包括第一卷华东卷，第二卷华北卷，第三卷华中卷，第四卷华南卷，第五卷西南卷，第六卷西北卷，第七卷东北卷，覆盖了上海、江苏、浙江、安徽、福建、江西、山东、台湾、北京、天津、河北、山西、内蒙古、河南、湖北、湖南、广东、广西、海南、香港、澳门、四川、重庆、云南、贵州、西藏、陕西、甘肃、青海、宁夏、新疆、黑龙江、吉林、辽宁等全国 34 个省级行政区和 56 个民族，总字数达 300 余万字，是反映中国大陆及港澳台地区婚礼习俗最全面的民俗学巨著。

第二是内容丰富。全套通志每个分卷的篇章设计一般包括总序、概述、首府篇、市级篇、县级篇，属于直辖市和特别行政区的地区则采取稍有不同的篇章格式，少数民族多的省份和自治区还包括民族篇或某一特定民族的篇章，使中国各地的汉族婚礼和少数民族婚礼并重，显现出中华民族婚礼的统一性和多样性。每个分卷中各章节的内容都包括所属地区人们的婚前礼、正婚礼和婚后礼等丰富多彩的婚俗，无论是汉族传统的纳采、问名、纳吉、纳征、请期、亲迎、同牢、合卺、闹洞房、拜舅姑、妇盥馈、庙见、归宁等形形色色的婚礼习俗，还是少数民族异彩纷呈的传统婚礼习俗，都在书中有所反映，是有关中华民族婚礼仪式非物质文化遗产传承的集大成者。

第三是所引参考资料具有权威性。全套通志使用的资料，以明清至民国时期的地方志资料以及中华人民共和国成立以来正式出版的各省市县方志资料为主，除此以外，还广泛使用了海内外学者有关中国大陆和港澳台地区婚礼仪式的民俗学、民族学、社会学、历史学等方面的经典著作、调查报告和学术论文等参考资料，可以让读者根据需要阅读相关的章节内容并查询引用的书籍和论文，从而使得本通志具有多学科交叉融合的特点。

第四是从动态的角度反映婚礼习俗的变迁。婚礼是一种具有传承性与变异性的民俗符号，某些婚礼习俗除了从历史上传承下来并显现出顽强的生命力以外，还会在外来文化的影响和现代文化的冲击下发生不同程度的变迁，从而具有传统与现代相交融的时代特征。因此本通志在对全国各地的婚礼习俗进行分区域、分民族介绍和描述的同时，凡是涉及每个省市区婚礼的概述部分，还会对该地区婚礼习俗的历史演变及发展现状进行简明扼要的论述，以便读者对当地的婚礼习俗有一个总体的认识，是从某一特定侧面了解中国社会文化变迁的重要著作。

第五是具有明显的应用性。婚礼是人们在缔结婚姻关系过程中举行的一种群体性的喜庆活动，不仅参与的人数众多，而且双方的家庭或个人还需要花费一笔数量可观的钱财来开展与婚庆有关的仪式活动，也就是说婚礼除了具有喜庆特点以外，还是一种仪式化的消费行为，这就使得为举办婚礼而提供相应服务的婚庆市场具有广阔的发展前景。现代社会的各种酒店、婚庆公司及社会团体在策划和举办婚礼庆典的过程中，既需要考虑所在地区具有本土化特点的婚礼习俗，也需要借鉴其他地区具有城市化、现代化趋向的婚礼庆典实践经验。而本通志所反映的全国各地丰富多彩的传统婚礼和现代婚礼，就为婚庆行业人士策划和开展形式多样的婚庆活动提供了可以借鉴的资料、经验和思路，可以满足现代婚庆市场发展的需要。

除了以上特点以外，这里有必要对其中涉及的地域划分、民族名称、婚礼程序、社会阶层等几个具体问题向读者做一简单的说明。首先，本通志七个分卷所包括的华东、华北、华中、华南、西南、西北和东北地区是按中国的地理区划来确定的，与当前按行政区划安排的华北、东北、华东、中南、西南、西北和港澳台地区，以及按经济地带划分的东部、中部和西部地区均有所不同。其主要原因除了婚礼习俗与地理环境的影响有着紧密的内在关系以外，还在于港澳台地区的香港和澳门的婚礼资料比较缺乏，难以形成一个专门的分卷，故本通志采取按地理区划的方法，来确定七个分卷所涉及的上述各个地区和所属行政区划。其次，本通志相关章节中提到的中国各民族的称呼，基本是按照中华人民共和国成立以后通过民族识别所确定的民族名称来书写的，而没有按一些地方旧志中带有歧视性或不正确的民族称呼来表达。当然个别的民族如高山族在台湾地区分别有不同的名称，与大陆统一称呼的民族名称不完全一致，因此在本书写作时本着实事求是的原则，凡是写到台湾地区的少数民族婚礼时，涉及哪一个支系或族群就使用哪一个支系或族群的名称，以避免引起不必要的争论。再次，本通志将婚礼仪式的顺序按婚前礼、正婚礼和婚后礼的形式来排列，其中的婚前礼只包括婚姻"六礼"中的纳采、问名、纳吉、纳征和请期五个程序，而将后面的亲迎仪式放在正婚礼中，这与部分当代中国学者所写的婚姻志和礼仪志中将亲迎仪式放在婚前礼中的划分方法也有所不同。因为婚姻"六礼"中的前五礼属于议婚程序，只有接下来的亲迎仪式才是正式结婚的开端，故将其划归在正婚礼中是名正言顺的，也符合婚礼仪式过程的实际情况。最后，本通志的内容主要包括中国传统社会和现代社会中各个地区的汉族民间婚礼和少数民族婚礼，而不包括民国以前各个朝代的王室婚礼或宫廷婚礼，这部分的内容将于笔者另外写作的其他婚礼著作中进行全面深入的研究，这也是需要向读者交代的具体问题。

  婚礼是一个多学科关注的研究对象，为了对婚礼形式的多样性进行全面综合的研究，笔者曾在几年前组织本书的相关作者撰写并出版了"中外新视野婚礼丛书"，现在这部多卷本的《中国婚礼通志》算是我们奉献给读者的又一个重要成果，将来还会有更多的婚礼研究著作问世，希望读者和学者们对此提出宝贵的意见和建议。本通志的出版得到了商务印书馆和云南大学民族学与社会学学院、教育部人文社会科学重点研究基地云南大学西南边疆少数民族研究中心及云南大学民族学一流学科建设领导小组的大力支持，在此表示衷心的感谢！

瞿明安

2019 年 1 月 4 日于昆明湖畔之梦

目 录

第一章 黑龙江婚礼

第一节 概 述
一、婚礼状况　　3
二、婚礼演变　　5
三、婚礼现状　　9

第二节 首府篇
一、婚前礼　　12
二、正婚礼　　14
三、婚后礼　　18

第三节 市级篇
一、婚前礼　　19
二、正婚礼　　22
三、婚后礼　　28

第四节 县级篇
一、婚前礼　　29
二、正婚礼　　36
三、婚后礼　　49

第五节　民族篇

　　一、婚前礼　　51
　　二、正婚礼　　68
　　三、婚后礼　　91

第二章　吉林婚礼

第一节　概　述

　　一、婚礼状况　　95
　　二、婚礼演变　　100
　　三、婚礼现状　　101

第二节　首府篇

　　一、婚前礼　　104
　　二、正婚礼　　106
　　三、婚后礼　　107

第三节　市级篇

　　一、婚前礼　　108
　　二、正婚礼　　112
　　三、婚后礼　　116

第四节　县级篇

　　一、婚前礼　　117
　　二、正婚礼　　121
　　三、婚后礼　　126

第五节 民族篇
一、婚前礼　　128
二、正婚礼　　132
三、婚后礼　　140

第三章 辽宁婚礼

第一节 概述
一、婚礼状况　　147
二、婚礼演变　　154
三、婚礼现状　　158

第二节 首府篇
一、婚前礼　　161
二、正婚礼　　163
三、婚后礼　　165

第三节 市级篇
一、婚前礼　　165
二、正婚礼　　171
三、婚后礼　　179

第四节 县级篇
一、婚前礼　　180
二、正婚礼　　186
三、婚后礼　　197

第五节 民族篇

一、婚前礼 200

二、正婚礼 206

三、婚后礼 213

参考文献 215

后　记 223

第一章

黑龙江婚礼

黑龙江省，简称黑，位于中国东北部，因省境东北有黑龙江而得名。黑龙江东部和北部以乌苏里江、黑龙江为界河与俄罗斯为邻，西接内蒙古自治区，南连吉林省，面积47.3万平方公里。黑龙江西部属松嫩平原，东北部为三江平原，北部、东南部为山地，历代以来，主要围绕大小兴安岭、张广才岭和三江流域发展演变，没有发生大的变动。黑龙江省是一个多民族杂居的边疆省份，其中世居本省的有满族、朝鲜族、蒙古族、回族、达斡尔族、锡伯族、赫哲族、鄂伦春族、鄂温克族和柯尔克孜族等。黑龙江婚礼所涉地区包括作为首府的哈尔滨，齐齐哈尔、宁安市、依兰县、阿城区、呼兰区等市区及辖内各县，少数民族婚礼包含满族、蒙古族、达斡尔族、赫哲族、鄂伦春族等别具特色的婚俗礼仪。汉族的"装烟"，满族的"离娘肉""迈马鞍""跨火盆"，蒙古族的"大娶""小娶"，锡伯族的"白头誓"，朝鲜族的"奠雁礼"等具有鲜明特色的婚礼仪式构成了黑龙江地区的独特婚俗。

第一节 概 述

本节主要概括黑龙江地区婚礼习俗的基本情况、历史演变和发展现状，描述不同历史时期黑龙江地区各民族独具特色的婚礼习俗。黑龙江婚礼文化的核心主要体现为不同地域中各民族的婚礼文化，包括汉族、满族、锡伯族、朝鲜族、蒙古族、赫哲族、回族、达斡尔族、鄂伦春族、鄂温克族、柯尔克孜族等不同民族精彩纷呈的婚礼习俗。

一、婚礼状况

黑龙江的婚礼文化与丰富多彩的少数民族民俗文化密切相关，同时也逐渐融入汉族的婚礼文化成分，由汉族婚礼与少数民族婚礼共同组合而成，形成了鲜明的地域特色。

民国初期，黑龙江汉族婚事大多凭借媒妁之言，双方相亲之后，男方家把银钱、布匹和首饰送到女方家，这些财物称为"定亲礼"。接着另择吉日，由媒人向双方送男女庚帖（生辰八字贴），并送布匹和金银首饰，称为"过小礼"，也称为"挂定"。之后，另选吉日再过大礼，称为"压衣裳"，也有送"羊钱"的，即用羊代替钱财。迎亲仪式中，新人举行合卺礼之后，夫妇与长辈、舅姑一同参拜祖先。迎亲日，参加的亲友需随礼，主人邀请宾客入宴，随后新婚夫妇依次叩拜，称为"上拜"。宴客有的多达数十席，邀请邻里、亲朋好友来帮忙，称为"乐忙"。到了民国中后期，婚礼先由媒人与双方联系，称为"彩礼"。而后选择吉日，男女家长往来见面，女方家先到男方家里相看。双方合意则一同坐下吃饭，但不留宿。然后由男方家选择吉日，请冰人（媒人）携带礼物，到女方家送龙凤纹红柬两份，上面写着男女双方的年庚、主婚名字，称为"过小礼"。过小礼后，再择吉日迎娶，请冰人送给女方家喜柬，称为"下柬"，之后就"过大礼"。这一天，亲友均到场，有的用金花等物回赠男方家，称"簪花"，有的用首饰等物送给女方家，称"添箱"。女方家送妆奁到男方家，有男女傧相四人，鼓吹前导。新郎要随彩轿游街，鼓吹列仗，称为"晾轿"，并到女方家行"谢嫁妆礼"。

到了亲迎之日，程序如下：新郎率领彩车队前往女方家，女方家准备宴席迎接新郎及随新郎迎娶的人。新娘梳发髻，身着男方家准备的华丽服装，头上盖着红头巾，女方的兄嫂或伯叔父母扶新娘上车。沿途放爆竹，鼓乐引路，新郎骑马先回，在庭院里等待新娘到来。新人彩车到后，稍迟一会儿才开门让其进入。院里摆放香案，将红毡铺到香案前，先由新郎的亲属拈香后，再让新人同拜。叩拜完毕，左右两个女童将宝瓶、铜镜交由伴娘递给新娘。接着，引导新娘进入新房。新娘进门后，新郎亲自拿去新娘的红头巾。新娘坐于福神所在的方向，称为"坐福"。新人举行合卺礼后，出来祭拜祖先堂，拜见公婆、长辈，均行一跪三叩首礼。之后，宴请亲友和来宾。喜宴结束后，新郎站在大门外送宾客。

在长期的民族融合过程中，满族的婚俗逐渐受到汉族文化的影响，有些内容已是满汉合璧了。《柳边纪略》载："婚姻择门第相当者，先求年老为媒。持允，则男之母径至女家视其女，与之簪珥、布帛。女家无他辞，男之父乃率其子至女之姻亲家叩头。"清代满族的婚俗大致分为通婚、小定、拜女家、下茶、开脸、迎娶、坐帐、合卺、分大小、回门、住对月等程序。民国以来，满族婚俗发生了很大变化，但"送离娘肉""插车""坐帐""吃合喜饺子""跨马鞍子""迈火盆"等富有个性的民族传统婚俗仍被保留着，有些已成为东北地区各族人民的共同婚俗。

蒙古族婚礼看重媒妁之言，聘礼以牛、马为主，数量不等，首饰是必备彩礼，分两次缴纳彩礼。婚礼有大娶和小娶之分。富裕的家庭以牛四头、马四匹作为迎娶礼，称为"大娶"。迎亲之日，新郎身披红布，称为"哈喳布"，佩带腰刀，先到女方家"吃筵"。待新娘的车轿出门之后，请喇嘛沿途诵经。新娘送入洞房后，新郎需要解下佩刀并悬挂在房门外。娶亲日，邀亲族、邻里赴宴。家境普通的家庭一般"小娶"，通常彩礼不多。如果是男方入赘女方家，新娘仍然留着长发，称为"垂髻"，不着妇人装扮。待男方积累了足够的彩礼，可另行补"大娶礼"。

回族婚礼也看重媒妁之言，由阿訇主盟。"将订盟，男家请阿訇暨媒妁一同拜访女家，两家各院情愫结姻缘，阿訇则申以贫富不渝之义，借其一言，以为婚盟。"定盟后，过礼两次：小礼银钏、金环各一对，脂、粉各一盒，茶叶一斤，馃子四十斤，大礼斗米、斗面，馃一盒，羊一头，衣服、布匹根据女方家要求提供。娶时不拘月日干支，迎亲前一日，男方披红插花，乘马以行，游街拜庄，拜谒阿訇。到女方家，一进门，要给喜童分发喜果。迎娶到新娘后，两家主婚人及媒妁分左右入座，新婚夫妇同跪，阿訇遍书经名，且讲演结为夫妇之义并诵经一通，在屋内遍掷喜果，新婚夫妇谢阿訇。阿訇就宴，亲友相继入席。[①] 女方家亲属簇拥新娘入室，面壁"坐福"，这时由女方母亲陪着。傍晚，新婚夫妇吃长寿面，新娘下炕为丈夫脱靴。第二日，备喜宴答谢亲族，新娘再拜见长辈，称为"回门"。[②]

达斡尔族婚嫁一般由父母包办，媒人说媒。婚事谈成后，男方要给女方过两次礼（大礼和小礼，大礼是认亲、订婚的礼仪，小礼是商定彩礼）。婚礼一般选在春暖花开的季节里举行。

---

① 万福麟、张伯英：《黑龙江志稿》，民国二十二年铅印本，卷六十二。
② 魏毓兰、馨若氏编辑，李思乐、张玉春、王彩云校点：《龙城旧闻》卷四，哈尔滨：黑龙江人民出版社，1986年版，第386～388页。

男方要在红日东升时去迎亲，新娘由娘家送亲，到新郎家要拜天地、喝喜酒等，十分热闹。

鄂伦春族婚姻由父母包办，定亲是由男方请媒人到女方家去说亲。定亲后，母亲领着儿子，由媒人陪同，携带酒肉去女方家认亲，女方举行认亲宴会。认亲这天女婿、女儿如已成人，便可"合房"。鄂伦春族婚礼上，新人要先拜太阳神，再拜氏族神和火神，希望神灵保佑他们幸福美满。拜祭后向来宾敬酒，表示谢意。婚宴高潮时，来宾即兴高歌，翩翩起舞，通宵达旦。

鄂温克族结婚这一天，新郎须带一只羊、三十斤酒送到女方家。女方父母要给新郎换一身新衣服，有的还给新郎一匹马和全套鞍具，还要宰一只羊摆酒席，尽情歌舞。之后，新娘坐篷车，由同姓已婚妇女数人陪送到新郎家。到新郎家后，陪送的妇女要把新娘围好，不许男方的人看，待婚礼完毕客散后，新娘才能见婆家人。在婚礼中男女双方的青年还要举行仪式，抢夺新娘的枕头，抢夺羊耳朵，抢夺女方故意"偷"的酒盅或碟子，使婚礼的喜庆气氛达到高潮。

赫哲族有些地方的婚娶较特殊，男女两家有的相隔较远，数里或数十里，新郎要亲自撑船，沿着河流到女方家亲迎。女方的母亲随着女儿一同前往男方家，婚礼三日后接女儿与女婿返家，留新人住一个月。然后从此再也不联系，即使路上偶然相遇，也生疏如路人。

二、婚礼演变

清末民初的东北民间，婚姻缔结过程中的讨彩礼之风盛行，主要表现在无论贫贱富贵，无论娶妇嫁女，聘礼、嫁妆都非常丰厚。包办婚姻是封建家长制在婚俗上的表现，要求婚姻必遵"父母之命，媒妁之言"，青年男女没有婚姻自主权。

东北自古就是少数民族聚居的地方，文化习俗互相交流、融合，这使其婚俗礼仪也表现出异彩纷呈的景象。随着满族问鼎中原，东北的婚礼仪式又形成了以满族婚娶旧俗为主的格局。有的文献记载："清末的婚姻仪式，伴随着相亲、过礼、择日、迎娶这一过程的进行，形成了一套繁杂细密的礼节。大致分为通婚、合婚、看相、过小礼、送日子、过大礼、送嫁妆、亲迎、拜天地、坐福、开脸、合卺、散箱、分大小、回门、住对月等……"[①] 这些基本上是在"六礼"（纳采、问名、纳吉、纳征、请期、亲迎）基础上延续下来的。

民国以来，黑龙江城市多为文明结婚，依循传统婚制。"凡行聘礼之日，男家亲属年长者一人至女家，媒妁让客，捧盘斟酒一杯，按次请饮。饮毕，众宾齐向捧盘之长者道贺。

---

① 陈见微选编：《东北民俗资料荟萃》，长春：吉林文史出版社，1992年版，第7～8页。

礼虽俗，亦秩然可观。礼毕，迎新妇入室。日夕，备汤饼一盂，令新婚夫妇分食。犹是共牢合卺之遗意也。"①

汉族婚礼，女方家亲属先到男方家，俗称"相女婿"。男方家亲属再到女方家，俗称"相媳妇"。相妥后，双方订立婚书，也有不订婚书的。接着由男方家预备礼品，备齐后与媒人一起到女方家，俗称"过小礼"。彩礼不拘泥多少，少则二三十元，多则百余元，就算把婚事定下来了。聘期以前，先由媒妁去女方家通信，定期纳采。男方家预备各色大布八匹，也有照此数折合其他布匹的，还有首饰、绸缎、衣料等物，由家境贫富来决定彩礼多少。以上物品由男方家和媒人送至女方家，俗称"过大礼"。

聘期前三天，男方家准备肥猪两口、烧酒百余斤送到女方家，俗称"送猪酒"。聘期前一天，男方家要预备车轿、鼓乐，另有娶亲婆一人，执灯、执毡等助忙者二人，骑马陪客四人，与新郎一同到女方家。女方家有接亲人一名，穿戴整齐，手执长方木盘，用红毡铺盘上，盘上放小瓷盘三个，每个小瓷盘内摆三盅酒，放到轿车门帘之前，向新郎行一揖礼，新郎在轿内还揖后，即将酒洒于瓷盘内，又一人将瓷盘接去，再向新郎行一揖礼，新郎下车还揖。接亲人转身前行，将新郎领入室内，鼓乐响起，新郎拜女方家宗谱。拜毕，由代东执红毡在前，引导新郎拜女方家的邻居，鼓乐陪同随后，俗称"拜庄"。拜庄结束后，新郎到接待室休息。晚宴后就寝。

第二天清晨吉时，新娘身着红衣，被亲属用被子包裹着抱进轿中。接亲人请新郎上马，鼓乐队簇拥其前行。新娘的亲属有的骑马，有的坐车，少的有四五十人，多的有百余人，在花轿后随行，俗称"送亲"。接亲队伍到新郎家门口时，家人把两个馒头合扣在一起，系上红绳，递给新郎咬两口，然后新郎下马进屋。待新娘花轿到后，男方家中德高望重的长辈将花轿迎到院中。院内摆一张供桌，上面有香炉、斗秤、供菜等。这时，有人拿着脸盆给新娘净面。接着，新郎走到花轿前，转身站立，娶亲婆和送亲婆搀扶新娘下轿。新娘用红布蒙头，跟随新郎到供桌前。新娘站立，新郎向供桌行跪拜礼，俗称"拜天地"。这时鼓乐齐奏，爆竹响起，双方亲友都聚在一起观看。礼毕，新郎在前，新娘在后，踏着红毡走到屋门前，门槛上放一套马鞍，马鞍上放两贯铜钱，新娘跨过马鞍进屋，新郎用秤杆揭去新娘的红头巾，新人同到床上坐福一段时间。之后，新娘更衣梳头，下炕等候，新郎也到其他房间休息。这时，双方亲友宾客一同到院内供桌前，相互道贺。礼仪完毕，主人安排酒席宴请宾客。通常当日午前宴请，午后结束，宾客离开后，婚礼便完成了。

民国时期，因受封建传统思想和旧礼教的束缚，多为听从父母之命，媒妁之言的包办、买

---

① 《拜泉县志》编审委员会办公室编：《拜泉县志》，哈尔滨：黑龙江人民出版社，1988年版，第51页。

卖婚姻。但在通河一带流行文明结婚，程序略有改革，将跪拜天地改为互相敬礼，改乘花轿为坐马车。① 在绥滨的公职人员中也有文明结婚的。由司仪主持结婚仪式，新郎、新娘向证婚人、主婚人、介绍人和宾客分别行鞠躬礼，夫妻对拜（亦行鞠礼），结婚典礼即告结束。双方以糖果、烟、茶等招待客人，有的还要照一张结婚相，以此留念。②

民国时期，满族男孩儿在10岁以上就可以谈论订婚之事，举行婚礼。在整个过程中，仍多是男方主动选择女方。男方在父母为儿子选定配偶目标后，即拜托媒婆与女方家长说合，女方若同意，由媒婆回复音信，之后互换门户帖。接着，选择吉日，男方家聚集宗族亲友及女婿前往女方家问名，女方家也聚集亲友相迎。男方坐到右位，由年长者致辞，表达欲聘之意。女方家致词表示感谢。新婿入拜女方家神位，再拜女方家诸亲。最后，女方家献茶，主宾交换位置，设酒宴祝贺。下茶礼是在议定聘礼后，男方选择日期前往女方家行聘。聘礼的种类和多少依地位、贫富而异，一般有鞍马、猪羊、钱财、首饰等。聘礼放在铺红毡的高桌上，抬送到女方家，陈列于"万字炕"的西炕祖先案前，两亲翁并跪，斟酒互递祭祖，俗称"换盅"。开剪是指男方在迎娶前一个月，将结婚日子提前通知女方，叫作"送日子"。男方将给女方的彩布、衣物送往女方家，叫作"送嫁妆"。并请一儿女双全有福的妇女为姑娘裁衣，叫作"开剪"。在正日子前一天，新娘向自家祖先行礼辞别。然后由送亲妇女陪同，亲哥哥护送，乘坐彩车，到事先选好的某亲友家住宿，叫作"打下处"。下处一般选择离男方家较近地方，又以看不见男方家房屋为标准。迎娶是满族婚俗中最重要的环节。满族传统婚礼一般是"三日婚"。头一天叫"响棚"，这一天男方家为参加婚礼的亲友备宴，要在自家院内用席或布搭棚。棚柱上多挂贴喜字、对联，男女老少齐帮忙。因为这一天不仅要动鼓乐，还要搭灶、劈柴，所以叫"响棚"。第二天叫"演轿"，这一天要杀猪、跑油、摆桌。满族的习俗是新郎骑马，新娘坐轿。新郎和娶亲人在这一天要跟随鼓乐队沿街走。第三天才是拜堂成亲，这一天要举行一系列礼仪活动。新娘及送亲队伍在正日子早晨从"下处"出发，要与迎亲队伍途中相遇，然后车、轿交错停下，由新娘哥哥将新娘从自家的车上抱到新郎迎亲的花轿上，返回男方家。迎、送亲队伍来到男方家的大门前，暂不让新娘下喜轿，意思是扳一扳新娘当姑娘时的脾气，使婚后的生活更美满，这叫"憋性"，也叫"劝性"，憋性的时间不会太长。新娘下轿前换上带来的"踩堂鞋"，蹬着小红板凳走下喜轿，顺着铺好的红毡走进院内。路上，新娘要跨过一个火盆，象征婚后的日子红红火火。新郎在新娘下喜轿时，要象征性地向新娘虚射三箭，以驱逐新娘带来的邪气，也有人认为是旧时"抢婚"习俗的延续。按照一些满族老人的说法，早年满族男子

---

① 通河县地方志编纂委员会编纂：《通河县志》，北京：中国展望出版社，1990年版，第488页。
② 绥滨县地方志编纂委员会编：《绥滨县志》，北京：方志出版社，1996年版，第596页。

随八旗军外出作战,举行婚礼时,多把新娘送到军营里去成亲,因此传下这个习俗。所谓"帐"是在正房窗前临时搭的,富裕人家用毡布,一般人家用席子。在坐帐结束前,由女性长辈给新娘开脸、梳头。庭院里放着天地桌,桌上供着神位及供品。新郎、新娘拜天地,满族叫"拜北斗"。满族人认为,拜北斗就是拜长白山,就是拜祖先。婚后第三天,新郎要陪新娘回娘家拜见长辈和亲属,称为"回门"。一个月后,新媳妇要回娘家住一个月,叫作"住对月"。

1917年,呼玛县公署公布结婚办法。男女双方结婚时均须由该管辖警察署登记,并发给结婚执照,交予双方收执,以作凭证。如图1-1①:

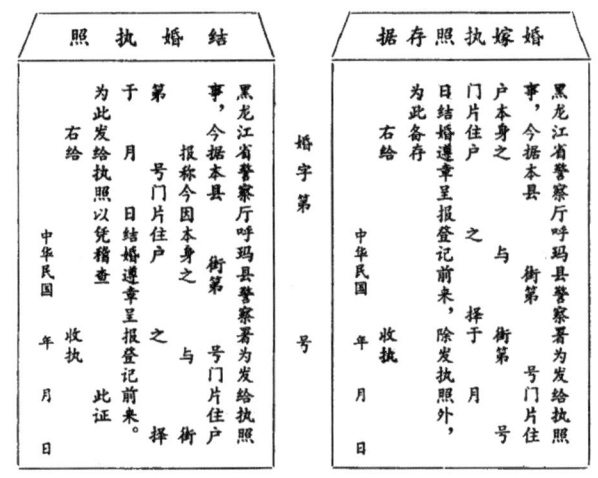

图1-1 婚嫁执照、婚姻呈报书样式

民国时期北安的文明结婚只用一天的时间。农村很少有文明结婚的,只是城镇一些有文化的男女实行文明结婚。新郎穿西服,新娘穿旗袍或礼服,头戴花冠,身披罗纱,双方胸前佩戴红花。请地方知名人士为证婚人,双方家长为主婚人,有男女青年二人为傧相,媒人为介绍人。婚礼开始,男女相对三鞠躬,再向主婚人、证婚人、介绍人鞠躬致敬。步入会场时众人用五谷粮(现用五彩纸屑)向新郎、新娘抛撒。仪式中,新郎、新娘还要介绍恋爱经过。② 哈尔滨太平地区有些结婚的人家开始尝试文明结婚,有的新娘不坐轿子,坐汽车到饭店里举行新式婚礼,拍结婚照片,摆酒席招待亲友。③

---

① 《呼玛县志》编辑委员会编:《呼玛县志》,内部发行,1980年版,第195页。
② 北安市地方志办公室编:《北安县志》,内部发行,1993年版,第728页。
③ 哈尔滨市太平区地方志编写办公室编:《哈尔滨市太平区志》,哈尔滨:黑龙江人民出版社,1992年版,第335页。

三、婚礼现状

中华人民共和国成立后，于1950年颁布《婚姻法》，提倡婚姻自主，男女自由选择对象，喜事新办，婚嫁仪式从简，避免铺张浪费。通河县一般男女订婚，双方家长互请"会亲酒"，结婚多选"双日子"，成婚之日，男女双方准备烟、茶、糖果招待亲友，也备办酒席宴请亲朋。结婚仪式上，新郎、新娘由男女傧相陪同，由司仪主持，证婚人宣读结婚证书，主婚人讲话，新郎、新娘致谢词后进行余兴活动。①

20世纪60年代至70年代，青年男女对才华、学历、相貌、爱好等要求不高，比较重视健康，希望另一半能吃苦耐劳，行为端庄等。进入21世纪，大庆市男女追求自由恋爱的相对较多，媒人介绍也一直存在，也有其他求偶方式，如征婚、网上恋爱、婚姻介绍所介绍等。不管什么方式，择偶时男女更追求自我的感觉，标准更加实际，一般更注重品德、健康、学历、职业、能力和经济收入。②

在哈尔滨太平地区，男女双方到结婚年龄后，必须到政府婚姻登记部门登记，由政府发结婚证书。③

集贤一带订"娃娃亲"的现象已不再见，父母包办婚姻也不多见。但订婚、结婚中要彩礼、搞封建迷信活动等并未根除。20世纪70年代至80年代，农村姑娘订婚基本都要彩礼，城镇中多数也要。所要彩礼，一般为300～500元，再购买四大件（收音机、缝纫机、手表、自行车，个别的要电视机和摩托车）、毛料套服、衬衣、皮鞋，有的要做一套家具（包括一对沙发、茶几、大立柜、炕柜、写字台、高低柜、一对椅子，共计36条腿，个别的要达到48条腿），共需人民币两千余元。接亲、送亲盛行，无偿动用公家大、小客车。多数大摆酒筵并收礼钱。礼金，以1981年为例，一般为人民币10元，有的送价值10元左右的被单、衣料、暖瓶、大镜子等，也有集体赠送高档商品的。④有许多城镇沿用20世纪50年代人民政府开始倡导的文明结婚仪式，结婚时男女只戴红花，贺喜者只吃喜糖；仪式中有宣读结婚证书，主婚人、证婚人、介绍人、来宾致辞和新郎、新娘讲话等项目，程序简便，省事省钱，颇受先进青年欢迎。在政府机关、企事业单位的青年职工一般是自由恋爱，经过一个时期的互相了解、考察后决定结婚。在形式上也比较简单，举行一个仪式

---

① 通河县地方志编纂委员会编纂：《通河县志》，北京：中国展望出版社，1990年版，第488页。
② 赵金波、徐海丹编：《大庆市让胡路区志》，哈尔滨：黑龙江人民出版社，2009年版，第908页。
③ 哈尔滨市太平区地方志编写办公室编：《哈尔滨市太平区志》，哈尔滨：黑龙江人民出版社，1992年版，第335页。
④ 黑龙江省集贤县县志编纂委员会编：《集贤县志》，内部发行，1985年版，第694页。

（同文明结婚相似），把两个人的行李往一个宿舍里一搬就算结婚了。

北安一带新人结婚前要到当地政府婚姻登记部门进行结婚登记，然后举行婚礼。多数选择双日子或重大节日结婚。婚礼只以烟、糖招待亲朋。农村尚有变相买卖婚姻，除给身价钱外，男方还要给女方买自行车、手表和衣物等。城镇青年男女结婚绝大部分是双方置办衣物、家具等，已经没有要身价钱的了。近年来有不少青年反对这种大操大办的风气，自愿参加工会、共青团组织的集体结婚典礼，还有少数人旅行结婚。但旧式的风俗有所抬头，男女订婚之后要"会亲家"，男方家给女方"改口钱"。有的人结婚大摆几十桌宴席，还有的要求有"几十条腿"和"三转"（自行车、手表、缝纫机）"一响"（收录音机）才能结婚，男方娶个媳妇至少要花几千元。女方家还讲究陪送，有的是送电视机、洗衣机、落地式收音机等高档商品。接新娘，有的要用三五台或七八台大小汽车。娶亲、送亲要大放鞭炮。①

哈尔滨双城地区农村婚礼中比较看重两种不同类型的"彩礼"。一类是"定亲钱"，另一类是"妆奁钱"，在婚礼仪式中占据着重要地位。20世纪五六十年代，新郎家提供的投入只有"定亲钱"这一个类别，这份钱涵盖了新娘家的所有花费。"妆奁钱"出现于20世纪60年代中期，由新郎家提供。60年代实物类礼物的需求上涨了，床上用品是最先正式写到礼单上去的。到20世纪60年代为止，手表成为妇女们渴望的理想礼物，家具成为婚姻花销中的一个必要组成部分，很快又出现了对"四大件"（自行车、缝纫机、手表和收音机）和床上用品的需求。80年代，更激烈的变化发生了。四大件仍然必要，但礼单上已出现了新物件，包括电视机、录音机、洗衣机和摩托车。早期对耐用家具的需要已发展成对时髦样式的追求。②

杜尔伯特县境内，多数汉族青年是在自由恋爱的基础上结婚。变相的买卖婚姻，即大量索要彩礼的现象在城镇职工范围内已消失。工人或干部之间结婚，往往是男女双方共同负担构成新家庭的一切费用；农民结婚，仍然由男方支付构成新家庭的绝大部分费用，另外必须向女方父母"过钱"，女方只象征性地陪嫁少量物品。构成家庭的物品由女方决定，一般为"几大件"。20世纪50年代，有炕柜或对箱、地桌、座钟等。20世纪60年代，有炕柜、座钟（挂钟）或手表、收音机、缝纫机等。20世纪70年代，有手表、写字台及立柜、缝纫机、收音机、自行车等。20世纪80年代，有缝纫机、自行车、收录机、电视机、洗衣机等。在县城中，手表、高低柜、组合柜、写字台、梳妆台等不列入"几大件"中必

---

① 北安市地方志办公室编：《北安县志》，内部发行，1993年版，第729页。
② 阎云翔著，李放春、刘瑜译：《礼物的流动——一个中国村庄中的互惠原则与社会网络》，上海：上海人民出版社，2000年版，第173页。

备的家具了。结婚的仪式仍然部分沿用过去的仪式，只不过接亲、送亲乘马车、拖拉机、汽车而不用轿车，许多忌讳如"合婚、看日子"等都已省略。一般结婚，县城定在星期天而且农历是双日，农村只定农历双日。①

青年男女婚姻自主真正受到了国家法律的保护，男女之间订婚、结婚的过程和形式也有了变化。绥滨一带青年男女有的自己选择对象，开始秘密相处，但多数人还是由亲友介绍之后，开始恋爱，比较成熟之后，向双方父母公开关系，征得老人的同意，确定婚姻关系，照订婚相。有的由双方老人主持"会亲家"，双方置办小型酒席请介绍人和对方父母兄长等亲友，并商定给女方必要的物品（自行车、手表、缝纫机、服装、化妆品等），即为订婚。结婚之前，男女双方一起到当地政府的婚姻登记部门依法进行登记，领取结婚证书即为合法夫妻。结婚用的新房、家具、衣物等多数由男方筹备，有部分由女方陪送。由于生活条件的不断改善，结婚用的家具也在逐年发展变化。由20世纪五六十年代的一对木箱到70年代的隔架、立柜、写字台、单人沙发、茶几等。到20世纪80年代又发展成组合式立柜、角沙发、茶几、电视机、立体声收录机、洗衣机、电风扇等。结婚日期经双方商量多定在星期天或者节假日。在结婚形式上多采取新事新办。新房的门窗贴有喜字，把新娘接回家时燃放鞭炮，用五谷杂粮撒打新娘，表示喜庆热闹，用糖果、瓜子、烟、茶招待客人。也有的办酒席，款待参加婚礼的客人，以示答谢。有的则一切从简，依法登记领取结婚证之后，举行集体结婚仪式，或者夫妇一起外出旅游一次，即旅行结婚。由于受旧的风俗习惯的影响，近几年结婚时讲排场，大摆宴席、收受贺礼的现象时有发生。有的家庭结婚要花费三四千元、六七千元，个别的甚至超过万元。有少数收入较低的人由于随礼而生活拮据。②

大庆地区一般在男方家里举行婚礼，有的在单位举行简单的结婚仪式。婚礼由司仪主持，证婚人宣读结婚证书，单位领导、主婚人、来宾代表讲话，宣传《婚姻法》，向新郎、新娘送祝福。整个婚礼只需买点儿瓜子、香烟，备上茶水，两小时内即可结束。有的机关、企事业单位因同时结婚的较多，由工会、共青团等主持，举行集体婚礼，也有的旅行结婚。亲友送的贺礼多以日常用品为主。

20世纪80年代后，随着人民生活水平的不断提高，新婚庆典模式又有了新的改进。男女结婚均用高档豪华小轿车相接，有全程录像和摄影。婚庆以包用饭店为主，少则十几桌，多则数十桌，来参加婚礼的亲朋好友都要随礼，均以50、100、200元甚至更多的现金随付。婚礼中聘请专业的司仪和乐队，给新婚庆典增加了欢乐与喜悦的气氛。婚礼中，新

---

① 杜尔伯特蒙古族自治县地方志编纂委员会编：《杜尔伯特蒙古族自治县志》，哈尔滨：黑龙江人民出版社，1996年版，第670页。
② 绥滨县地方志编纂委员会编：《绥滨县志》，北京：方志出版社，1996年版，第596页。

娘要给婆婆戴上一朵小红花并改口向公公、婆婆叫"爸""妈",公公、婆婆要赏给红包。新郎与新娘还要相互交换礼物,如手表、项链、戒指等。席间,新郎、新娘还要按桌给来宾敬酒。①

20 世纪 80 年代至今,黑龙江地区出现了"冰上婚礼"。每年 1 月份的冰城哈尔滨在松花江北岸的雪博会上举办冰上集体婚礼。在北方民俗婚礼中,冰上婚礼是最有代表性的。婚庆典礼现场彩带绽放、礼炮齐鸣,一派热闹、喜庆,汇成了一幅幅动人的画面。新人们体验着童话般的庆典仪式,在洁白晶莹的雪雕的辉映下,享受着冰上婚礼特有的浪漫。在北方零下 30 摄氏度的室外,在冰天雪地中举行婚礼,这一类现代婚礼创意只有在以冰雪诠释东北风情的哈尔滨才能享受到。

第二节　首府篇

哈尔滨市作为黑龙江的首府,在民国时期仍沿袭古代烦琐的婚礼礼仪。汉族的婚礼呈现出汉满融合的婚礼特色,虽然在婚礼习俗上沿用"六礼",但在定亲、迎亲、婚礼仪式以及回门等习俗上与从前的婚礼有所不同。

一、婚前礼

(一)清代婚前礼

清代属于哈尔滨的呼兰地区的部分汉族婚前礼的主要程序如下。

结婚前,先由媒人将女方的庚帖传给男方家(常用红布或者红纸),男方家家长准备瓶酒、方酒,带儿子拜见女方父母,称为"会亲家"。纳彩礼(古代男方向女方送求婚礼物)前两天,男方家用车把猪、酒送至女方家,并陈列在女方家的祖堂,两亲家同跪换酒,叩头,两亲家母礼仪与此相同,亲戚们也照此行礼,这就是"换盅"。礼仪完毕,新郎祭拜女方家祖先,其次拜尊长和女方父母。

哈尔滨的木兰一带男女双方父母如有意作亲,便托媒人了解对方姓氏、才貌、年龄。媒人互相介绍,俗称"报门第"。双方父母同意,男方家便托媒人到女方家取庚帖(生辰八

---

① 赵金波、徐海丹编:《大庆市让胡路区志》,哈尔滨:黑龙江人民出版社,2009 年版,第 910 页。

字），请算命先生"合婚"，相冲克则罢，相合，媒人便同女方家带礼品到男方家，男方家留宴，让儿子出见接谈，女方家赠银钱做贽见礼，俗称"相门户"。之后，媒人同男方家到女方家，女方家留宴，让女儿出见接谈，男方家赠女方布匹、银钱，俗称"相媳妇"。订婚后，女方家向男方家索要彩礼。媒人往返商定，男方家送女方家银钱，俗称"过小礼"或"头茬礼"。婚前男方家把猪、酒、米及聘礼一齐送往女方家，俗称"过大礼"。女方家赠妆奁，多寡视贫富而定。聘礼送过，即定吉期。汉族婚前两日，搭席棚，奏鼓乐，备菜蔬，以宴宾客，俗称"响棚"。①

（二）民国时期婚前礼

民国时期，哈尔滨太平一带男女婚姻实行封建包办婚姻制度，由媒人提亲，算命先生合婚，以生肖相合为基本条件，讲究"白马怕青牛，羊鼠一旦休；蛇虎如刀错，兔龙泪交流，金鸡怕玉犬，鸡猴不到头"等封建迷信的婚姻规范。订婚后，双方请媒人喝酒，男方给女方过礼（主要是给钱和衣料），这就是订婚，从此两家算是亲家。男女结婚前不允许见面。当时少数自由恋爱的男女被视为不正经，因此许多美好姻缘被拆散。封建男女的婚姻等级观念比较强，穷人不能和富人结婚，否则会被视为门不当，户不对，只有富人和富人结婚才被视为门当户对。②同一时期，方正一带实行封建包办的买卖婚姻制度。男女青年婚姻没有自主的权利，完全听从父母之命，媒妁之言。男女之间不平等，男尊女卑思想严重。妻子为男人的私有财产，可以随意买卖和典当。富人实行一夫多妻制，原配为妻，后嫁的为妾。男女青年订婚时，除了托请媒人以外，还要先请算命先生，根据适龄青年男女的生辰八字、属相进行"合婚"。"合婚"后，先由女方家长提出索要的彩礼单，由媒人送到男方家。男方要以彩礼单所求之物，件件备齐送到女方家，此为订婚第一步，称为"过小礼"。第二步即为男方"送大礼"，在大礼之后，男女双方各自大摆酒席，宴请亲友，以示庆贺，谓之"会亲家"。然后男方择定成亲的良辰吉日，以书面形式送给女方。③

（三）中华人民共和国成立后的婚前礼

20世纪50年代到60年代，哈尔滨太平地区男女双方订婚一般有三种情况。一是同在一个单位由于频繁接触而产生感情；二是由中间人介绍，男女双方相处；三是个别家长强行包办，特别是农村，男女自由恋爱常常受到父母的阻止。订婚后男方往往要给女方买手

---

① 木兰县志编纂委员会编：《木兰县志》，哈尔滨：黑龙江人民出版社，1989年版，第578页。
② 哈尔滨市太平区地方志编写办公室编：《哈尔滨市太平区志》，哈尔滨：黑龙江人民出版社，1992年版，第335页。
③ 方正县志编纂委员会编：《方正县志》，北京：中国展望出版社，1990年版，第636页。

表或毛衣、衣料等物品。20世纪70年代到80年代大力提倡晚婚晚育、优生优育，结婚年龄男25岁、女23岁，婚前男女双方必须进行身体检查方可登记。随着人民生活水平的不断提高，人们对待婚姻的态度也有了新的变化。年轻人的社交更加广泛，恋爱、结婚比以前更加开放自由，男女双方大部分为自由恋爱，父母主婚或中间人介绍逐渐减少。[①] 20世纪90年代后，一些传统礼仪逐渐回归，与现代观念互相融合、影响，形成一套新的比较流行的婚嫁仪式。哈尔滨阿城市男女双方通过自己认识或亲友介绍等方式确定恋爱关系，近年也有通过通信、上网，由笔友、网友发展为恋人的。经过自由恋爱决定结婚后，双方亲属进行礼仪性见面（俗称"会亲家"），商定婚礼日期、新房布置、费用分担等事宜，男方家通常会交给新人一定数量的现金做准备婚礼之用。婚礼前一天，新郎准备迎亲事宜。新娘要进行做发型、取婚纱等准备。双方选择自己的未婚好友做伴郎、伴娘，又称"傧相"。通常傧相身高不能超过新人，而且伴娘有"做双不做单"之说。日落后，新娘家中请夫妻俱在、儿女双全的老年女性亲属（称"全福人"）将新娘的衣物分别包成2个或4个红包袱，并备一只红色脸盆盛放化妆品、镜子等，物品数目要为双数，称"包嫁妆"。一般还要在包中放一些硬币、黑白色棉线，预示新娘以后的日子越过越富裕，白头偕老。嫁妆包不能系成扣，要用别针别住。男方家确定第二天迎亲的车队、人员、典礼时间等并通知女方，还要准备好婚礼时用的花束、鞭炮等物品。[②]

二、正婚礼

（一）清代正婚礼

哈尔滨呼兰地区新人迎亲这一天，"备彩舆以迎，仍致猪、酒。先一日，行亲迎礼。婿冠带披红，乘马从骑，或六或八，谓之'对子马'。至女家，拜其先祖，女家亦于是日以妆奁至。翌辰，女升舆，婿拜辞，乘马先归，俟于庭前。亦有不亲迎者。彩舆至门，迟数分钟始纳之。院中设香案一，案庋宝瓶壶、香斗，斗置弓矢、秤锤。香案之旁支木为棚，幕以彩布。女降舆，婿之姑姊辈导入帐房，去覆首巾，婿入行合卺礼，谓之'交杯酒'。婿出，女开面梳发，作新妇装毕，女家备席宴婿于帐房，名称'管饭'。宴毕，同诣香案前行三叩首礼，是为'拜天地'。既入洞房，新妇坐床，撒帐幔，重理发，更新衣。是时，婿家食送亲者，名称'下马饭'。饭罢，新妇装束竟，下床偕婿同面西墙拜先祖，谒见舅姑及戚

---

① 哈尔滨市太平区地方志编写办公室编：《哈尔滨市太平区志》，哈尔滨：黑龙江人民出版社，1992年版，第355页。
② 《阿城市志》编纂委员会编著：《阿城市志（1986～2005）》，哈尔滨：黑龙江人民出版社，2008年版，第941页。

友尊辈。日既夕,宴饮宾客及送亲者,名称'正席',洞房席,名称'长寿面'。第三日,婿率妇同诣妇家行返马礼,名称'回门'"①。

哈尔滨木兰一带吉期为正日子。新郎披红戴花,骑红马,偕同彩轿,配六、八骑对子马,与执事、娶亲婆、鼓乐一应人等,携红毡、灯笼到女方家迎娶,俗称"迎亲"。在女方家,内弟行迎接礼,将新郎让至客房,用茶点招待,等待新娘开脸、梳洗、打扮、蒙红盖头。新郎向新娘行迎婚礼,新娘踩红毡上轿,女方家亲友随同前往男方家,俗称"送亲"。当彩轿到达男方门首时,鞭炮齐鸣,新娘在五谷粮的抛撒中下轿,手持两瓶,内装高粱米,俗称"宝瓶壶"。新娘同新郎在香案前对天地、父母各行跪拜礼,后改为鞠躬礼,俗称"拜天地"。香案上放一斗一秤,斗蒙红纸,秤系青布,意为公平。拜毕,新娘脚踩红毡步入新房,进门先跨马鞍(以示平安),后跨高粱袋(以示步步高)上炕,坐在炕上,俗称"坐福"。在此前后,亲友各以银钱、物品为贺,俗称"随礼"。男方家对随礼人和送亲人均留宴。宴席丰盛程度随家境丰裕与否而定。入夜,同辈和晚辈亲友到新房同新人嬉笑打闹,俗称"闹洞房"。众人散去后,新郎、新娘喝交杯酒,吃宽心面,行合卺礼。②

(二)民国时期正婚礼

民国时期,哈尔滨太平一带比较富裕的人家结婚时,男方搭帐篷,设账房收礼,新郎骑马或坐轿和迎亲的人一道去女方家迎亲。新娘子坐上轿带着嫁妆被抬到新郎家。如男女双方都在一个屯里,轿子也要绕屯子一周,以图吉祥,女方亲友随同轿子送亲。一路上唢呐、铜锣吹吹打打,热闹非凡。男方要热情地招待女方亲友。婚礼在鼓乐声、鞭炮声中进行,还要大请宾客。③同一时期,哈尔滨方正一带婚期这一天,男女双方都要操办酒席。女方家若距男方家较远,需提前到离男方家较近的亲属家住一宿,称为"打下处",男方可来此迎亲。结婚典礼多在早晨进行。迎亲队列的前头是两面铜锣开道;其次是两盏提灯照路;接着是"对子马";最后是迎亲花轿及送亲人(娘家人)和吹鼓手等。男方要备好"天地桌",桌子上放一升斗,斗内装满高粱,上插一杆秤。在斗前摆好供果,并烧香点烛。新娘下轿后,同新郎到天地桌前共拜天地,再拜祖先,之后步入洞房,新郎为新娘揭去盖头,新娘上炕"坐福",约一个时辰后下炕,给亲友装烟倒茶。接着大摆酒席,招待客人。客人都以现钱或衣物,金银首饰等赠送主人,以示祝贺。主家设账桌一一登记,账桌称"押宝处"。晚上,新郎、新娘要对坐,饮酒食面,入洞房。一些地方还有闹洞房的习俗,与新

---

① [清]黄维翰纂修:《呼兰府志》,民国四年铅印本,卷十二。
② 木兰县志编纂委员会编:《木兰县志》,哈尔滨:黑龙江人民出版社,1989年版,第576页。
③ 哈尔滨市太平区地方志编写办公室编:《哈尔滨市太平区志》,哈尔滨:黑龙江人民出版社,1992年版,第335页。

郎、新娘同辈的青年男女共聚新房，说笑歌舞，很是热闹，直至深夜方休。① 方正一带城里一些官吏和有权势的人家的婚礼在仪式上有所变化，改"拜天地"为"文明结婚"，减少了一些迷信活动。但在广大农村仍保留着传统方式，只是把过去的以猪、酒、银子为彩礼，改为要现钱。将骑马抬轿娶亲，改为乘车娶亲。男女青年婚姻自主。提倡婚事新办，简办婚事。公职人员的婚礼，多在机关单位礼堂举行。一般都是以糖果、烟茶和瓜子等物招待客人。大操大办、请客送礼的旧风俗逐渐减少，但仍未根除。②

（三）中华人民共和国成立后的正婚礼

中华人民共和国成立以后，婚事新办已成风气。但近几十年来，随着人们生活水平的提高，婚事大操大办之风日盛。有些青年人结婚时，对新房的装修日渐豪华，家具、日用品、服装追求高档品，迎亲汽车要求轿车、大客车俱全，结婚筵席从几桌到十几桌、几十桌，贺礼从5元、10元提高到最少20元。除了结婚操办之外，追求吉利的迷信思想也流行起来。结婚要选双月、双日，且最好是公历、农历的日期都碰上双日。因此，哈尔滨市动力区少数几家较大的饭店，每逢这样的"吉日"总是应接不暇，有些喜主只好到外区找饭店。有的国营大厂由于逢此"吉日"大批职工赴筵而影响生产，不得不做出限制的决定。③

20世纪80年代，哈尔滨市动力区针对近年来社会上出现的婚事大操大办、大宴宾客、铺张浪费、劳民伤财的不良风气，认真地抓了移风易俗工作，为维护社会治安，提倡文明、健康、科学的生活方式，树立婚事简办的新风做出了努力。1980年，区里成立树新风服务中心（红白事服务中心）。1989年，国家民政部门在动力区召开了"全国婚事新办现场会"。各大工厂、企事业单位和街道办事处成立树新风服务站。各车间、班组和居委会，普遍建立了树新风服务组。婚事新办通过"两条线""三个层次""一条龙服务"去实现。两条线是工厂、企事业单位和街道办事处这两条线，分别对职工和居民进行教育，并主动为其提供服务。"三个层次"是区、企事业单位、街道办事处和车间、班组、居委会，形成了三个管理服务层次。"一条龙服务"，就是通过街道和驻区单位的紧密配合，为新婚夫妇在婚前、婚礼中提供场地、乐队、礼服、摄影、服装加工、房屋修缮等方面的一条龙服务。全区各类服务站（组）有1150多个。服务内容从结婚登记起，由婚姻登记员开始宣传婚事新办的好处，并根据结婚青年的要求，开出服务"三联单"，为婚事简办提供服务。区服务中心提供结婚礼堂28处，服装加工点13处，婚事简办培训学校13处，婚事就餐食堂23处。厂

---

① 方正县志编纂委员会编：《方正县志》，北京：中国展望出版社，1990年版，第636页。
② 同上。
③ 哈尔滨市动力区地方志编纂委员会编：《动力区志》，北京：中国大百科全书出版社，1995年版，第471页。

街的服务站（组）都设有可享受九五折到七折优惠和优质服务的百货商店、理烫发店、摄影店、礼服出租部、喜字剪裁部、婚礼俱乐部、房屋修缮队、结婚礼堂部、婚礼乐队、录音录像机出租部以及各种劳务组等网点。全区有各种形式的服务网点 100 多个。[1] 结婚仪式新颖别致，有集体婚礼、舞会婚礼、茶话婚礼、赏月赛诗婚礼、旅行婚礼等。

20 世纪 80 年代，哈尔滨阿城地区新人婚礼当天清晨，新娘要在好友的陪伴下到美容院化妆，回家后换全新内衣、婚纱、扎红腰带，等待迎亲队伍。早饭由母亲煮一碗加鸡蛋的面条，新娘一般吃一半、留一半。男方迎亲车队一般在上午八时左右到达，乐队在女方家门外奏乐。女方家关闭屋门，称"别门"，新郎和迎亲人员到女方屋门外敲门，一般要等新郎在门外大声叫"妈"并给"别门"的新娘妹妹或弟弟红包后，女方家才开门。新郎进门后，先吃几口女方家准备的点心再进入新娘所在屋子。此时新娘在床上或炕上背面而坐，将婚礼所穿红色鞋子一只放婚纱下，另一只藏于屋内，藏的位置不能高于新郎头顶。床沿坐未婚姐妹、好友，称"坐床"，新郎要给她们行礼并按她们的要求表演节目等后她们才起身让位。新娘转身后，新郎要找到两只鞋子，给新娘戴花、穿鞋，抱其下床。随后向女方父母行礼告别，新郎要改口叫女方父母为"爸爸""妈妈"，女方父母给新郎红包，即"改口钱"。在与亲友轮流合影后，新娘由新郎抱出门外，坐上花彩装饰的头车。新娘家亲属派一男童同坐头车，称"压车"，到新房后收红包方下车。近年也有用女孩儿或一男一女压车的现象，男方家也有压车的。送亲的亲友也坐到迎亲车里，迎亲仪式即告完成。2003 年前，女方父母一般不参与送亲。迎亲车队从女方家出发后，一般先到新房进行"坐福"仪式，即新娘在新房床上坐一会儿。男方家准备装有硬币、葱、清水的水盆，由司仪指挥新人抢捞盆中的硬币，称"抓福"或"捞喜钱"，然后由新郎的弟弟（或相当于弟弟身份的亲友）把新娘拉起来。此后，由新娘的弟弟（或男性小辈亲属）将从娘家带来的灯泡拧到床前的台灯上，这灯要亮一夜，到次日早晨才能关闭，男方也要给"点灯"的人红包。举行完这一仪式，大家重新上车到举行典礼的酒店。如果新房较远，这些仪式也可在典礼后举行。到酒店后，司仪按预定好的时间宣布婚礼开始。燃放鞭炮、奏乐，新郎、新娘在傧相的陪伴下走进大厅，宾客向新人抛彩纸屑，近来逐渐改为喷射彩条，农村婚礼有用谷粒抛撒的。司仪向宾客介绍新人的情况，证婚人宣读结婚证书，介绍人讲话，男女双方的主婚人分别讲话，祝愿新人生活幸福美满。新人向证婚人、主婚人、宾客鞠躬，并互相鞠躬、交换纪念品。司仪要求新人抢结婚证或表演一些小节目，以活跃婚礼气氛。新娘在婚礼上改口称男方父母为"爸爸""妈妈"，并为男方母亲头发上戴一朵花。婆婆要给媳妇一个装有

---

[1] 哈尔滨市动力区地方志编纂委员会编：《动力区志》，北京：中国大百科全书出版社，1995 年版，第 472 页。

101 或 1001 元钱的红包，寓意这个媳妇是"百里（或千里）挑一"，近年也有给 10001 元红包或存折的。完成这一系列仪式，司仪宣布典礼结束，婚宴开始。新人在司仪的带领下从女方送亲亲友座席开始，向每桌宾客敬酒，来宾要等新人敬过酒后方可离席。男方家要准备带骨猪肉、粉条等交女方亲属带回，称"离娘肉"；同时女方亲属要拿几个杯子、勺子类的物品回去，称"偷亲"。婚宴后新人一般还要到公园等地照相、录像，在这类地方遇到其他新人，新娘间要互换手帕等小礼品。到晚上宾客散尽，婚礼才正式结束。①

三、婚后礼

（一）清代婚后礼

清末民初，哈尔滨呼兰一带汉族婚礼后第二天，新娘晨起拜见男方家的舅姑及各长辈，称为"分大小"（也有的地方在晚上拜见。按照古礼，新娘先沐浴，而后手持大枣、栗子拜见舅姑长辈）。新人婚后第三天，一同拜先茔。有的地方汉族婚礼吉期后三日，夫妇反马，是谓"回门"。五日内外，祭扫先茔，称为"庙见"。②

（二）民国时期婚后礼

民国时期，呼兰一带的汉族和满族婚礼后七日，女方家宴请女婿和女儿，款以盛馔，称"回门"，也有只请女儿回门的，越日送归，称"接七换八"。一月后，女方家迎女归，称"住对月"。等到过阴历年时，新郎的父母带新娘拜谒宗戚、邻里，称"拜新年"。木兰一带的新人通常在婚后七日，新人同往女方家，女方家留宴，俗称"回门"。有的地方婚后第二天一早，新娘要把自己预先置备好的鞋或衣物献给公婆，把女红献给家中的翁姑尊长，称为"散箱"。散箱依女方家嫁妆的丰俭而有所不同，待新娘偕新郎回门时，家中亲戚又分别赠送新娘钗环、首饰等物。

（三）中华人民共和国成立后的婚后礼

20 世纪 80 年代后，呼兰一带有的地方婚礼三天（路远为七天）后，新人要回女方家看望，称"回门"。一般要求早些到家，在女方家吃两顿或四顿饭，女方家要用婚礼当天拿回的离娘肉包饺子给新人吃。除路途遥远可留宿外，其余当天即返回新房，但近年来这种规矩已不太严格。2002 年后，回门日期一般改为四天。

---

① 《阿城市志》编纂委员会编著：《阿城市志（1986～2005）》，哈尔滨：黑龙江人民出版社，2008 年版，第 942 页。
② ［清］黄维翰纂修：《呼兰府志》，民国四年铅印本，卷十二。

第三节 市级篇

黑龙江省除省会哈尔滨市外，所辖地级市包括齐齐哈尔市、牡丹江市、佳木斯市、大庆市、鸡西市、双鸭山市、伊春市、七台河市、鹤岗市、黑河市、绥化市。本节重点介绍各市中颇具特色的婚礼习俗，如迎亲过程中的"晾轿""对子马""压轿"，新娘要"开剪""开脸""坐福"，新人拜天地之后要共食"子孙饽饽""宽心面"。

一、婚前礼

（一）民国时期婚前礼

齐齐哈尔市讷河一带订婚要先通过媒人征得双方家长的同意，然后用男女庚帖占卜吉凶，俗称"合婚"，即古代的纳吉之礼。占卜结果为吉则商量聘礼，各家聘礼丰俭不一，一般必备四头或两头猪，白酒四百斤或二百斤，银元一百元或三四百元不等，布匹数对，首饰、衣物数量不固定。聘礼趋于奢侈，衣服必须是时髦的，手镯必须是金的，一次聘礼大约花费二三百元或四五百元大洋不等。双方商定后，开始彼此互看，先男后女，俗称"相门户"。相看满意后，由男方定下吉日，将之前商定的礼金、服饰、猪酒的一半先送到女方家，称为"过小礼"，也称为"纳采"，即古代婚礼中的纳征。婚礼一个月前，男方的主婚人和媒人一道将准备的聘礼送到女方家并告知婚期，俗称"通信"，即古礼中的"请期"。亲迎的前两天，如果议定的聘礼还有欠缺的，则到这一天需全数送到女方家，俗称"过大礼"。

黑河市瑷珲[①]一带入了满籍的汉族婚礼包含定亲、过礼、迎亲、成亲、回门等形式，婚前礼包含定亲和过礼两个主要部分。男女双方通过媒妁之言达成协议，然后男方预备猪肉、酒、衣服、手镯、耳环等到女方家，与其父母举盅行礼，就算是定亲了。成婚之年，必须通过媒人传达男方之意，待女方父母同意后方可操办。成亲之前，女方父母一定要到男方家，同亲家一起在酒桌上商定婚期。结婚前数日，男方要相继给女方送猪肉、酒、米、面等物，叫作"过礼""纳采"。另外一部分未入满籍的汉族的婚姻，也是凭媒妁之言，先相男，后相女。相女时，男方要送银钱、布匹、首饰，叫"定亲"。之后再选择吉日，媒人传递男女双方庚帖，男方送女方金银首饰、布匹，叫"过小礼"，又叫"挂定"。小礼过后，

---

① 瑷珲在不同时期写法不统一，清代之前为瑷珲，中华人民共和国成立后改为爱辉，2015年5月黑龙江省政府批准将黑河市爱辉区爱辉镇行政区名称用字恢复为瑷珲，现全书统一为瑷珲。

还有大礼，俗名"压衣裳"。男方还要送金银首饰并布匹，还要送金钱（称为"羊钱"，因为应送羊而用钱代替）。①

绥化一带部分汉族议婚之初要凭媒妁之言，男女双方相互商妥，男方看情况留下银钱或者布匹、首饰给女方，名为"定亲礼"。之后，选择吉日由媒人传达男女庚帖，男方赠送女方布匹、首饰等物品，以及羊钱若干（将送羊的聘礼折成礼钱，称为"羊钱"），称为"过小礼"。纳采前两天，男方家把猪、酒送到女方家并陈列在女方家祖宗堂前，男女双方的父亲同跪，换酒叩头，两亲家母也同样，称为"换盅"。礼仪完毕，新郎先祭拜女方祖先，其次拜女方父母。迎娶前一个月，男方选择吉日将全部聘礼纳完，称为"过大礼"。

牡丹江市宁安一带汉族与满族婚礼没有太大差别。婚礼前，男方家想向女方家求亲，必须先委托女方家至亲或至交一人做媒，略备礼物前往女方家说明来意，这是古代婚礼的纳采。如果女方家同意，便将女儿的出生年、月、日、时庚帖送到男方家，这是古代婚礼的问名。男方家请人推算女方命运的优劣以及与男方命运有无冲克，俗称"合八字"。如均相符，媒人再去告诉女方家，即古代婚礼的纳吉。同时两家商议聘礼事宜，如果女方家的要求不奢侈，男方家就备好聘礼亲自送去女方家。接着，男方家选择好吉日作为婚期，请媒人告诉女方家，如果女方家里同意，男方家就开始准备迎亲。婚期前几天，男方家须将商定的全部聘礼请媒人送往女方家，并请一位年长的妇女，拿着剪刀为女子裁剪一件衣服，也有的仅作为形式，俗称"开剪子"，也称"过大礼"，满语称"送乌林"。②

齐齐哈尔市富拉尔基地区婚姻多为包办、买卖婚姻，汉族的婚前礼有定亲、过礼等形式。一般是由男方父母托媒人到女方家说亲，经交换庚帖，无冲克，便可达成协议。男方要送银钱、首饰、布匹。过礼分大礼和小礼。小礼与"相门户"结合进行。过大礼后，才算正式定亲，娶亲时女方家送嫁妆。③

齐齐哈尔市建华区一带青年男女的婚事大都是包办婚姻，凭父母之命，媒妁之言。从提亲到结婚，过程繁杂，迷信色彩浓厚。家有十六七岁男孩儿，其父母即托媒婆到女方家提亲，互通双方的生辰八字和家庭经济状况。如双方父母同意，即请算命先生批八字，无相克之处即可由青年男女直接见面相亲。经过相亲，双方父母及男女青年全都同意，即可"订婚"。届时，男方父母设家宴招待女方父母，谓"认亲"，今称"会亲家"。认亲后，男方父兄向女方父母送些钱物，称"过小礼"。结婚前数日，男方由媒人陪同送女方家钱物，

---

① 爱辉县修志办公室编：《爱辉县志》，哈尔滨：北方文物杂志社，1986年版，第728页。
② 宁安县志编纂委员会办公室编：《宁安县志》，哈尔滨：黑龙江人民出版社，1989年版，第688页。宁安，今宁安市。
③ 齐齐哈尔市富拉尔基区地方志编审委员会编纂：《齐齐哈尔市富拉尔基区志》，内部发行，1997年版，第466页。

叫"过大礼"。过完大礼，男女双方正式确定婚姻关系。①

大庆市让胡路地区大多数平民一夫一妻，贵族富人一夫多妻，男女婚姻无权自主，必须听从父母之命，媒妁之言，定其终身。男女定亲前，要先看属相，再看年龄。属相要求严格，属相犯克，婚事不成。年龄要求不严格，有大男小女，也有小男大女。当时女子的出嫁年龄大都在17至19岁。亲事议定后，男方要给女方过礼，定亲叫第一茬礼。一般人家，第一茬礼有大布八对，双猪双酒，银子一斤（给姑娘做首饰），金镙子一对，成衣若干套。结婚前过第二茬礼，一般要过钱，男方如无钱则用粮食抵算，几石、十几石粮不等。二茬礼送后，由双方家长与媒人找阴阳先生占卜，选定黄道吉日，议定婚期。婚期定好后，由男方自行通知远亲近友参加婚礼。女方家的女亲们也帮助姑娘赶"包包活"。旧式婚姻从订婚到结婚，男女双方都不见面，没有恋爱过程，如有敢于斗争，争取婚姻自由的男女谈情说爱，则被视为伤风败俗，因而往往酿成悲剧。②

（二）中华人民共和国成立后的婚前礼

中华人民共和国成立初期，婚姻制度进行了彻底改革，实行婚姻自主，黑河市北安一带婚前男女自由恋爱，少数青年男女由介绍人牵线搭桥。相处一段时间，感情合得来，觉得对方人品好，到了法定年龄之后就结婚。结婚前要到当地政府婚姻登记部门进行结婚登记，然后举行婚礼。③

中华人民共和国成立后，黑河市瑷珲一带结婚新事新办，不收彩礼，不大吃大喝，不搞封建迷信。之后，结婚大操大办，又有所抬头。订婚后，有的男方送给女方一些钱，多则上千，少则几百，也有不要的；多数男方是送给女方一些礼物，如衣服、皮鞋、头巾之类，也有送手表、缝纫机、自行车等物的。婚前男女双方都要准备结婚用品，男方要修理房屋，赶制、购买大衣柜、小衣柜、沙发、写字台等家具，还要准备落地式台灯、落地式收音机、录音机、电视机、双人沙发床等家具。同时，男方还必须准备两套或四套绸缎被褥。女方的嫁妆有皮箱、绸缎被褥、床单、各式应季衣服等，富裕人家还有陪送手表、自行车、电视机、录音机等贵重物品的。有的女方给姑爷做套毛料衣服。结婚前女方还要准备桌、门、窗帘等精制的手工品。结婚时，男方家要贴上窗花喜字，要用录音机、电唱机播送流行歌曲。④结婚前一两天亲朋故友要送礼品，礼品的多少、贵重与否要视人而别。礼品有茶具、饮具、衣服、针织品，还有座钟、毛毯、收音机、电视机等高级商品，也有的

---

① 齐齐哈尔市地方志办公室编纂：《齐齐哈尔地方志》，哈尔滨：黑龙江人民出版社，2004年版，第654页。
② 赵金波、徐海丹：《大庆市让胡路区志》，哈尔滨：黑龙江人民出版社，2009年版，第908页。
③ 北安地方志办公室编：《北安县志》，内部发行，1993年版，第730页。
④ 爱辉县修志办公室编：《爱辉县志》，哈尔滨：北方文物杂志社，1986年版，第730页。

给现款，多少不一，有五元、十元乃至几十元、上百元的。①

牡丹江市宁安一带的结婚形式变化多样，有集体结婚、旅行结婚和旧式结婚并存的特点。在联姻时，除男女双方自行订婚者外，一般请双方或一方的朋友、同事或亲属做介绍人从中撮合。在男女双方同意并征得双方家长同意后，在婚前进行过礼订婚。过礼日，男方父母和亲属由介绍人领着，带猪肉、粉条、大米、豆油四样大礼和烟、酒、糖、罐头或点心四样小礼到女方家去认亲。女方家也把亲戚朋友请来，并备以丰盛的筵席招待。席间，男女双方都改口管双方老人叫父母。男方老人掏出事先由介绍人讲好的，用红纸包着的彩礼钱或衣料、手表、戒指等，由介绍人转手送给女方，算作订婚彩礼。此外公公、婆婆还要给儿媳几十元的"点烟钱"，老丈人和丈母娘也要给姑爷包几十元钱的"转口钱"，就算正式订婚了。在城镇多是把老人送的"彩礼"赠给女儿，结婚时又带回男方。结婚前一天，女方家给女儿办喜事，请客设筵热闹一天。晚上女方到男方家去送嫁妆，一般都是两床被褥、两对枕头、一对皮箱，里边装着新娘购置的衣物等。经济条件好的人家，还要陪送收录电唱机、电视机、洗衣机等。②

20世纪50年代至60年代中期，婚俗随时代变化，伊春地区上甘岭一带婚俗也发生了变化。男女找对象需有介绍人。20世纪60年代后期自找对象多起来。20世纪70年代旅行结婚兴起。到了20世纪80年代起，婚礼形式发生了变化，当青年男女双方都满意时，便开始"会亲家"。一般先由男方家约女方家。男方家将女方家父母、姑娘或一些亲属、老同志等请到家中吃酒席，便订下婚约和婚期。席间男方家要向女方家过礼，多少不定。在男方家会过亲家后，女方家也要回敬。③

二、正婚礼

（一）民国时期正婚礼

民国初期，黑河市瑷珲一带部分汉族结婚迎亲的时候，新郎头戴帽子，身披红绸带，乘坐马车轿子。迎亲队伍中有陪亲人一人、娶亲婆一人，加上赶车、放炮、拿灯笼、带红毡的共六人，一同前往女方家。到大门口时，女方不让马上进去，而是先索要礼物，男方的陪亲人要上前对答；女方每次提要求，男方要从门缝塞入红包，红包内不超过两三枚小

---

① 《瑷珲县志》编委会办公室编：《瑷珲县志·社会》，内部发行，1983年版，第54页。
② 宁安县志编纂委员会办公室编：《宁安县志》，哈尔滨：黑龙江人民出版社，1989年版，第688页。
③ 伊春市上甘岭区地方志办公室：《伊春市上甘岭区志（1953—1985）》，内部发行，1989年版，第569页。

铜钱，应付了三四次后，就不再给红包了，而要坚持在门口等候。这时，院中年纪大的长辈让开门，年轻人才放行让男方进入。新娘到男方家后，也不让马上进门，而是等一会儿才让进入，据说这是使女性柔和之意。进门后，新郎走在前，陪亲人次之，坐在西炕上席，女方家都以新客称呼他们。新客通常不说话，入席后不喝酒，女方家须献上礼钱，新郎才开始谈笑饮酒，名为"见面礼"，也被称为"开口钱"。吃完饭后，新娘梳发髻，穿棉衣，外面穿红衫，头盖红巾上轿。上轿后，新郎与陪亲者向女方家西炕三叩头，称为"谢亲"。之后，新人一同乘轿，随行有送亲者一女两男。迎亲队伍到男方家门口后，于吉时下轿，送亲人进入并被男方家款待。新郎的父亲拈香行礼，新人敬拜天地。礼仪完毕，有人引导新人进入新房。新房门槛上放置一套马鞍，新郎手执戟杆站在门口，为新娘揭去红头巾。鞍子与安子同音，手执戟子，意为多子之意。新娘进入洞房后，朝向日福神所在方位"坐福"。接着，新娘开脸梳发。之后，夫妇同吃长寿面，坐帐。一日三餐，都是女方家送席，夫妻同用，称为"管饭"。当天晚上，新夫妇同吃饺子，俗称"子孙饽饽"。然后夫妇圆房，这时，一定要有儿女双全的长辈亲人陪宿。

民国中期，齐齐哈尔市讷河一带正婚礼日，或备肩舆，或结彩轿，新娘亲自到女方家迎亲，也有新郎在家等候的。舆轿途遇庙、石、井、墓，均用红毡遮挡。新娘入门，向吉方下轿，头盖红布，胸悬铜镜，立于香案之左。香案上设弓一、箭三，并有秤杆插在斗内。新娘立，新郎跪拜如仪，俗称"拜天地"。地上铺红毡，由命妇或处女二人领新娘入房，这时新娘两手携宝瓶，瓶中装有粳米或五谷。提前在门槛上设马鞍一具，新娘跨过。既入室，新郎用秤杆揭下新娘头上的红布，于是坐帐行合卺礼。这一天，男方家张筵宴客，包括女方家所来之人，早宴罢，新郎偕新娘行拜灶礼、谒祖礼。[①]

绥化一带部分汉族婚礼这一天，新娘绾发髻，穿棉衣和红衫，头上盖红头巾，由叔伯兄弟抱上车。新郎先骑马或坐轿回去，在门前等待。新娘彩轿到门口时，要推迟很久才能进入，称为"扳性"。扳性，指先打压女方，使其性格更加柔顺。院中供香案，新郎父亲拈香完毕，两个送亲女傧相扶新娘下车，面向南方，与新郎拜天地，又称为"拜南斗"，也称为"拜老家"。拜完后，新郎带领新娘入洞房，旁边有两个女童举宝瓶，将铜镜搭在新娘肩上。到堂屋门口，在门槛上覆盖一套马鞍，新郎拿着秤杆站在洞房门口，为新娘揭去盖头巾，把盖头巾覆盖在马鞍上（鞍与安同音，取平安之意）。进入洞房后，新郎踏上炕，称为"步步登高"。坐定之后，新人轮流喝酒，名为"合卺"，也称"交杯"。喝完，向福神所在方向坐下，名为"坐福"。接着，新娘开脸梳发，夫妻同席吃长寿面。吃完饭，下床拜灶，

---

① 崔福坤修，丛绍卿纂：《讷河县志》，民国二十年双城县情益书局铅印本，卷十二。

拜祖宗和长辈，称为"分大小"。在洞房宴请女方家送亲人，名为"管饭"，在其他房间宴请宾客，名为"正席"。到了晚上，夫妇同吃饺子，称为"吃子孙饽饽"。

齐齐哈尔市富拉尔基一带在结婚之日，男方家张灯结彩备酒宴，款待宾客。由男方将新娘娶回家中，女方至男方家举行婚礼仪式。新郎、新娘要一拜天地、二拜高堂、夫妻对拜，俗称"拜天地"，然后共入洞房。就寝前素有闹洞房之习。①

黑河市瑷珲一带有的汉族结婚之日，新郎要披红戴花，并准备迎亲的喜车，同时有陪亲的一人，娶亲婆一人，加上赶车的、放炮的、提灯笼的、夹红毯子的，共六人，一同到女方家。到了女方门前，女方不会立即放其进去，必须要点儿礼物。这时陪亲的到前应付，女方每要一次，男方都要从门缝中送入一个小红纸包，里面包有小铜钱两三枚。照此三四次，不能再给，经院中岁数大的答应后，才开大门放入。到了房门，仍然索要礼物，照前办理，然后请进屋。进屋时，新郎在前，陪亲的在后，一起被让到西炕上席，这些人被称为"新客"。入席之后，新客不发言也不喝酒，女方家要献钱数次（零钱），这才谈笑、喝酒，称为"见面礼"，也叫"开口钱"。酒饭之后，新娘将头发绾成发髻，穿上新衣，外面穿上红衫，头上盖上红布，新郎要同陪亲的向女方西炕三叩头，叫"谢亲"，然后新郎同新娘一起回男方家。女方要有送亲的一女二男。到了男方的院内，要选定吉时下车（下轿），送亲的被让进屋里款待，新郎父亲要拈香行礼，新郎、新娘要敬拜天地。过门槛时，要跨马鞍子，意思是安子（早立子），新郎要拿戥杆站在门旁，为新娘揭去盖在头上的红布。新娘入洞房后，要坐在福神的方位，叫"坐福"。到了晚上新郎、新娘要吃子孙饽饽。晚间睡觉，要有儿女双全的长辈在另一炕上陪宿。以上多是有钱有势之家的仪式，一般老百姓仪式要简单些。普通汉族结婚之日也大致相同，亲朋一般都要送钱，称"随礼"。新郎、新娘要依次参拜尊长及亲朋，然后请入帐中坐席。②

大庆市让胡路一带婚期共三天。第一天，新郎和支客人（司仪）骑马带领三辆大车去女方家接新娘，俗称"接姑娘"。第一辆车上用高粱秆做一轿的形状，车上装有带四条肋骨的猪肉，俗称"离娘肉"，由男方送到女方家。第二辆车上坐四个十二三岁的男孩儿，第三辆车上坐的是吹鼓手。车队到女方家村或街边，新郎下马上轿车，吹鼓手则大吹大擂造声势。车到女方家门口，支客人上前叫门，女方假装不许进，男方要耐心等待，俗称"憋性"。时间不长，姑娘的弟弟从屋内端出一方盘，上面放新娘为新郎做的第一双鞋，新郎把鞋尖转向外后，才能下轿车。下车后，新郎与新娘的弟弟喝换盅酒。新郎献上"离娘肉"，新娘家热情出迎。然后，酒席款待，至晚安歇，一宿无话。第二天，叫"正日"。在新娘家

---

① 齐齐哈尔市富拉尔基区地方志编审委员会编纂：《齐齐哈尔市富拉尔基区志》，内部发行，1997年版，第466页。
② 爱辉县修志办公室编：《爱辉县志》，哈尔滨：北方文物杂志社，1986年版，第728页。

用过早饭后，吹鼓手奏乐，套好大车，新娘梳洗打扮后，由哥哥用被将新娘抱上车，俗称"抱轿"。此时，新娘必须哭泣，俗谓给娘家"掉金豆子"。娘家的送亲人，可多可少，但必须是单数，回来时成双数，由新娘的弟弟压车，中途严禁他人搭乘，新娘的父母不参与送亲，并忌讳姐夫送亲。新娘到婆家下车后由全科人（男方的），即父母儿女全有者搀扶，脚踏高粱口袋（取"步步登高"之意），怀里包一斧头（取"抱福登门"之意），脚踩红地毯（取"洪福无边"之意）至天地桌前。这时娘家来的人，用一块红布（俗称"蒙头红"）盖住新娘的头；用粮食撒打新郎及新娘，俗称"驱红煞"，由支客人主持，进行三拜：一拜天地，二拜高堂，三是夫妻对拜。然后由新郎用红线牵引新娘步入新房。入洞房后，把蒙头红布搭在外屋门上。全科人端上一盆水，内放两株用红线绑的大葱、多枚铜硬币。新娘重新梳头，洗脸，用细线绞去额头及脸上的汗毛，俗称"开面换头"。新郎端两个染红了的去皮鸡蛋，新娘要欣然吃下，意即早生贵子。这时新郎要与新娘向南并肩同坐在炕上少时，俗称"坐福"。之后，新娘由新郎的弟弟拉下炕，由支客人带领到各席间满杯敬酒。待娘家客人走后，新娘拿出"红包"给男方家的女亲们看。新郎同村（街）的同龄男女前来相聚，以新郎、新娘为主题，取笑欢乐，俗称"闹洞房"，乐到晚时，闹洞房的人散尽，新郎、新娘同床就寝，通宵达旦不熄灯，俗称"长命灯"。[①]

（二）中华人民共和国成立后的正婚礼

中华人民共和国成立初期，黑河市北安一带青年多数选择双日子或重大节日结婚。婚礼只以烟、糖招待亲朋。农村尚有变相买卖婚姻，除给身价钱外，男方还要给女方买自行车、手表和衣物等。[②]

中华人民共和国成立之后，齐齐哈尔市建华区结婚时，由双方单位或街道出具证明，携带户口本，两人同到区、乡政府民政部门履行结婚登记手续，领取结婚证，即为合法夫妻。婚礼仪式在单位或家中举行，迎娶时多有骑自行车的。在单位举行婚礼，只备香烟、糖果、瓜子、茶水等。对至亲仅招待便宴，喜事办完花钱不多。

20世纪70年代齐齐哈尔市结婚仍较简朴，坐轿车的较少，在饭店宴请亲朋的也不多。20世纪80年代至90年代，一些家庭富裕的青年结婚逐渐趋向大操大办，互相攀比，追求高档豪华，一些中华人民共和国成立后消失的做法又有所恢复。结婚仪式上，新郎穿西装，新娘穿婚纱礼服。新郎接新娘时坐豪华"喜车"，携"离娘肉""粉条"等赠给岳父母。到女方家门口叫"妈"开门，进到女方闺房，替新娘穿鞋，抱新娘下床。见双方父母时，双

---

① 赵金波、徐海丹编：《大庆市让胡路区志》，哈尔滨：黑龙江人民出版社，2009年版，第910页。
② 北安地方志办公室编：《北安县志》，内部发行，1993年版，第730页。

方父母分别赠给新郎、新娘"改口钱"。婚礼基本上在饭店举行，且婚礼全程都要录像。到饭店后，新郎、新娘在男女傧相陪伴下，在乐曲声中进入婚礼会场。仪式开始，双方父母、主持人、证婚人、新婚夫妇，都在主席台前站定。新婚夫妇在司仪的主持下，分别向双方父母、主持人、证婚人以及参加宴席的亲朋好友行鞠躬礼。之后，新婚夫妇到席间敬酒，婚礼即结束。①

佳木斯市男女双方到当地政府民政部门办理结婚登记手续后，即可结婚，其婚姻受国家法律保护。同时，逐渐废除要彩礼的陋习，婚礼从简。20世纪60年代，城区参加工作的年轻人的婚礼，一般在工作单位以茶话会形式举行，由单位领导主持，宣读结婚证书并致辞。不摆婚宴，吃点儿糖果、瓜子，抽根喜烟，唱歌助兴。在婚礼上，亲朋好友和同事送一些毛巾、香皂、笔记本、钢笔等小礼品表示祝贺，婚礼新颖、隆重、节俭，很受欢迎。

伊春市上甘岭区，男方家亲朋好友多人要陪新郎到女方家迎接新娘及陪客。男方领头人称为"知客"，女方领头人称为"傧相"。近者步行，远者车接，一路虽无鼓号，却有许多录音机播放歌曲，热热闹闹。②

伊春市林区一带汉族结婚仪礼有很大变化，有的崇尚简朴，有的讲求隆重，有的追求现代化。林区开发初期，遵循"先生产后生活"的原则，进入林区的家属与女青年甚少，到林区进行林业生产活动的年富力强的男子却较多，到了婚龄大多回家择偶。随着生产的发展、生活的安定，大批职工家属到林区定居；一些谋职业、找对象的女青年也越来越多地进入林区，就地择偶的条件也越来越好。择偶只要情投意合，无须过礼便可成婚。婚礼从简，向毛主席像行礼，贺喜的来宾喝茶、吃糖而已，被视为"革命婚礼"。结婚时，除炕琴、立柜，还要置备三大件（手表、自行车与缝纫机）。20世纪80年代，择偶有的追求职业、权、钱，讲究门当户对，有的注重情感而不计钱财，转向注重人品、文化、才干。富裕、权势之家兴起讲排场、摆阔气之风，三大件发展为彩色电视机、电冰箱、洗衣机；木制家具发展为组合柜、组合沙发、沙发床。结婚吉日多选在偶数日，尤以星期日或节假日为多，以示双喜。吉日一定，结婚准备工作便加紧进行。结婚那日，殷实人家广收贺礼、讲求排场。接新娘的汽车多以高级为荣。接亲人数去为单数，回为双数，单去双归，白头偕老。男方接亲要带四样礼品：白酒、猪肉、粉条、大葱。白酒两瓶由女方家倒出，再注入清水装回，表示新娘贞洁如水；猪肉为四根肋骨宽的腰条肉，到女方家砍开，一分为二，一半留给女方家，一半带回，称"离娘肉"，以示去了婆家不忘娘家；粉条意味夫妻情意绵长；大葱意味着生育的后代聪明，婚后日子过得"冲"（兴旺）。到女方家后，女方家设烟、

---

① 齐齐哈尔市地方志办公室编纂：《齐齐哈尔地方志》，哈尔滨：黑龙江人民出版社，2004年版，第655页。
② 伊春市上甘岭区地方志办公室：《伊春市上甘岭区志（1953—1985）》，内部发行，1989年版，第569页。

茶、糖果招待迎亲客人。迎亲车队从女方家出发，一路始终向里拐弯不走回头路，意味着新娘与婆家一条心。若路上遇到其他接亲队伍，两方的新郎、新娘要互赠小礼物（如手帕、钢笔）。迎亲车回来，要播放礼乐，燃放鞭炮。新娘下车入室，要对新郎父母改口认亲，为贺喜的亲朋好友点烟、倒茶，先长辈、后平辈，表示新生活的开始。男方要置办酒席招待宾客。宴席丰盛与否，由男方家经济条件而定，但每桌菜数必为双数，意为成双成对。这一天，言行以吉利为上，忌讳扫兴的言行。在男方招待的过程中，送亲人可偷拿些小茶具等小物品回娘家，称"偷亲"，意在取其谐音"投亲"。①

黑河市瑷珲一带到了正婚礼这一天，男方到女方家接亲，要备大、小汽车，接送亲的男女双方人数加起来必须是双数。男方要带点心、酒、肉、糖果四样东西，肉由新郎拿着，到女方家砍开，男女方各半，即"离娘肉"。女方家要准备烟、茶、糕点招待客人，新郎要向新娘敬礼，然后新郎、新娘向女方父母告别。接亲车从女方家出来，必须始终向里拐弯，意为新娘要与婆家一心。有的还装一瓶水洒一道，意思是长流水，两家常走动。车到男方家要燃放鞭炮，播放音乐，新郎拉新娘手进屋，迎亲、送亲者随后，男方要从送亲者手中接过嫁妆，摆在新房的柜子、箱子上面。②稍事休息后举行结婚典礼，司仪发表开场白；证婚人（一般是男方的领导）宣读结婚证书；新婚夫妇向父母敬礼，向来宾敬礼，互相敬礼；单位负责人致贺词；来宾致贺词。新婚夫妇要向来宾敬烟、糖。典礼结束后送走送亲的，新房中可以举行一些即兴节目。男女双方迎亲、送亲者可以偷拿一些茶具、酒杯等小东西，这叫"偷亲"，取其"投亲"音。③

牡丹江市宁安一带结婚形式也有变化，如集体结婚、旅行结婚、旧式结婚等。带有普遍性的则是半旧式或新旧式相结合的婚礼。结婚当天，一般都在早上八点钟前，男方开着汽车到女方家去娶亲。女方家摆上四盘糕点、红筷子、烟、糖、茶招待新郎和傧相。接着，娶亲车回到新郎家，新娘下车时，鞭炮齐响，热热闹闹地把新娘和娘家客人接到屋中，开始设宴。④

到了20世纪70年代，婚礼多半在男方家中举行，摆几桌酒席，邀请亲属、邻居、朋友欢聚一堂。参加婚礼的亲朋好友带些床单、被面、枕套、镜子、脸盆等礼物，以表祝贺。20世纪80年代以后，随着城市居民生活水平的提高，婚礼开始讲排场、比阔气。男方家要购买新房，进行装修，在大饭店设婚宴；女方家要陪送电视、冰箱、洗衣机或

---

① 伊春市地方志编纂委员会编：《伊春市志》（下），哈尔滨：黑龙江人民出版社，1995年版，第1441页。
② 爱辉县修志办公室编：《爱辉县志》，哈尔滨：北方文物杂志社，1986年版，第731页。
③ 《爱辉县志》编委会办公室编：《爱辉县志·社会》，内部发行，1983年版，第54页。
④ 宁安县志编纂委员会办公室编：《宁安县志》，哈尔滨：黑龙江人民出版社，1989年版，第688页。

其他嫁妆；娶亲要用轿车，形成了相互攀比的不良风气。参加婚礼的人都要带上礼金，少则几元，多则几十元。到了20世纪90年代以后，结婚的费用逐年增加，佳木斯地区男方家除购买新房、装修新房外，还要购买家用轿车；女方陪嫁物品的档次也不断提高，彩电、电冰箱、洗衣机等一应俱全。婚宴由十几桌增加到几十桌，场面越来越大，礼金增加到百元或几百元。2000年以后，由于婚礼程序的复杂化，催生了婚庆摄影、婚庆礼仪、婚庆车队等服务行业，形成了系统的一条龙婚庆服务，增加了婚庆费用，也给双方家庭带来了沉重的经济负担。①

三、婚后礼

民国初期，黑河市瑷珲一带婚礼后三日，新婚夫妇一同前往女方家拜见父母，称为"回门"，吃完饭就返回。五日，祭先祠、先茔，称为"庙见"。汉、满均不论财，犹有古风。绥化市安达一带婚礼后三日，新人拜祖坟，称"庙见礼"。七日，新婚夫妇一起回女方家，称"回门"，有九天而返者，称"占九"。俗有"走七占八，两家俱发""走八占九，两家俱有"的俚谚。②

齐齐哈尔地区婚后第三日，新婚夫妇携带礼物去女方家，俗称"回门"。③大庆市新人婚后三天内，新娘不许过横路，不许脚踏冰流水，取"杜绝溜流"之意，意为不做不利于怀孕生孩子的举动。婚后三天，新婚夫妇共同回娘家，俗称"三天回门"。④旧时的婚礼宣告结束。

伊春地区上甘岭一带自20世纪60年代以来，婚后三天，新婚夫妇要共同回娘家，携礼省亲。须在太阳下山前返回婆家，也有的夫妇在七天之后回娘家。⑤该地林区汉族结婚三天回门，要带"四盒礼"（四样成双礼品），新郎要对新娘父母行礼，改口认亲。娘家人要盛情招待，使新婚夫妇尽欢而归。此后，每逢姑爷上门，一般要视为上客，均以好饭好茶招待，俗语说"姑爷上门，小鸡没魂"。⑥

---

① 佳木斯市向阳区地方志编纂委员会编：《佳木斯市向阳区志（1946—2005）》，哈尔滨：黑龙江人民出版社，2006年版，第969页。
② 高芝秀修，潘鸿威纂：《安达县志》，民国二十五年铅印本，卷十二。
③ 齐齐哈尔市富拉尔基区地方志编审委员会编纂：《齐齐哈尔市富拉尔基志》，内部发行，1997年版，第466页。
④ 赵金波、徐海丹编：《大庆市让胡路区志》，哈尔滨：黑龙江人民出版社，2009年版，第910页。
⑤ 伊春市上甘岭区地方志办公室：《伊春市上甘岭区志（1953—1985）》，内部发行，1989年版，第569页。
⑥ 伊春市地方志编纂委员会编：《伊春市志》（下），哈尔滨：黑龙江人民出版社，1995年版，第1441页。

第四节　县级篇

黑龙江所辖各县的婚礼习俗异彩纷呈，如婚前礼有"助妆""装烟""换盏""添箱"等，正婚礼有"压轿""上马饭""憋性""管大小饭""坐帐""开脸"等，婚后礼有"回门""回九""接七唤八""住对月"等，体现了当地不同时期婚礼文化的别具一格之处。

一、婚前礼

（一）民国初期婚前礼

民国初年，肇州一带"民人于联姻之始，通媒妁，议聘礼，礼之多寡以贫富为差，不外猪、酒、布匹、首饰等类。及至纳采之后，择吉期，令红柬，名称'纳吉'。亲迎前一日，张灯结彩，俗以鼓乐引轿游街一日，名曰'亮轿'，偏僻无轿者，以轿车代之"①。

望奎一带婚前礼颇为丰富，男方父母或女方父母先找同乡年长且有信誉的人为双方说媒，双方都同意，就开始讨论彩礼。大多数家境殷实的家庭彩礼少，贫穷的家庭反而要的彩礼多，续弦的彩礼最多。多数情况下，要四头猪，白银四斤或六斤，大布匹八对、小布匹八对，或各九对，喜面二百斤，喜酒二百斤，首饰十对或八对，手镯一副，钳子二副或三副，成衣二身或三身（绸缎质地的衣服称为"成衣"），也有把以上各聘礼折成现钱的。彩礼商定之后，选择双日（吉日）会双方亲友，女方家先去男方家，称为"相门户"。女方父母或伯叔、兄弟乘车一同前往。到男方家，寒暄问候后，男方依次装烟，女方家里来的长辈都要赠钱或者赠物，称为"装烟钱"。装完之后，男方若合心意就入席，双方父母相互递酒，称为"换盏"。吃完饭，女方就离开，无论路途远近，从不过夜。男方若不合心意，不入席随即离去。第二天，男方父母到女方家，女方盛妆接待，依次给男方家的长辈装烟，男方家的长辈也要赠钱赠物，只是给女方姑婆装烟，一定要握手问候，有俗语"受了婆母挽，不丢筷子不打碗"。男方相女合意，就入席吃饭，吃完饭就回家。也有由媒人给女方家市钱三千吊或四千吊，称为"带礼相看"。两家人都商议妥当，然后进行过礼，即将之前商定的聘礼分两次交纳：第一次，称为"过小礼"；第二次，称为"过大礼"。过小礼时，男方家选择吉日，等媒人通知，然后男方父母驾车到女方家，送各种布匹若干、钳子一副，或者折成市钱当作聘礼，女方仍然按长辈顺序装烟，只要是男方家的长辈，如叔、伯、翁、姑、姨、舅母，都要一一告诉女方，装烟完毕后入席吃饭，吃完饭就回家。过大

---

① 张樾纂修：《肇州县志略》，民国二年修抄本，不分卷。

礼，就是在结婚前先将过小礼时未纳的聘礼全部纳完，只有所纳的布匹和首饰若干件，女方必须亲自检查，如有颜色、样式不符合的，可以另行更换。首饰必须在当时插戴，给长辈装烟，长辈赠送时也是同样的。吃完饭，女方家给男方家回礼，通常有盛满匣子的高粱，意为"步步登高"；猪肘一只，名为"骨肉亲"；筷子两双，取其快得子；葱一把、栗子两枚，意为聪明伶俐；活盅子两枚，意为日久天长；粉条两把，意为细水长流。

双城一带婚礼之前，由媒人分别与男女两家商议。先用男女庚帖占卜吉凶，称为"合婚"。之后，两家互相察看，称为"相门户"。在男方家，称为"相媳妇"，在女方家，称为"相姑爷"。相完后留下吃饭则表示同意。不久女方家把聘礼单让媒人转给男方家，聘礼中的布匹以对论，衣服按件数论，首饰用副论，白银用两论，猪、酒用双单论。议定后，男方有的准备成实物，有的折成银钱，择吉日到女家纳采。这一天，男方把男女年庚写在红柬（称为"庚帖"，也称为"媒柬"）上，装在匣子里，再将商议好的聘礼的一半送到女方家，称为"过小礼"。迎亲之前，再将其余聘礼全部送到女方家，称为"过大礼"。

依安一带男女婚嫁早晚，视家境贫富而定，富人婚嫁早，穷人婚嫁晚。结婚仪式多以传统旧礼为主，文明结婚的较少。订婚依父母之命，媒妁之言。男女双方互相察看，相男方，俗称"相姑爷"；相女方，俗称"相媳妇"。相女方时，男方家须准备赏品或钱，名为"相礼"，相男方时，女方家即使不给赏品也要给帛钱。除此之外，还有"过小礼""过大礼"的区别。婚事定妥后，男方家备好布匹、猪、酒或银钱，先送聘礼，俗称"过小礼"，迎娶日之前，又送剩余的聘礼，俗称"过大礼"。

宾县一带婚礼前，先通过媒人与两家父母商议，两方认可后，以男女庚帖占卜吉凶，俗称"合婚"，即古代的纳吉。如果吉，就讨论聘礼。聘礼丰俭不同，多数都需要猪四头、酒四百斤，称为"双猪、双酒"；也有的用猪二头、酒二百斤，称为"单猪、单酒"。白银二十四两、布十六匹，称为"斤半银子、八对布"；也有的白银二斤、布十六对，称为"双礼"。首饰、衣物数量不定。议定后，双方相亲，先男后女，俗称"相门户"。相妥后，由男方家选定吉日，将讨论的礼金、服饰、猪、酒等先送一半到女方家，俗称"过小礼"，即古时的纳采、纳征。迎亲日须占卜。婚期前一个月，男方主婚人和媒人准备礼物送到女家，并告知婚期，俗称"通信"，即古代的请期礼。亲迎之前，男方将剩余聘礼全部送到女家，俗称"过大礼"。

集贤一带汉族说媒多是由男方父母出面，请能说会道者做媒人到女方家提亲。如女方父母同意，就进行"合婚"。"合婚"包括两项内容。一是根据男女的年龄、属相，出生月、日、时辰及五行，由算命先生"算"男女双方能否订婚。合婚时说道甚多，有年龄上的约束，如"女大一，不是妻"等；有属相上的约束，如"白马怕青牛、羊鼠一旦休、金鸡怕玉犬、猪猴不到头、蛇虎如刀铨、龙兔泪交流"。从五行上看，有相生可以结合，相克不能结合之说，即"木生火、火生土、土生金、金生水、水生木、水克火、火克金、金克木、木克土、土克水"。凡属"犯相"和"相克"者，均不能结合，当时迷信的人们对此深信不疑。第二项内容是提亲后，由媒人将女方的生辰八字写到红纸上拿给男方家，压到灶王爷板上，三天之内如男方家未发生不吉利的事则此婚可成，否则男女不能结合。合婚后，女方家即向男方家送出用红纸写就的彩礼单，所列内容一般情况下两家还要争争讲讲才能定准。订婚有道德和法律的约束力，订婚后如一方再提出退婚，则要受到亲友、乡邻和社会的谴责，官府也不准许。[①] 中华人民共和国成立前婚嫁受封建礼教束缚严重。青年男女婚姻不能自主，全由父母包办、媒人从中说合而成讲究门当户对，致使有的男女结婚之后，没有真正的感情，酿成很多悲剧。

　　绥滨一带按照习俗，男女结合一般要经过定亲的过程。在这一过程中有很多约定俗成的细节。一般先由媒人到男女双方家进行沟通，经双方父母同意后，女方将姑娘的八字庚帖由媒人转交给男方。男方请卜者根据男女生辰八字进行合婚，合婚后再由女方提出彩礼单，双方商定彩礼，然后互相相门户，互设家宴招待对方父母亲友和媒人，并给订婚者压腰钱，同时男方将部分聘礼交给女方家，此为"过小礼"，定亲结束。结婚之前，由男方再请卜者择定良辰吉日并通知女方家，同时将余下的彩礼送给女方，此为"过大礼"。[②]

　　泰来一带男女青年的婚事凭父母之命，媒妁之言，喜早婚。男女十五六岁就订婚、结婚，或者在男女四五岁时就订下婚约。一般先由媒人为双方介绍男女的年龄、属相，叫"合婚"。双方家长没有意见，就定下此婚事，议定彩礼，选定良日由男方家父兄到女方家送钱及物品，叫"过小礼"，又叫"订婚"。结婚前数日，男方再和媒人到女方家送物品，叫"过大礼"。女方家亲戚朋友则相聚一处，举行酒宴，为姑娘送簪及钱物，叫作"添箱"。[③]

　　克山境内的婚前礼，旧时一般要经过合婚、过小礼（订婚）、通信（下柬）、添箱（过大礼）、晾轿拜庄等程序。经媒人介绍后，男女两家交换庚帖（八字帖），各请星士（替人占算命运的术士）推算两人之间的命运和属相是否相克，如不相克，才能定下婚事。卜得吉兆，双方同意后，则议明彩礼饰物，择吉日由男方家备簪环、绸缎布匹等同媒人到女方家相看，并互换卜吉的庚帖，行订婚之礼，俗称"相门户"。之后，男方选择迎娶吉日，并用红柬写明男女年庚及迎娶日期，请媒人送喜柬通知女方家。迎娶前一日，男方家同媒人到女方家送齐布匹、饰物、猪、酒、米、面等议定的彩礼。女方家则把衣饰、嫁妆等送至

---

① 黑龙江省集贤县县志编纂委员会编：《集贤县志》，内部发行，1985年版，第161页。
② 绥滨县地方志编纂委员会编：《绥滨县志》，北京：方志出版社，1996年版，第590页。
③ 泰来县地方志办公室编：《泰来县志》，哈尔滨：黑龙江人民出版社，1992年版，第605页。

男方家"安嫁妆"。这一天女方家亲友至女方家欢宴庆祝,并赠女孩儿簪、衣、银钱等礼物,名为"添箱"。拜庄添箱日,新郎率领彩轿游街,俗谓"晾轿"。分别拜告亲友称为"拜庄"。[1]

嫩江一带汉族婚前礼包含定亲、过礼。定亲,由媒人在男、女两家间牵线,征得双方家长同意后,交换庚帖,请算命先生"合肖",如无"冲克"视为"合婚",之后请媒人传帖下定,选良辰吉日由男方携礼品到女方家向女方父母磕头,而后由男方家设宴会亲家,确定关系并商定过礼事宜。过礼,定亲后,娶亲前,男方家按商定的礼单,将各种礼品用红布、红纸或红绳包裹捆好,抬至女方家,也称"过大礼"。[2]

五常境内汉族男女订婚全由父母包办,本人没有自由择偶的权利。一般男子过了十五六岁,父母就开始准备给其订婚。经过媒人两头介绍,双方父母看中,请算命先生按男女生辰八字"合婚",如不相克,就算美婚,即可定亲。成亲前,男女双方互相走访,俗谓"相门户",然后由男女双方父母及媒人共同商定聘礼,一般是金钱、布匹、衣物,有的还有肥猪等物,约期择日送到女方家里,这叫"过礼"。"过礼"后请算命先生给选择良辰吉日,确定婚期。[3]

杜尔伯特境内汉族男女青年没有恋爱的自由,婚姻全由父母和长辈包办。如男方看中某家的姑娘,就请媒人到女方家说亲,并问明女方的出生年、月、日和时辰(俗称"要生辰八字"),请阴阳先生"合婚",即将男方生辰八字与女方对照,如果相克,无论如何也不能订婚,如果不相克,则由媒人说合议定彩礼。大都要一猪一酒或双猪双酒(一猪,即一头肥猪,重量必须100斤以上;一酒,一般为50斤),另外加成衣数套,单衣、夹衣、棉衣数套和一部分现钱。钱的多少按男方家的贫富而定,再由男方选一吉利日子,设酒席宴请媒人和女方家长,俗称"相门户"。然后女方家也设酒席宴请媒人和男方家长。至此,才算正式订婚。[4]

甘南一带婚前礼包含订婚、纳采、择吉娶亲三个主要内容。一是订婚。男女订婚必须由父母之命,媒妁之言,订婚前要先用媒人到男女双方家去联系,经双方父母同意后交换庚帖,介绍男女生辰八字。接着互相请卜者算命合婚,合婚后双方商定彩礼,然后定日相看,称"相门户",今通称"会亲家",双方都要设宴招待,相互认亲,互赠订婚证物。男方家赠女方的"订婚礼匣"内装胭脂、首饰、衣物、布料等;女方家赠予男方的多为衣物。

---

[1] 孙剑平主编,《克山县志》编纂委员会编:《克山县志》,北京:中国经济出版社,1991年版,第738页。
[2] 嫩江县地方志编纂委员会编:《嫩江志》,海口:中国·三环出版社,1992年版,第693页。
[3] 五常县地方志编纂委员会编:《五常县志》,哈尔滨:黑龙江人民出版社,1989年版,第822页。
[4] 杜尔伯特蒙古族自治县地方志编纂委员会编:《杜尔伯特蒙古族自治县志》,哈尔滨:黑龙江人民出版社,1996年版,第669页。

今则多数代赠以钱，即为订婚，从前订婚是婚姻的重要程序，受法律保护，订婚后解除婚约须依法律裁判。退婚对彩礼的处理一般惯例是男方主退的不退彩礼，女方主退的彩礼全退或根据情况依法律裁决。二是纳采，俗称"过礼"，又有过小礼与过大礼之分。过小礼是订婚的同时，男方按协议送给女方财物；过大礼是确定结婚日期后，男方家向女方家送完协议中的全部彩礼，包含剩余的猪、酒、金银，俗例有"双猪双酒"与"单猪单酒"之分，民国中后期逐渐演变为现金。三是择吉娶亲，俗谓"看日子"，即请卜者择定所谓黄道吉日举行结婚仪式，结婚日期确定后男方家备果品礼物，以红柬书结婚日期，遣媒人送女方家谓之"通信"。同时，向亲友发请柬，即"撒喜帖"。迎娶前一日，女方家设筵宴请宗族亲友，俗称"送闺女"，亲友赠以钱物，俗称"添箱"。①

青冈一带男女双方婚前要交换男女庚帖。庚帖上写男女双方的出生年、月、日和时辰，然后找算命先生合婚，合者成亲，不合者不成。合婚后再由女方出彩礼单子。彩礼有用实物的，也有折成现钱的。在交彩礼时，可分两步进行：第一步叫过小礼；第二步叫过大礼。过小礼，即交付整个彩礼的一部分，其中必须有一件长命衣，很多人家把过小礼和相门户结合在一起进行。相门户即首先男方的父母、亲属到女方家去相看姑娘。过几天后，女方也要到男方家中去相门户。订婚时，男方要到女方家过大礼，然后择定良辰吉日结婚。②

绥棱一带富户的子女成婚前，双方父母同意后，交换男女庚帖，上书男女生辰八字，然后找算命先生按男女生辰的天干、地支和属相进行合婚。合婚后就定下相亲的日期，叫"相门户"。双方同意后，女方开出彩礼单子，多是要首饰、衣服、猪、酒、银子等物品，都是双数。媒人则在男女双方间奔走，几经讨价还价才最后定下来。彩礼有给实物的，也有折合成现钱的。男方准备好彩礼，由媒人引导，一行数人到女方家"过小礼"。过了"小礼"亲事就定下来了。结婚前还要请人慎重地选择黄道吉日，定出迎娶日期后，男方要把原来商定的彩礼、衣物、钱款过齐，即过大礼，这样女方家才允许结婚。③

东宁一带，新人结婚前两三天，男方即着手租赁两乘花轿或两辆花车以及餐具，请吹鼓手和厨师。结婚前一日要抬着新郎，与吹鼓手一起绕街一周，叫"晾轿"。④

珠河⑤一带新人结婚前，通过媒人介绍，父母许可后，互换庚帖占卜，两家互看对方门户。双方同意后，女方家列出聘礼单送到男方家，旧俗通常为白银一斤、大小布匹八对，后来演变为白银十斤、大小布匹十六对或三十二对，另有金首饰、时髦衣服等，经双方反

---

① 甘南县地方志编纂委员会办公室编：《甘南县志》，合肥：黄山书社，1992 年版，第 659 页。
② 青冈县志编纂委员会办公室编：《青冈县志》，哈尔滨：黑龙江人民出版社，1987 年版，第 451 页。
③ 郑治平主编：《绥棱县志》，哈尔滨：黑龙江人民出版社，1988 年版，第 461 页。
④ 东宁县志办公室编：《东宁县志》，哈尔滨：黑龙江人民出版社，1989 年版，第 553 页。
⑤ 珠河县，今尚志市。

复协商后，或准备实物，或折合成钱币。接着，男方将所商定聘礼的一半送到女方家，称为"过小礼"。迎亲前把剩余部分送完，称为"过大礼"。然后，男方家卜算婚期，送猪、酒到女方家。女方亲戚、邻居赠送财物，称为"添箱"。

(二)民国中后期婚前礼

望奎一带婚前礼包括问名、纳采、纳吉、纳征和请期几个部分。问名，俗称"提亲"，指请媒人介绍对方家境、属相、面貌和个性等。两家同意后，互换庚帖，按双方生辰八字问卜，查定吉凶，俗称"合婚"。纳采，俗称"过小礼"，一般由双方协议来定彩礼的多寡，其中包括钱、衣物和首饰等。在择吉行聘期间，由男方将衣料、首饰、猪肉、喜酒等送至女方家。纳吉，俗称"相门户"，也叫"会亲家"。先由女方家长率亲友到男方家登门相亲，男方父母以"装烟钱"为名，赠给女方，旋即设席款待。两亲家推杯换盏，热闹一场。男方也到女方家会亲，形式类同。纳征，俗称"过大礼"。男方家长带领近亲，偕同媒人到女方家交付既定的彩礼，并相互介绍在场近亲的关系与称呼。最后，赠给女方钱款、首饰及吉祥之物并设宴尽欢而散。请期，也称"择吉"，是以女方的属相来定迎亲的吉期，即所谓"黄道"，然后用红纸书写成帖，托媒人送交女方家，以便彼此开始做嫁娶的准备。①

萝北一带婚礼仪式比较烦琐。男女两家有意成亲时，则由男方家先托媒人到女方家去求婚，当男女双方家庭认为合适时，通过媒人交换男女双方的年龄、生辰、属相，请人"合婚"。属相相合的，女方将索要的彩礼礼金、布匹、衣物、首饰等写在彩礼单上，媒人持彩礼单到男方家，几经磋商才能达成协议。接着相亲，先相姑爷，后相媳妇。双方家长和主要亲友互相见面定亲。当到女方家相亲时，必须将女方所要的彩礼选出一小部分送去，俗称"过小礼"。通常是在结婚前将女方家所要的彩礼准备齐全。按时如数送到女方家去，俗称"过大礼"。然后确定结婚时间，男方要请阴阳先生选出黄道吉日，这个吉日必须是个双日。吉日之前，男方家杀猪，准备宴席，做好一切准备工作。此外，还有走轿，即新郎披红挂绿，以其为主组成五至七人的骑马队，拜祖坟、拜老师、拜长辈亲友。②

漠河一带婚前礼有"合婚""议聘""压婚""过大小礼""择日子""备洞房"等。1. 合婚。由媒人从中搭桥后，双方父母如认为门户相当，就可以说亲。男方让媒人去女方家求生辰八字，以便请算命先生给两个人合婚。2. 议聘。男女双方生辰八字不相克，属相不犯相，通过媒人表示同意结亲的，男方再派媒人到女方家商量拟定彩礼清单，议定后，由媒人带到男方家，男方同意与否，还需媒人告知女方。3. 压婚。择定吉日，男

---

① 望奎县地方志编纂委员会编纂：《望奎县志》，内部发行，1989年版，第625页。
② 萝北县地方志编纂委员会编：《萝北县志》，北京：中国人事出版社，1992年版，第815页。

方将聘礼备好，外带四合礼，由媒人带着送至女方家，女方家点清收下，并留媒人与未婚的女婿吃顿饭。男方要走时，女方家要为男方送上一套高级一点儿的衣服。男方所送的聘礼，俗称"压婚钱"。4.过礼，分为大礼和小礼。在媒人陪伴下，男方把女方要的大部分彩礼按事先择定的日子送到女方家中，称"过大礼"；剩下一部分约定在结婚前给女方，这叫"过小礼"。过大礼的时间，一般视男女双方的年龄大小和双方议定婚期远近而定，婚期较远可晚过大礼，婚期较近要早过大礼，过大礼主要是让女方早做被迎娶的准备。5.择日子。由媒人将双方亲事说成后，结婚的大致时间由男方择定，女方可以通过媒人提出建议，最终请算命先生择定吉日良辰，由男方同媒人将日子书于红帖之上送往女方家求娶，女方家一般按帖答应的为多，因时间急促，备嫁妆不及等原因，要求缓期的也有。6.备洞房。迎娶前，男方家要求工匠整修新房，待到结婚前两三天将室内布置停当，到此可谓万事俱备，只等新娘了。正式结婚前一天，女方家将亲朋好友送来的贺礼一一收下后，要进行一番酒宴款待，并算清第二天送亲人数，由媒人及时通知男方，做好酒席安排。①

安达一带婚前，先由媒人传达男女庚帖和双方的意思，称为"提媒"。双方议妥后，女方家先到男方家登门拜访，男方家用酒食款待，名为"相门户"。之后，男方选择吉日（双数为吉日，如二、四、六、八等为吉日）到女方家，女方家也用丰盛的酒菜招待，称为"相媳妇"。如果都相互中意，就选择吉日，由男方家携带部分聘礼和银钱送去女方家，称为"过小礼"。后来为了方便，很多人在相媳妇时就带钱物，称为"带礼相"，这些仪礼源自古代的纳采。男女成年后，选择吉日迎娶，俗称"择日子"。婚礼前一个月，男方家将未送的聘礼如布匹、服饰等如数送到女方家，名为"过大礼"。婚期前两天的下午，男方家请人到家里鼓吹奏乐，俗称"响棚"。迎亲前一天，亲戚朋友前来帮忙，称为"帮忙"。

兰西一带，男婚女嫁，需门当户对，有的还要请算命先生按男女生辰八字去合婚。订婚时须给女方彩礼，有许多恋人因男方给不起彩礼而被拆散。婚前礼，一般由相亲、过礼两个环节构成。相亲，即男女双方家长互相到对方家认亲家门，同时相看男女双方，查看门户。双方互相设宴款待过礼，又分过小礼和过大礼。过小礼即把女方要的金钱、衣物送去一半，过大礼时，把所剩的彩礼送给女方，并通知结婚日期。有的人家为了方便，过小礼与相亲一并进行。②

---

① 漠河县志编纂委员会编：《漠河县志》，北京：中国大百科全书出版社，1993年版，第816页。
② 黑龙江省兰西县志办公室编：《兰西县志》，海口：海南出版社，1992年版，第563页。

(三) 中华人民共和国成立后的婚前礼

中华人民共和国成立后，宝清一带两姓订婚，初由媒妁介绍，父母许可，问庚卜吉，互看门户。首肯后，女方家开列聘礼单，由媒人送交男方家。男方家准备布匹、衣服、金银首饰、猪、酒等物的半数送往女方家，也有将礼物折钱的，称"过小礼"。亲迎前，再将其余聘礼送去，称"过大礼"。婚期前一个月，男方家将婚期通知女方家，称为"通信"，女方家称为"请期"。婚期前二日，男方送猪、酒于女方家，亲邻为女方家送钱物，称为"添箱"。男方家在这一天设鼓乐，悬灯结彩，贴喜联，以酒肴招待宾客。①

兰西一带婚前礼有相亲、过礼环节。相亲，即男女双方家长互相到对方家认门和相看，一般都设宴款待。过礼，又分过小礼和过大礼。过小礼即把女方要的金钱、衣物送去一半。过大礼时，把所剩的部分彩礼送给女方，并通知结婚日期。有的人家为了方便，过小礼与相亲一并进行。②

二、正婚礼

(一) 民国时期正婚礼

呼兰一带汉族迎亲时，男方家距离女方家远的，多数在晾轿日先去女方家。古代婚礼以黄昏举行礼仪为名，故称"昏礼"。新郎进门后，先拜女方家祖谱，其次拜见女方尊长亲属。新郎走时，新娘梳双髻，穿红色棉衣，头盖红头巾，乘车跟随。到男方家后，新郎先进门，新娘被关在门外，过一段时间才能进入，称为"憋性"，意为使新娘性格柔顺。院中设香案，上面放置香斗，斗里放弓箭、秤锤。新娘下轿后，肩上挂铜镜，手中持宝瓶壶，娶亲、送亲的两位女傧相将新娘扶到香案前，使新娘与新郎向北并立。新郎拈香烧纸，俗称"烧喜纸"，新娘站立于旁，新郎再拜稽首，即为"拜天地"。接着进洞房，在洞房的门槛上覆盖一套马鞍，新郎踩过去后，手持秤杆揭开新娘的盖头巾，接着，新娘也要踩过马鞍。用马鞍、秤杆，是其与安子、赶子同音。进入洞房后，新娘向当天的福神方位坐，称为"坐福"。新人同饮用红线绑在一起的双杯酒，称为"喝交杯酒"，一同吃饺子，称为"吃子孙饺子"。之后，新娘换发更衣，随新郎一起拜灶、拜祖，再按长辈顺序拜亲戚。年长的人受拜，必赐予新人钱财或饰品，称为"上拜"。男方家用酒食宴请宾客，旧礼新郎多

---

① 齐耀武修，韩大光纂:《宝清县志》，民国二十五年铅印本，卷二十三。
② 黑龙江省兰西县志办公室编:《兰西县志》，海口:海南出版社，1992年版，第563页。

按席跪拜，后来多行鞠躬礼，称为"拜席"。

双城一带正婚礼日，女方家里宴请亲友邻里，宾客到后，必以银、物相赠，称为"助妆"，又称"添箱"。新郎根据吉时，多在天还没亮时行亲迎礼，到了女方家或新娘寓所，稍作停留并饮水，等待新娘换装。新娘换好后，上彩车随新郎的素车同行，途中如遇到井、石、墓、庙，都用红毡遮蔽。女方家来人相送，称为"送亲"。到男方家后，进了门，让新娘用大火盆烤手，用宝瓶盛米，让两名年轻女子交替递给新娘，再用红头巾给新娘盖头，给新娘胸前挂上铜镜子，然后扶新娘下车。庭院中摆的桌子，称为"天地桌"，上面放置香烛、供品，并把弓箭和秤立在斗中。新娘踏着红毡走到桌前，和新郎一起拜，称为"拜天地"。地上的红毡铺到寝室，新郎顺着红毡往前走，新娘跟随，在房门口放置马鞍，等新娘跨过，这时新郎揭去新娘的头巾，扔到屋顶上，接着新人进入寝室上炕，面向吉方坐下，称为"坐福"。之后，新娘上妆，与新郎行合卺礼，并吃俗称的"子孙饺子"。随后，新人们出去接受宾客的祝贺。晨宴，称为"下马席"。晨宴之后，新人拜见祖先、灶神，接着拜父母、长辈，称为"分大小"，最后拜亲友，都行叩头礼。正午，新娘家亲戚（称为"新亲"）到男方家，男方准备酒席宴请，有鼓乐队助兴，也有的不准备酒席，而准备银钱、饰物等，称为"管大饭"。前来道贺的客人都送钱财给新郎家，称为"上礼"，也有集资送匾联及彩幛等祝贺的。宾客到后，吹鼓手吹号告诉主人，主人出来迎接。午宴被称为"正席"，与其他宴席相比，特别丰盛。多数宾客都到齐后，主人按桌敬酒，称为"安杯"，新郎向众宾客行礼，称为"拜席"。晚上，新人吃汤饼，称为"吃宽心面"。新娘在这天不准小便，否则别人笑她没有福气。

依安一带结婚日这天，男方家准备彩轿或彩车到女方家迎亲。新娘用红布盖着头脸，由亲戚抱到轿内，下轿时有人搀扶。男方家院中设方桌，上面放斗，备有香烛、酒醴等。将新娘搀扶到桌子右面，新郎在桌前，向南边跪拜，称为"拜天地"。礼仪完毕，搀新人进入房间坐在床上，俗称"坐福"。晚饭时，男方家里准备一桌酒席，请新郎和新娘一起参加宴席，俗称"吃独桌"。送亲人离去后，新娘理发更衣，下炕见男方家人和宾客。

宾县一带婚礼当日，男方准备两顶花轿，有的用车做彩车，敲锣鼓吹前往女方家迎娶，队伍前面是对子马，有的八对，有的十二对，也有的新郎在家等候新娘。途中如遇到庙、石、井、墓，都用红毡遮盖住。新娘进门后，朝向吉方下轿，头盖红头巾，胸前悬挂铜镜子，站到香案的左边。案上放置一把弓、三支箭，与秤杆一起插入斗内。新娘站立，新郎跪拜，俗称"拜天地"。地上用红毡覆盖。新娘进房时，双手携带宝瓶，瓶内装着粳米或五谷。新房门槛上放置马鞍，新娘跨过去，进入房间。新郎用秤杆揭开新娘头上的红头巾，然后坐帐举行合卺礼。这一天，男方家里设宴宴请客人，女方家里的亲戚也要参加，俗称

"管饭"。早宴结束，新郎和新娘先拜灶、拜祖先、拜媒人，然后拜女方家亲属，接着拜男方家亲属，最后拜见公婆，称为"分大小"，宴会结束，宾客离开。晚上新人吃面，此面称为"宽心面"。

肇州一带迎亲这天，新郎骑马迎亲，前导是鼓乐队，其次是排马、顶马，以艳丽为贵，到女方家后，有女方同辈出来，引导新郎入席。结束后，新郎骑马前行。送亲的队伍，男女多的有几十人，少的也有四人、六人。新娘进门后，夫妇面向北方叩拜，称为"拜天地"。依安一带的婚礼，晚上吃饭的时候，男方家里准备一桌酒席，请新郎和新娘一起吃，俗称"吃独桌"。拜泉一带用红巾蒙面，称为"袱子"，穿红色衣服，称为"拉草衣裳"，女方站在右边，男方在左边跪拜，称为"拜天地"。

绥滨一带正日这一天，新郎要在娶亲婆等多人陪同下，披着红，戴着花，骑着对子马，带着花轿（或用马车搭的轿车）到女方家接亲。新郎到女方家，岳父母要给改口钱，同时要分别给娶亲人中的压轿的和小孩儿压包钱。新娘在象征性地梳洗之后，"抓了福钱"就辞别父母上轿。新娘到男方家后，要等一会儿才能下轿，称为"憋性"。夫妻二人要在天地桌前叩头，一起"拜天地"。二人脚踩红毡前行，进房门时，新郎用秤杆挑去新娘的蒙头红布，新娘大步跨过门槛上放的马鞍子，进入洞房，踏高粱袋上炕。之后，新娘先把腋下所夹的"宝瓶壶"放在窗台上，然后面朝里坐在炕上预先放好的一把斧子上，取"一斧（福）压百祸"之意，谓之"坐福"。此时娘家人要在洞房内给新娘挂帐子、叠被。男方家要赏给挂帐叠被者"喜庆钱"。接着是"管饭"仪式。先是"管小饭"，即在鼓乐声中由小舅子陪新郎吃"子孙饺子"。这种饺子是由送亲的小姨子等包制，形状甚小，以红糖为馅。吃这饺子意在让新郎对新娘"嘴甜"。饺子中还要混杂几个馅内夹有硬币和灰炭的，如新郎吃到包有硬币的，象征婚后钱充足；吃到夹炭馅的，就预示着新郎是"黑心肠"，以后要变心。"管小饭"后二十分钟左右，又有"管大饭"仪式，也是在鼓乐声中，由一妻弟陪新郎吃酒宴。开筵前新郎要在女方家来送亲的长辈给了"开口钱"后，方开口吃饭菜。两次"管饭"，男方家都给吹鼓手赏钱。之后，前来祝贺的亲友入席，此时新郎要给女方送亲者敬酒"拜席"。送亲车走后，新娘结束坐福，再由小叔子或小姑子拽一把、打一拳后下炕。然后新娘按"先亲友、后家人，先大辈、后小辈"的顺序敬烟。迷信认为第一个接受敬烟者会影响新婚夫妇及其子女的命运，因此，必须先选亲友中年高、辈大、相貌端正、性格和善、妻室儿女俱全的人。亲属中凡受敬烟的，都要根据自家经济情况和与男方家交往的亲疏情况，给新娘"点烟钱"。新婚之夜有闹洞房之说，新娘的小叔子、小姑子、大伯嫂、大姑姐、小叔公、小婶婆以及亲友乡邻中相应辈分的，都可到洞房中与新婚夫妇嬉笑打闹一阵，但缺爹少娘、无儿无女者及寡妇不能进洞房。闹洞房后，亲属要给新郎、新娘做宽心面吃，一般是面条里面再放几个小饺子。

贫困家庭结婚形式就简单多了，甚至有的人家稍大一点儿的童养媳在年三十晚间同丈夫一起给灶王爷磕头，把头发绾成髻，给公公、婆婆叩头并改口叫"爹"叫"妈"，就算"上头"结婚了。还有个别寡妇为招夫养子，经人撮合同单身汉搭伙做夫妻。①

通河一带结婚隆重、烦琐，迷信色彩浓厚。男女双方定亲后，由男方家择日迎娶，举行结婚典礼。迎亲之日，男方抬彩轿前往女方家迎娶，在鼓乐的引导下，接新娘至男方家。新娘下轿蒙红布，俗称"盖头"，履红毡（新娘下轿，脚不沾地，意为吉利），到香案前，先跪拜天地，再向父母、亲友行礼，由伴娘引入洞房，由新郎将红布揭去。新娘端坐炕上，称为"坐福"。之后，由迎亲婆为其更衣、梳妆，用线绞去脸上的汗毛，称"开脸"，至此就算新媳妇了。接着吃"合卺酒"，俗称"管饭"。然后在鼓乐引导下，到亲友席前敬酒，名为"拜席"。宴后，结婚仪式结束。②

泰来一带结婚那天，新郎在前，首先进家门，新娘由迎亲的妇女们扶着下轿，新郎、新娘由娶亲婆陪伴，走到摆好的天地桌前拜天地，然后男女共入洞房，新郎向西、新娘向东而坐，叫"坐福"。之后，设酒宴招待亲朋好友，人人赠送礼钱。新郎、新娘在喜宴上相对饮酒，叫作"合卺"。③

嫩江一带汉族迎娶之日，新郎披红戴花骑马率队迎娶，给新娘单备喜轿（车），还要给女方家带"离娘肉"。新娘穿红袄、头蒙红布。娶亲队伍返回男方家时，要燃放鞭炮，新郎要给压轿（车）男孩儿"压轿钱"，而后新娘才能下轿（车）。新娘进门时要撒五谷杂粮，跨马鞍子（喻"安子"意）。此后拜天地，由新郎用杆揭去新娘蒙头布，俗称"挑盖头"。之后，入洞房。入洞房后，新娘要"坐福"。然后，新人喝交杯酒、吃子孙饺子，点长寿灯、吃长寿面，众人可以闹洞房，临睡前由姐姐铺炕，才能安歇。④

肇源境内汉族婚礼之日，天未亮就列仪仗，去女方家迎亲。女方设茶、果品款待新郎。新娘穿上大红棉袄和棉裤后（不分冬夏）上轿同往，迎娶途中如遇另外的娶亲者，新郎之间必互换物品。路遇庙宇、坟墓、水井等都要以红毡遮障。轿车进院后新娘有的用衣服兜个斧子，取"福"之意，由送亲者扶下轿车，在火盆上烤手或跨越。新娘手持宝瓶，胸挂铜镜，用红巾遮盖头面。天地桌上置香炉、蜡烛、供品、弓箭、斗、秤等物，新人到桌前一同"拜天地"，拜后入新房，又称"入洞房"。洞房门槛上放马鞍和两串铜钱，新娘跨过

---

① 绥滨县地方志编纂委员会编：《绥滨县志》，北京：方志出版社，1996年版，第596页。
② 通河县地方志编纂委员会编纂：《通河县志》，北京：中国展望出版社，1990年版，第487页。
③ 泰来县地方志办公室编：《泰来县志》，哈尔滨：黑龙江人民出版社，1992年版，第605页。
④ 嫩江县地方志编纂委员会编：《嫩江县志》，海口：中国·三环出版社，1992年版，第693页。

后撒去，将铜钱搭在新郎肩上，门内有儿童一男一女分立左右，手持枣、栗子或五谷杂粮等物向新娘撒去。入洞房后，新郎揭去盖头藏于怀中，共同面对吉方"坐福"。之后，新娘梳洗、开脸，一般梳"撑子"或"京头"。接着与新郎共同进餐，称"配亲饭""见面饭"。主食为"子孙饺子"。送亲者宴后入新房，新郎逐人鞠躬认亲，论资辈称呼，返回时，男方家送猪肉一块，称为"离娘肉"。这一晚上洞房花烛夜，新人吃宽心面，也有人"闹洞房"。①

北安一带男婚女嫁均听从父母之命，媒妁之言，讲究"门当户对"。正日子那天早晨，新娘上头后，新郎骑马，新娘坐轿，新娘的弟弟或侄子压轿（车），男方要给"压轿（车）钱"，送亲要有娶亲婆和送亲婆，这些人不仅属相不犯相，还要是丈夫、儿女都在的全科人。到男方家后，新娘下轿时要"憋性"，以使她的性格更温顺。新娘穿大红棉袄、棉裤，头上要蒙上蒙头红。到了寅时或卯时，新郎、新娘在摆好的天地桌前拜天地。拜完天地，由新郎把蒙头红揭下来。然后，新娘抱个斧子，脚踏红毡走向新房。新房门槛上放个马鞍子，"斧"谐音"福"，"鞍"谐音"安"，意思是一福压百祸，平平安安。然后新娘上炕坐福，坐到娘家客走。新娘下地后给男方的亲友装烟、敬酒，亲友要给压腰钱、装烟钱。晚间入洞房前要由小姑子给放铺盖，里面放上花生、枣、栗子，意思是早立子，还要男女花着生。②

杜尔伯特境内汉族结婚吉日，太阳还没出来时，新娘身穿红裤子、红袄、红绣花鞋，盖蒙头红巾，由哥哥或叔叔抱上轿车，迎亲队伍即往回返，沿途遇见庙宇、坟地、水井要用红布遮轿车头，避免"邪气"。迎亲队伍走后，女方家的送亲队伍也开始行动。送亲队伍的组成一般有"爹妈不送，姨不送，舅妈送一场病"之说，除此之外的亲友都可送亲。轿车停到男方大门口，新娘面向吉方下车，新郎、新娘踏着红毡走到天地桌前。天地桌上设一斗，斗中装红高粱，插一杆秤，斗面上贴"满斗焚香"大红字，燃起一炷高香。主婚人唱"一拜天地，二拜高堂，夫妻对拜，送入洞房"，俗称"拜天地"。拜完天地后跨过门槛子上的马鞍进入洞房。入洞房前，围观的人可用五谷杂粮撒打新郎、新娘。入洞房后，新郎揭去新娘的蒙头红布，吃过"子孙饺子"，便离开洞房去接待别的亲友，新娘坐在炕上不能动，俗称"坐福"。当天大摆酒宴，必须是"八顶八"（八碟八碗），招待女方家送亲或送礼的老亲少友。酒宴结束后，女方送亲的人告辞，老亲少友也相继散去。③

兰西一带正日子这天清晨，新郎骑着马带着轿去女方家，迎娶新娘，新娘吃罢离娘

---

① 黑龙江省肇源县地方志编审委员会办公室编，黑龙江省肇源县委史志办公室修订：《肇源县志》（修订本），内部发行，1998年版，第543页。
② 北安市地方志办公室编：《北安县志》，内部发行，1993年版，第727页。
③ 杜尔伯特蒙古族自治县地方志编纂委员会编：《杜尔伯特蒙古族自治县志》，哈尔滨：黑龙江人民出版社，1996年版，第670页。

饭，蒙上红盖头，由哥哥抱上轿即动身走了。到了男方家，鞭炮齐鸣，锣鼓喧天，新娘下轿，在天地桌前与新郎拜天地，之后新郎、新娘踏红毡走向新房。入洞房后，还有揭蒙头红、坐福、开脸、梳头、上拜、夫妻同吃"子孙饺子""长寿面"等习俗。这一带提倡的"文明婚礼"，只操办一天，婚礼程序比较简单：新郎、新娘穿上租赁的礼服，向主婚人、证婚人、介绍人行鞠躬礼。证婚人宣读结婚证书，新郎、新娘交换饰物（金戒指、手表之类）；男女主婚人、介绍人讲话；来宾致祝词；新郎、新娘致答谢词等。礼成以后，以酒席款待。①

五常境内汉族结婚当日，新郎披红戴花，由十几名青年盛装骑马相随，到女方家迎娶，女方家设宴款待，新娘红裤子绿袄，红绸遮面，由舅舅抱上轿，小孩儿压轿，"管饭"的陪送。花轿到门口，鼓乐喧天，鞭炮齐鸣，女傧相搀扶新娘下轿，走在红毡上，由红灯引路，在"天地桌"前，先拜"天地"，然后拜"二老双亲"，称"拜堂"，拜堂后新娘面对正南在炕上盘腿而坐，叫作"坐福"。当晚入"洞房"，新婚生活正式开始。②

克山境内亲迎日，新郎披红戴花领彩轿、鼓乐队、男女傧相前往迎亲。迎亲队伍选年龄与新郎相仿者六人或八人，骑马前驱，称为"对子马"。至女方家稍作休息，女方家以酒宴招待，宴后，新娘头发梳为髻，身穿华丽衣服，头蒙红巾，由女傧相扶着（也有兄嫂扶的）登彩轿，与新郎同归。到新郎家门前，新娘未出轿时，先用五谷粮向其投掷，俗称"驱五鬼"。然后由女傧相扶其下彩轿。这时燃放鞭炮、鼓乐大作。二女童把各自手里装有五谷粮、外系红绳的宝瓶递给新娘，新娘踏红毡至放有香斗、一秤、一弓、一箭的天地桌前，新郎家长在桌前焚化喜纸，新郎、新娘并立向天地神及父母行三叩头礼，礼毕踏红毡入洞房。洞房门槛上放马鞍，新郎、新娘跨过，取"平安立子之意"。新郎为新娘揭去蒙头红巾，新娘上炕向福神方位而坐，称为"坐福"。然后给新娘梳妆改簪，叫作"上头式"或"开脸梳头式"。梳妆后行合卺礼。由男女童各一人陪新郎、新娘同桌吃"子孙饽饽"。食罢，新郎、新娘到祖先堂向公婆尊长和女方家的亲长行一跪三叩礼，各尊长赠以金钱、饰物等，称作"上拜"。男方家备酒席宴请新亲及来宾，亲友来宾赠以金钱、饰物等，叫作"上礼"。宴后，新郎与家长拱手立于门外送客。晚间，新郎、新娘同桌吃长寿面，取偕老之意。入夜，嫂子、小姑子、小叔子等亲友入新房与新郎、新娘说笑取乐，称为"闹洞房"。③

甘南一带的婚仪比较烦琐，有娶亲（俗称"大娶"）、送亲（俗称"小娶"）之分。娶亲

---

① 黑龙江省兰西县志办公室编：《兰西县志》，海口：海南出版社，1992年版，第563页。
② 五常县地方志编纂委员会编：《五常县志》，哈尔滨：黑龙江人民出版社，1989年版，第822页。
③ 孙剑平主编，《克山县志》编纂委员会编：《克山县志》，北京：中国经济出版社，1991年版，第739页。

礼节繁多，大举宴客，广收亲友贺礼；送亲略简，也有不宴宾客，不接亲友贺礼，双方近亲到一起，男女双方拜过天地，婚礼即成。这种简略的婚礼多是贫苦阶层或处动乱荒年时举办。娶亲这一天称"正日子"或"拜天地"。当天起早，新娘催妆上轿，绾发髻，身着大红袄裤，头蒙红巾，由女方的叔伯、兄弟，有的是舅舅抱着上轿，娶亲婆坐帘外，女方和至亲家的幼童，一同乘轿，谓之"压轿"。新郎乘马先行，彩轿在后，返回男方家。喜轿后面由母家赠猪里脊肉一块，谓之"离娘肉"，喜轿后有女方家送亲车数辆，载陪嫁物品，随乘妇女有数名。喜轿只许向左转弯，轿前悬两面铜镜，象征照妖镜。路过寺庙或井，要用红毡遮掩等轿过去。路遇别家娶亲喜轿时双方要换一件小物，以示吉祥。喜轿到门前，暂不开门，谓之"憋性"，希望日后媳妇温顺。喜轿进院要停向吉方，庭前预设一案为"天地桌"，桌上置供器、供品，置一斗，内插一秤，喻星斗，象征天地，由新郎父亲或叔伯取筛箩扣置轿顶，象征吉意，然后到天地桌前烧化纸码，谓"烧喜纸"。轿前置高粱半袋，以备新娘踏之下轿用，意为步步登高。下轿前，由两名少女各持金属酒壶，内装高粱，用红纸包棉扎成尖顶，上前递给新人分持，称递"宝瓶壶"，再搀扶新娘出轿，新郎在前，新娘在后，在铺红毡的地上，缓步走到天地桌前，此时鼓乐齐奏，鞭炮齐鸣。新人跪拜天地、双双交拜，由男女傧相扶入室。门槛上预置马鞍一个，新人由上跨过，取步步平安之意。入门时，新郎要及时将新娘的蒙头红巾揭下抛至屋檐之上。入室后先到家堂前拜祖，然后拜公婆，改口叫"爹妈"，公婆赠以钱，谓之"改口钱"。礼成后入新房，同辈女亲属取两个酒盅，各注少量酒，新郎、新娘交杯饮，此即古礼"合卺"。后上床面向吉方并坐，称为"坐福"。男坐少顷便出室应酬宾客，新娘要坐一上午。娘家客走后，外宾散去，新娘盛妆出室款待近戚，由姑嫂或族中女辈长者引新娘依次拜见家族长幼，谓之"分大小"，近戚长辈还多有馈赠。最后是"入洞房"，有同辈青年闹洞房之俗。俗有一夜灯火长明，谓之"长命灯"，取夫妻白头偕老之意。[①]

青冈一带结婚正日子，即为男方迎娶之日。女方家离男方家过远的，则在头一天将新娘和送亲人送至男方家附近的屯子，找一亲友家住下，叫作"打下处"，男方可来此迎娶。结婚吉时多在早晨。迎亲队列的先头是两面铜锣，其次是两盏提灯，以后是对子马，有两人或四人不等，再次是迎亲花轿以及迎亲人及吹鼓手等。迎亲回来，队列整齐，鸣锣开道，提灯前导，新郎骑马前行，新娘乘轿后随。送亲人以及娘家陪送的嫁妆，与新娘同车或在后车上。此时，男方家已在房门前摆好"天地桌"，桌上放斗一个，内装高粱，上插一杆秤，斗前放供品，烧香点烛。新娘下轿后，由人搀扶来到天地

---

① 甘南县地方志编纂委员会办公室编：《甘南县志》，合肥：黄山书社，1992年版，第659页。

桌前与新郎并立,共同拜天地。然后,由新郎前导进入洞房。接着男方家大摆宴席,招待客人;客人遂以现钱或首饰、衣物等赠送,表示祝贺。晚上,有闹洞房之俗,很是热闹。①

绥棱一带结婚正日,新娘身着红衣,脚穿绣花鞋,头梳坐髻,盖上蒙头红,由新娘的哥哥抱上轿车,谓之"抱轿"。轿车前坐一个新娘的弟弟或侄辈小男孩儿"压轿","娶亲婆"陪新娘坐在轿内。迎亲车为抢良辰吉时,通常要起大早。迎亲队列整齐,鸣锣开道,提灯前导,鼓乐声中,新郎骑马前行,新娘乘轿随后。到男方家后,新娘由伴娘与娶亲婆左右相挽,脚踏马鞍,走下轿车,"落头忙的"赏给压轿人钱,一帮姑娘到轿前,先让新娘抓一把"福钱",再给新娘兜一把斧子,同时递给新郎、新娘每人一个内盛高粱、糊以红纸的"宝瓶壶",两壶用红绒绳相连,新郎在前,新娘在后,红绳牵定,步上红毯,走到"天地桌"前。天地桌上放供品,焚香点烛,并放一个斗,内装高粱,上插一杆秤,放一面镜子。新人双双在天地桌前拜天地,然后由新郎导入洞房。入了洞房,双双面南坐在炕上"坐福",坐完福,新郎下炕拜席。女方送亲姑娘用"离娘肉"包"子孙饺子"。男方家大摆宴席,款待宾客,叫"正席"。席后,新人"上拜",吹鼓手高奏礼乐,两新人跪在红毯上,尊长按次序坐在摆好的座位上接受礼拜,受者要赏给新人钱、物。洞房花烛夜,要吃"长寿面",还要找个有父母儿女的全命人给铺被,被里要放枣、栗子、葱和斧子,预示早立子,聪明有福。晚上闹洞房,和新人年岁相仿的同辈年轻人聚集在新房里,唱歌跳舞,非常热闹。②

孙吴一带,满籍汉族结婚当天,新郎披红,骑高马,备彩车或花轿,还有同去迎亲的六人相陪。到女方家大门前时,不会马上让迎亲人进去,有年轻人阻拦要礼钱,迎亲的人从门缝塞入几个小红包,应付三四次就不再给了,这叫"柔和女性"。新郎走在前头,其余人鱼贯而入。新娘坐西炕上席。女方家称新郎为"新客",新客入席不得说话,不得饮酒,女方家必须献钱数次后,新客才能说话饮酒,名为"见面礼",也叫"开口钱"。席毕上轿或上车,这时新郎得向女方家西炕磕三个头,叫"谢亲"。女方送亲一男二女,车、轿到男方大门前,新娘要于吉时下轿。院内摆香案,由新郎父母拈香,新婚夫妇向父母行大礼,并拜天地,再入洞房。入洞房时,门槛上放一副马鞍,新娘要跨鞍而过,取"安子"之吉。洞房中,新娘要向家中福神的方位坐着,这叫"坐福"。这时新娘要上头,开脸,梳发式,坐帐子一天,三餐饭都由娘家人送。新婚夫妇一同吃的叫"官席"。晚上新郎、新娘同吃长

---

① 青冈县志编纂委员会办公室编:《青冈县志》,哈尔滨:黑龙江人民出版社,1987年版,第451页。
② 郑治平主编:《绥棱县志》,哈尔滨:黑龙江人民出版社,1988年版,第462页。

寿面，同食饽饽，俗谓"子孙饽饽"。同房时必须有儿女双全的长辈在另一炕陪宿。①

望奎一带结婚迎亲，也称"迎娶"，是男女结合之大仪，历来皆甚庄重。正期，也称"吉日"。这一天，新娘须先拜自家祖位，辞别父母，以待迎娶。男方家迎亲，以仪仗为前导，新郎骑马相从，花轿与鼓乐随后，列队至女方家。新娘以红布蒙头，兄长抱之上轿，其弟引新郎上马，女方侄儿或弟弟压轿。由男方给"压轿钱"，不四即八，即"四平""八稳"。到家时，红毡铺地，新郎慢步其上，另设两名青年女傧相扶新娘下轿，步上红毡。再经过一番礼节，双双到天地牌位前拜堂。拜毕，才将新娘搀入新房，新郎摘下新娘的蒙头红布，迎接娘家亲戚，以上宾礼设宴招待，俗称"下马席"。新娘下炕，要由小叔子拉一把。伴随鼓乐，新婚夫妇行见尊长礼，俗称"上拜"。受礼者，各有所赐。席罢，送新亲出门，男方所有亲朋入席，新婚夫妇挨桌参谒，俗称"拜席"。晚间，新婚夫妇吃"宽心面""子孙饺子"，饮"合卺酒"，接着入洞房，夜间还有在新人窗下"听房"取笑之俗。②

东宁一带结婚吉日，迎亲队伍至女方家，女方家闭门不开，须鼓乐吹奏三遍才开门，俗称"憋性"。女方将迎亲队伍让进屋，摆上茶点，等候新娘上轿。同时鼓乐吹奏，新娘梳妆。上轿前给新娘蒙上红布叫"盖头"。新娘要由胞兄或叔叔家的兄弟抱上轿，叫"抱轿"。随新娘同去的有女方的四男四女或八男八女，叫"送亲"。迎亲回来后，新娘下轿，脚不能沾地，所以地上要铺红毡。新娘进门时要跨过马鞍。进屋后行拜堂礼。拜堂后，引新娘至洞房，由新郎用秤杆挑起盖头。之后，新娘坐在炕上叫"坐福"。然后由女方备席，鼓乐伴奏，新郎、新娘同桌吃饭，叫"管小饭"。饭前设礼桌，新郎、新娘向至亲长者磕头或鞠躬，叫"上拜"。然后开宴席，新郎逐桌向来宾敬酒。至宾客离去后，新娘才能下地自由活动。当天晚上，须由儿女双全的中年妇女给新房铺床，并在被窝里撒上枣和栗子，意为"早立子"。③

萝北一带到了正日子，即娶亲这天，新郎的骑马队在前，压轿童坐在彩轿（也有在马车棚上扎彩轿的）里，随后是全命（有儿有女有男人）的娶亲婆、媒人、鼓乐手等人，一起到女方家去迎娶新媳妇。新郎在新娘家吃糕点、糖果。女方给压轿童压轿钱才能下轿车。新娘穿着大红袄、红裤、红鞋，头上蒙上"蒙脸红"，由娘家哥哥抱上彩轿。归途中，轿夫可以换人，但彩轿不能落地。轿子只能向里转，而不能向外转。当轿车到男方家门口时，一般都是在卯时，红毡（布）铺地，新郎在前，新娘由娶亲婆搀扶随后而行，行至院中摆设的天地桌前拜天地，一般都是叩首跪拜，后来也有行鞠躬礼的。当步入房间时，新郎转

---

① 孙吴县志编纂委员会办公室编：《孙吴县志》，哈尔滨：黑龙江人民出版社，1991年版，第572页。
② 望奎县地方志编纂委员会编纂：《望奎县志》，内部发行，1989年版，第626页。
③ 东宁县志办公室编：《东宁县志》，哈尔滨：黑龙江人民出版社，1989年版，第553页。

身将正在跨过事先放好马鞍子的门槛的新娘子的蒙脸红布揭开,再到家谱供桌前磕头跪拜祖宗后,双双进入洞房。新郎去接待客人,新娘上炕面向里"坐福"。坐福的时间愈长,福寿愈绵长。当新娘子梳妆打扮,上头绾发髻,穿戴好后,由姑婆,或婶婆,或嫂子带领为家中老人、亲朋好友装烟,接烟人给"点烟钱"。在宴席间,男方主人向各位亲友、来宾敬酒,表示谢意。新郎、新娘要向客人拜席,民国时期行磕头礼,民国末期行鞠躬礼。酒席的重心是娘家客人,厨房师傅为娘家客人增加两盘色好、味香、形美的敬菜,娘家人要给赏钱。娘家客人走前,要到新房对新娘嘱咐一番,内容主要是孝敬公婆、妯娌和睦、夫妻互敬、勤俭持家一类的话语,并向男方主人说姑娘不会办事,希望多加谅解等客套话。晚间在新房放一桌酒席,由婆婆和嫂子、小姑子、小叔子等陪吃,叫作吃"五大碗"。同辈人用一些诙谐话尽情取笑,叫作"闹洞房"。①

漠河一带到了正日这一天,女方的送亲车一定要按已择定的时辰将新娘送到。男方家事先派人在路头街口探望,发现轿车后立即通告管事人,由懂礼节、能说会道者前去迎接,俗称"迎亲""迎娶"。迎亲车到后,男方家有人将红毡铺在地上,由两名女性迎亲者将新娘搀下车,踏红毡,脚不沾地。这时,女方送亲人纷纷下车,男方家安排人将女方家陪嫁带的东西全部搬入新房。铺地红毡一般用两块,新娘踩一块倒一块。此时,新郎等待女方的弟弟来请,一同出去。院中摆一张天地桌,新郎出,向女方来宾三揖,然后由司仪扶新郎立于桌前左边,扶新娘立于桌前右边,接着开始主持典礼仪式。首先宣布新郎、新娘入席,此时鞭炮齐鸣,音乐伴奏,接着宣布女方来宾入席,男方来宾入席,男女双方主婚人入席。人员到齐后,双双朝天拜,称"拜天",背而拜之,称"拜地",拜天地均须三跪四拜,拜完天地,再拜堂,拜堂后才算正式成了亲,就是俗话说的拜堂成亲。拜堂后是新郎、新娘作揖交拜,交换纪念礼物。这种典礼方式,当地称为"先拜天地后拜堂"。典礼完毕,新郎、新娘双双入洞房,一些青年男女开始用事先备好的五彩粮,往新郎、新娘身上打。入洞房后,新郎、新娘双双同饮一杯酒,称"交杯酒",旁边人祝吉利词,并将新郎、新娘的头互碰,称"夫妻结发"。"结发"后,有人端来放着一些金属币的木匣,让新郎、新娘各抓一把,以示婚后大富大贵。大礼仪过后,新郎出房,这时,不论男女老幼均可入房看新娘,并用戏谑语言引逗新娘发笑,如有人能把新娘逗笑,新娘便要往其嘴里塞一块喜糖,并且要说一句"就你嘴甜"。酒宴结束,客人退去。夜里洞房不准灭灯,房门不能关死,在就寝前有人前来闹洞房。②

到了民国末期,拜泉一带城里人在结婚仪式上,逐渐改为所谓"文明结婚",减少了一

---

① 萝北县地方志编纂委员会编:《萝北县志》,北京:中国人事出版社,1992年版,第816页。
② 漠河县志编纂委员会编:《漠河县志》,北京:中国大百科全书出版社,1993年版,第817页。

些迷信活动。在农村依然保留着旧式的传统仪式。在彩礼上，都把猪、酒、银子改成现钱。这笔钱多为新娘父母留下，不给女儿。"文明结婚"仪式简单，在公共场所（饭店）或自家院内举行。有一部分人家在饭店设置礼堂，请当地有名望的人充当证婚人，媒人为介绍人，男女家长为主婚人，依次在礼堂正面就座。伴随着音乐，新郎、新娘在男女傧相簇拥下并排走入礼堂。朋友们向他们抛彩色纸条，撒彩色纸片、纸花等表示祝贺。新郎、新娘并排立于证婚人的对面，两边的男女傧相陪同，首先由证婚人宣读结婚证书，接着新郎、新娘交换纪念品（多用首饰、手表之类），然后证婚人讲话，双方主婚人讲话，介绍人讲话，来宾致贺词，新郎、新娘致答谢词，也有的青年提出来要新郎、新娘介绍恋爱的经过。新郎、新娘向证婚人、主婚人、介绍人和全体来宾行三鞠躬礼，最后新郎、新娘互相行三鞠躬礼，结婚仪式完毕，接着大摆酒宴，晚上也要闹洞房。①

这一时期，甘南一带迎娶新娘一般在结婚当日清晨，由男方家亲友来宾陪同新郎同乘自行车组成"车子队"赴女方家迎亲，新郎到女方家先拜谒岳父、岳母，同时改变称呼叫"爹妈"，岳父、岳母要赏"改口钱"，然后新郎偕新娘着盛装乘自行车到男方家。女方送亲的宾客也乘自行车运载"陪嫁物品"到男方家。新娘到家，进门要燃放鞭炮，用五谷粮掺彩纸屑向其抛撒，以表喜庆热闹，象征吉祥。新娘进门首先拜见公婆，按照新的习俗，此时媳妇要先给婆婆头上戴朵花，同时改口叫"妈"，这时婆婆也要给媳妇改口钱，并要按女方赠婿的金额增加一倍。然后喜宴开始，新郎、新娘要到席间敬酒，同时识长幼称谓。②

宝清县迎娶之日，男方家备彩舆一乘，预邀迎亲女客一位，称"娶亲婆"，骑马者四位或八位，称"娶亲人"，与提灯童子两名一起引导新郎至女方家。如两家距离较远，由男方家设新娘寓所，赴寓所亲迎。鼓乐催妆，新娘登舆，新郎引导，女方家亲属携妆奁随行，称"送亲入门"。彩舆到男方家门口，由娶亲婆递宝瓶给新娘。新娘用红巾盖头，由娶亲婆扶下车，到中庭香案前与新郎同拜，称"拜天地"，也称"拜堂"。拜天地后，用红毡铺地，新郎前导，新娘跟随。抵寝室门前，新郎揭去红巾抛置屋上。新娘入室坐床，面向吉方，称"坐福"。男方家一家之主受贺后，设酒食款客。早席称"下马饭"，亲友送贺仪，称"上礼"，午宴称"开正席"，男方家家主出来让酒，新郎诣筵前向来宾行谢礼。席散，女方家亲属辞归，新夫妇拜谢送亲人。送亲人去后，再拜翁姑、尊长，并拜谢来宾。结婚之夜，引导新郎入新娘房间，小叔辈到洞房逗新娘，称"闹洞房"。③

青冈一带结婚吉时多在早晨，迎亲队列的先头是两面铜锣，其次是两盏提灯，之后是

---

① 《拜泉县志》编审委员会办公室编：《拜泉县志》，哈尔滨：黑龙江人民出版社，1988年版，第554页。
② 甘南县地方志编纂委员会办公室编：《甘南县志》，合肥：黄山书社，1992年版，第660页。
③ 齐耀武修，韩大光纂：《宝清县志》，民国二十五年铅印本，卷二十三。

对子马，有两人或四人的不等，再次是迎亲花轿以及迎亲人及吹鼓手等。迎亲回来，新郎骑马前行，新娘乘轿后随，送亲人以及娘家陪送的嫁妆，都在新娘同车或后车上，此时，男方家已在房门前摆好天地桌，桌上放斗一个，内装高粱，上插一杆秤，斗前放供品，烧香点烛。新娘下轿后，由人搀扶来到天地桌前与新郎并立，共同拜天地，然后，由新郎前导进入洞房。接着男方家大摆宴席，招待客人，客人赠送现款或首饰、衣物等表示祝贺。晚上，新郎、新娘同辈有闹洞房的习俗，夜深后才散去。[①]

珠河一带婚礼当天，男方家设鼓乐，挂彩灯，贴喜联，用酒菜佳肴招待客人，准备一辆彩轿，邀请一位迎亲女客，四位乘马人，两名提灯笼的儿童，带领新郎到女方家。如果两家相距较远，男方家就近安排新娘寓所，新郎到寓所迎接。鼓乐响起，妆容画好，新娘在吉时登车，新郎在最前面。女方家的亲属携带嫁妆一同前往，称为"送亲"。到男方家，进门后，把彩车放置在庭前。到吉时，伴娘递宝瓶给新娘，用红头巾给新娘盖头，扶新娘下车到庭中香案前，使其和新郎同拜，称为"拜天地"。红毡铺地直到寝室，新郎走在前，新娘随后。到门前，新郎为新娘揭去红头巾，抛到屋顶上。进入新房后，新娘向着吉位坐在床上，称为"坐福"。接着，新娘梳头换装，主人接受亲友祝贺。

安达县正婚礼午夜皆起，先命鼓吹作乐，鸣锣侍候。为嫁女绾发作髻，名为"上装（妆）"。新娘周身均换新衣，外罩红色衣裳，称"上轿衣"，首则蒙以红巾，由女方的兄或叔辈抱之升舆，名为"抱轿"。女方的亲属，或乘或骑，随于轿后，称"送亲"。新郎则身披双红，乘马偕陪客先归，在庭前等待。轿车到大门时，由男方家亲长持竹筛扣于轿上，是何取意，不详，大概是驱除不祥。庭中设香案，上置装高粱的斗一面，斗上插有秤杆及天地牌位。先由新郎直系亲属拈香焚纸，俗称"烧喜纸"，后由两位妇女扶新娘下轿，与新郎面向北或向南同行跪拜礼，也有男跪拜、女站立的，因习俗各异，故不一致，俗称"拜天地"。这时，乐声大作，鞭炮齐鸣，喜气洋洋，颇觉热闹。拜罢天地，即引向洞房而行，有童女二人分别持宝瓶壶，递于新娘手中，并用串搭其肩上。男前女后，步于红毡之上，由扶（持）红毡的童男循环前递，名为"捣（倒）红毡"。行至堂屋门，则于门限上放马鞍一具，男女跨过，新郎遂用手持的秤杆将新娘的蒙头红巾挑去，掷于屋檐上，也有置于鞍上的。及至洞房内，床前置高粱一袋，踏之登床，称"步步登高"，意取吉祥。炕上铺以豆秸，新娘朝财神、喜神方位坐，之后，与新郎交杯饮酒，即古之合卺礼。接着新郎离开，新娘则请人梳发更装（妆），俗称"开脸"。装（妆）毕，下床拜灶，拜祖先，拜翁姑及尊长等，称为"分大小"。接着宴女方家送亲人于洞房内，称"管饭"，宴众亲友于他室，称

---

① 绥化市青冈县志编辑委员会编：《青冈县通志》，哈尔滨：黑龙江人民出版社，1984年版，第451页。

"喝喜酒"。早餐称为"下马饭",多用六碟、六碗,午餐称"正席",必用八碟、八碗,用来表示丰盛,表达敬意。晚上,新夫妇同案,先食小饺子,名为"子孙饺子",也有吃子孙饽饽的,后食盛馔,以五碗为限,俗称"吃五大碗"。

兰西一带结婚正日子这天清晨,新郎骑着马带着轿去女方家迎娶新娘,新娘吃罢离娘饭,蒙上蒙头红,由哥哥抱上轿即动身离开。到了男方家后,鞭炮齐鸣,锣鼓喧天,新娘下轿。在天地桌前男女双方拜天地,之后新郎、新娘脚踏铺地红毡走向新房。入洞房后,还有揭蒙头红、坐福、开脸、梳头、上拜、夫妻同吃"子孙饺子""长寿面"等习俗。[①]

(二)中华人民共和国成立后的正婚礼

中华人民共和国成立初期,甘南一带流行文明结婚。结婚之日双方亲友聚在一起举行结婚典礼,设礼堂,由司仪主持仪式,男女傧相引新郎、新娘向证婚人、主婚人、男女来宾各行鞠躬谢礼;新郎、新娘互敬礼,交换饰物;由证婚人宣读结婚证书,主婚人致辞、来宾致祝词后即为结婚礼成。这种婚礼免去了迎娶、拜天地等许多杂俗,但设喜宴招待亲友、收受贺礼等仍同旧俗。文明结婚只在城镇、知识分子、公职人员中较为通行,而广大的农村旧俗未变。自1950年《中华人民共和国婚姻法》颁布实施后,男女青年的结婚形式有了很大的改变。在结婚前须到当地政府婚姻登记部门登记,领取结婚证后方准结婚。结婚新房、家具、被服等物多由男方准备,公开索要彩礼的旧俗已不存在了,但转嫁到了购买高档用品上,而且范围逐年扩大,名目日渐繁多。1960年后的"四大件"为手表、自行车、收音机、缝纫机,1970年后发展为新的"四大件":手表是显示星期日历的、自行车带冒烟的(轻骑或摩托)、缝纫机带码边的、收音机带唱片的。流行家具有立柜、写字台、沙发、茶几、酒柜等。1980年后盛行"六大件",即手表、收录机、自行车、洗衣机、电风扇、彩色电视机,个别的还有电冰箱。流行家具更为现代化,包括组合柜、成套的沙发、有机玻璃茶几、厨房家用电器等。据有关调查资料统计,1960～1969年结婚费用平均为1000～1200元;1970～1979年,结婚费用平均为1300～1500元;1980～1985年,这个数字上升到5000～10000元。结婚日期一般都选在星期天、节假日,而且以"双日子"为最佳。

塔河一带婚礼正日,男方选定男女傧相,由能说会道的族内长辈或单位负责人领队,带着四斤肋条猪肉(离娘肉)、四斤粉条、四棵大葱、四瓶酒等四合礼,坐红轿车前去迎娶新娘。女方备好酒菜、糖果招待迎亲队伍。当新郎、新娘和迎、送亲队伍回来后,新郎、新娘由男女傧相陪伴,在司仪的主持下举行简单的结婚仪式,拜父母、拜亲友,夫妻对拜,

---

① 黑龙江省兰西县志办公室编:《兰西县志》,海口:海南出版社,1992年版,第563页。

然后入洞房，同辈小叔子们用事先准备好的五谷杂粮撒打新娘，整个典礼结束。如男方不准备喜宴，新郎、新娘便给前来贺喜的亲朋好友和娘家送亲的亲友剥喜糖、点喜烟；如备宴宴请宾客，一对新人逐一敬酒，以示感谢。宴席结束，客人散去，小伙子和姑娘们前去闹洞房。①

20世纪60年代后，孙吴一带婚礼仪式也呈现出时代特点。结婚当天，婚房的门窗贴大红"喜"字。新郎身着毛料西装，胸戴红花，一般都烫发。接亲有的用汽车，有的用自行车，农村多用马车。20世纪80年代后，也开始用汽车或其他机动车，汽车前皆挂大红花，披红布。一般在早上八九点钟去迎接新娘，去迎亲的人和娘家送亲的人加在一起应是双数。女方家不放鞭炮，用糖、烟、茶水招待来宾和迎亲者。新郎一进屋首先向女方父母敬礼，后面向新娘敬礼。临行前女方父母端出早就准备好的糕点给新婚夫妇吃，新婚夫妇吃完向老人敬礼告别，男方改口叫"爹妈"，女方父母给改口钱。新人双双携手上车，迎亲车到男方家，鞭炮齐鸣，人们把新郎、新娘簇拥进屋。有的女方家有压车的小孩儿，男方家给小红包后（钱数不等，少则五元，多则十元），小孩儿方下车。新婚夫妇进屋略休息片刻，举行典礼。一般都在院内放张桌子，来宾站在周围，新郎、新娘与证婚人、主婚人并排站在桌前。这时由司仪宣布典礼开始，奏乐曲，证婚人宣读结婚证书，接着由证婚人、主婚人讲话，新婚夫妇给来宾行礼，再相互敬礼，有的交换物品。典礼结束，亲朋好友一起被请到事先准备好的酒席前，按先娘家人后来宾的顺序就座，娘家客人坐上席，由男方家用美酒佳肴款待。席间新郎、新娘挨桌敬酒。宴席中厨师特地给娘家客人多上几道菜，这时娘家客人把准备好的小红包亲手给上菜者以表示对厨师的感谢。宴毕，先送娘家客，后送宾朋。晚上，姑娘、小伙子三五成群来闹洞房，让新婚夫妇表演即兴节目，主宾同时唱歌，有的举行舞会，直到半夜。这一时期，旅行结婚逐渐增多，旅行地点一般为哈尔滨、北京、南京、上海、杭州等。结婚随礼日益普遍，20世纪60年代和70年代多是随物，80年代以后随钱，钱数不等，少则几元，多则几十元，更甚者百元以上。②

三、婚后礼

（一）清代末期、民国时期婚后礼

清末民初，珠河一带婚礼后第六天或第九天，新夫妇一同回岳父、岳母家，称为"占

---

① 塔河县地方志编纂委员会编：《塔河县志》，北京：中华书局，2000年版，第826页。
② 孙吴县志编纂委员会办公室编：《孙吴县志》，哈尔滨：黑龙江人民出版社，1991年版，第573页。

九"。一个月后,女方家用车马接女儿归家,称为"住对月"。新娘用自己制作的手工制品分送长幼,以示敬意。

宾县婚礼后七日回门,称"接七唤八",也有九日的,称"回九"。月余,新娘家迎女归,称"住对月"。集贤县新人婚后七天,新郎要偕新娘并由弟(妹)陪同到女方家"回门",带四色礼(通常是粉条、糕点、酒、糖)拜望岳父、岳母。① 克山一带婚后第五、七、九日,新郎偕新娘赴岳丈家,称为"回门"。岳父家款待极丰,次日而返。贫穷人家婚嫁礼仪大同小异,仅仪式酒席从简。② 肇源县新人婚后三日或七日同去女方家,称"回门",大都当日归,婚后一个月新娘回娘家住对月,春节期间新郎、新娘带礼品拜访亲友,称"拜新年"。③

(二)中华人民共和国成立后的婚后礼

中华人民共和国成立后,宝清县婚礼之后进行"占九":结婚后六日或九日,新夫妇到女方家拜访,称"占九"。弥月后,女方家迎新娘归宁,称"住对月",新娘以手工缝纫物分赠长幼,以表敬意。④

同一时期,甘南一带婚后一周,有的地方是九天,新婚夫妇备四色礼品,同赴女方家拜谒,称"回门"。新婚初至岳家,岳家要以上宾接待。拜泉、青冈、绥棱一带婚后第三天(也有五天或七天的),夫妻携带礼物回娘家串门,称"回门"。

孙吴一带,满籍汉族婚后第三天,夫妇同回女方家,称"回门",要当天去当天回,两头见头。第五天要去祭家祠,祭祖茔,称"庙见"。⑤

漠河一带,新人婚后回门,一般有三天回门和七天回门。路近者为三天回门,夫妻带礼物回到女方家,岳父母留吃一顿饭,当天返回,不能住下。回来时,由母亲给女儿带一条猪里脊肉,称"离娘肉",再往一只酒壶里面插一把粉条,称"长流粉",意思是愿两家亲属常来常往,永求百年之好。七天回门,一般路途较远,当日不能返回,可在女方家住一夜,第二天返回。女儿出嫁一个月后,女方父亲要前来认亲家,称"访亲"。⑥

塔河一带女方家在本地的,新郎、新娘要三天回门,路近的当天去当天回,路远的第

---

① 黑龙江省集贤县县志编纂委员会编:《集贤县志》,内部发行,1985年版,第689页。
② 孙剑平主编,《克山县志》编纂委员会编:《克山县志》,北京:中国经济出版社,1991年版,第739页。
③ 黑龙江省肇源县地方志编审委员会办公室编,黑龙江省肇源县委史志办公室修订:《肇源县志》(修订本),内部发行,1998年版,第543页。
④ 齐耀武修,韩大光纂:《宝清县志》,民国二十五年铅印本,卷二十三。
⑤ 孙吴县志编纂委员会办公室编:《孙吴县志》,哈尔滨:黑龙江人民出版社,1991年版,第572页。
⑥ 漠河县志编纂委员会编:《漠河县志》,北京:中国大百科全书出版社,1993年版,第817页。

二天回来。女方家不在当地的,到年节或有机会再回去访亲。① 望奎一带婚后三天,新婚夫妇同到女方家,俗称"回门"。当日去当日归,如距女方家路程遥远,也可同住于女方家中,但新婚夫妇须分居而眠。②

第五节 民族篇

黑龙江少数民族众多,形成了具有地域性文化特色的婚礼习俗。该地的少数民族在与其他民族相互融合的过程中,仍然保留着本民族独特的婚礼习俗,如满族的"对子马娶亲""宿帐篷",迎亲过程中的"开脸""憋性""送离娘肉";蒙古族"分头妈"行梳头礼,举行"盘古""沙恩吐宴""不兀勒札儿宴","贺勒莫沁"唱着世代流传的蒙古族婚礼歌;朝鲜族婚前有严格的"穹合",举行"奠雁礼""交拜礼""合卺礼""席宴礼",婚后行"通商礼""东床礼";回族婚礼中则有"开单""拿手礼"等独具特色的婚礼文化。

一、婚前礼

(一)满族婚前礼

黑龙江满族早期的婚礼礼仪较为简单。据载,努尔哈赤时,男方送给女方家弓、马、鞍、箭;而女方送新娘时,男方出外亲迎,然后设宴、赏赐,如此而已。皇太极时,婚礼也不甚讲究。顺治入关后,受汉族文化的深刻影响,逐渐形成一套烦琐的礼仪习俗。满族婚礼虽经数百年发展,已与汉族婚俗相近,但仍体现出满族婚礼的民族特色。

满族婚礼热烈庄重,非常讲究、有趣。婚前礼有"安柜箱",女方家请人将妆奁抬到男方家的新房安置好,也称"晾嫁妆"。如果两家离得远,男方家就要选择儿女双全的一家作为新娘的宿地,俗称"打下处",若相距较近就不需要"打下处"了。新娘离家前向祖先及佛头妈妈叩头,祈祷保佑,穿上踩堂鞋,由送亲婆陪伴到某家住宿。③

满族婚俗的历史可追溯到金代。据《大金国志》载:"金人旧俗,多指腹为婚姻。既长,虽贵贱殊隔,亦不可渝。"这种指腹婚,后来影响到汉人,在20世纪的三四十年代,

---

① 塔河县地方志编纂委员会编:《塔河县志》,北京:中华书局,2000年版,第826页。
② 望奎县地方志编纂委员会编纂:《望奎县志》,内部发行,1989年版,第626页。
③ 陈伯霖主编:《黑龙江少数民族风俗》,北京:中央民族学院出版社,1993年版,第251页。

农村中仍流有此俗。但大多数汉族男女青年的婚礼，是在快成年或成年后举行，而满族则在十三四岁时，即行结婚之礼。婚前，首先要"相看"，即看门户、相亲。媒人为两家提亲后，双方家长在媒人的陪同下，分别到对方家中相看。一般是男方家主妇先去女方家看女方，问年龄、看相貌，相中后，就该女方家主妇去看男方了，如双方都同意结婚，男方家留女方主妇喝酒、吃饭，婚事就可议定，这叫"明相"。还有"暗相"，就是偷看，媒人将一方安排在一个地方，指给另一方家长相看，不直接见面，这多由于女方矜持自重，羞于见人，才安排男方偷着看，以免婚事不成而造成尴尬局面。如果双方都熟悉，就不必相看，而直接"换贴""合婚"。

放小定，俗称"插戴"，就是订婚之意。行此礼时，男方家主妇把钗钏等首饰给姑娘戴上，这是由肃慎人、挹娄人"男以毛羽插女头"的古风演变来的。在魏晋时期，不需经过"相看"，男女可直接见面。《晋书·四夷传》载，满族先民肃慎"将嫁娶，男以毛羽插女头，女和则持归，然后至礼聘之"。据《松漠纪闻》载，金代女真"婿纳币，皆先期拜门，戚属偕行，以酒馔往，少者十余车，多至十倍"。另据《听雨丛谈》载，在清代，这种习俗演变为"诹吉行插戴礼，至日预扶新人端坐于榻，夫家尊属若姑嫜诸母、诸嫂辈往之女家，以首饰、珠玉亲手簪之"，并形成了一系列的议婚程序。放小定之后，姑娘要穿新衣盛装见男方家长，并用旱烟袋给他们依次装烟。"装烟"习俗后来演变成在婚礼拜堂后，由司仪领着新娘认亲时"装烟"，认亲的对象均为男方长辈或兄嫂亲友，新娘给谁"装烟"，谁就要赠给新娘钱币，这叫"装烟钱"。在20世纪五六十年代，这种习俗还在农村流行。

放大定，又叫"过礼"。所谓过礼，就是女方家把陪送的嫁妆送到男方家，男方家也将许多金、银、绸、缎、酒、饼、鹅、羊以及"他哈猪"送到女方家。这种放大定的数量完全由双方的家庭经济情况来定，富户与贫家相差较大，过去有8抬、16抬、24抬至108抬之分。放小定与放大定并没有明显的界限，在清代也有把两次放定合并的，还有把插戴叫作放大定的。议婚双方经"相看""合婚"后无异议，则由男方家长宴请双方亲友，并携带少量定礼送至女方家，定礼一般为簪环首饰、荷包、如意等，如女方家收纳并对来人以礼款待，则为允婚。努尔哈赤时期，男方给女方送订婚礼物，称为"放大定"，要送给女方家马鞍、弓箭，后来增加了金、银、布、酒、羊等。放定后，女方家要行"换盅礼"或者吃"定亲饭"。这种放定习俗，在金代女真人中大为流行。

婚前一日，迎亲的新郎要住在新娘家。清晨，女方家在屋内设一高桌，由女方家执事人按大小辈分依次叫女方家人在桌前轮流入座，每坐一位，新郎都要跪于桌前行磕头礼一次。这个习俗表面上是要新郎认妻家亲人，实际上是希望新娘到婆家后不受歧视，一扫"夫权""男尊女卑"的传统偏见。

举行婚礼的洞房摆设很讲究,先由父母、子女俱全的全科人(女性长辈)把床铺好,在被子四周放上枣子、花生、桂圆、栗子,取"早生贵子"之意。被子中间放一个如意,平民百姓家也可放一个苹果,后来有放一把斧子的。洞房陈设好后,即在屋内奏乐,锣鼓、唢呐演奏声彻夜不绝,名为"响房"。响房之俗,传为驱除鬼怪。婚礼前,还要先把花轿放在院子里,叫作"晾轿",说是在光天化日之下,把轿子亮一亮,晒一晒,可避鬼邪。

清末,满族受汉族影响婚俗开始变化:"男家欲求婚于女家,须先托女家至亲或知交一人为媒,略备赘品前往女家致意(即古纳采之意),如女家首肯,即将女子生年、月、日、时送于男家(即古问名之意),请称者推算其命运之优劣及与男命之有无冲克,如均允,协媒人再往告女家(即古纳吉之意),并议聘礼,如女家所求不奢,男家即具备各物亲往女家送之(即古纳征之意)……旋即择吉遣媒告之女家,女家无异言即预备亲迎矣(婚期前数日男家须将一切聘礼如数遣媒人送于女家),并协同年长妇女一人,持剪刀为女子做衣一件,亦有仅作形式者,俗为开剪子,亦称过大礼(满语称送乌林)。"①

清末民初,瑷珲一带满族婚前礼,先以媒妁,有成议,男方家率其子谒女方的父母及尊辈,名为"认亲"。男方馈赠手镯一副,首饰、布帛、猪、酒都有,谓之"定礼",礼之厚薄,视家之丰俭而定。行娶之年,遣媒通知女方,然后择吉迎娶。迎娶前几日,仍送猪、酒、米、面给女方家,前一日,女方家送妆奁给男方家,款待其来宾。②民国中后期,这一带满族婚前礼包含"认亲""定亲""开剪"等。男方父母领着儿子到女方家,拜见女方父母及其长辈,叫"认亲"。认亲后,选定吉日,媒人领着男方父母、儿子到女方家,送首饰、布匹、猪肉等物,姑爷叩拜女方长辈,为"定亲"。结婚前还要过礼,男方给女方送布匹、猪肉、酒、金钱,女方设宴招待男方,这一天女方还要请人动剪子(即裁衣服)。在结婚前一天,女方要往男方送梳妆匣。③

清代至民国时期,龙江一带满族男女婚嫁,先由媒人从中撮合,双方同意后,男方家选择吉日,带着布匹、首饰、猪、酒等到女方家,两亲家在祖堂前互换酒杯并礼拜,然后男子向祖堂跪拜,再拜尊长,称为"认亲"。迎娶程序与汉族相同。④

民国时期,孙吴一带满族青年男女,年龄到十六七岁时,即可订婚。男方请媒人到女方家说亲,先后要三次,每次都带一瓶酒,到最后一次才知道成与不成,所以俗话说"成不成,三瓶酒"。如成,男方的父母领着儿子到女方家去拜女方的长辈,这叫"认亲"。认

---

① 王宏刚、富育光编著:《满族风俗志》,北京:中央民族学院出版社,1991年版,第157页。
② 孙蓉图修,徐希廉纂:《瑷珲县志》,民国九年铅印本,卷十四。
③ 爱辉县修志办公室编:《爱辉县志》,哈尔滨:北方文物杂志社,1986年版,第729页。
④ 龙江县地方志编纂委员会办公室编:《龙江县志》,北京:中国城市经济社出版社,1991年版,第667页。

亲后，选个吉日，媒人领着男方父母及儿子到女方家送彩礼，定亲。结婚时，请媒人先去女方家通知结婚日期，结婚前几天，还要给女方家送猪肉、酒、米、面等礼物。前一天，女方家把陪送的妆奁送到男方家。①

呼兰一带满族婚礼前，先由冰人通男女两家之情，既经认可，则开男女庚帖，请精通星命学者算其吉凶，谓之"合婚"，命相合，无克害为吉。议定后，男方的父亲或尊长带儿子到女方家拜其父母，赠布帛、猪、酒、首饰等物，谓之"认亲"，又称"定礼"。礼之多寡，视男方家贫富而定，贫穷人家的定礼每每是富人家的双倍。也有将各色礼物折合成市钱的，谓之"羊钱"，因为有说定亲宜送羊、酒等物，所以用钱替代，故有此名。行娶之期，谓之"过门"。婚礼前，由冰人到女方家致意，女方父母许可，然后择吉日迎娶。吉期前两天，仍送猪、酒给女方家。这一天，人们聚在一起帮忙，村里扎彩车一辆，城里准备肩舆两顶，女方坐的，谓之"彩轿"，男方坐的，谓之"官轿"，男方也有骑马的。②

绥化一带满族婚礼，先以媒妁，有成意，男方家率其子拜访女方家的父母及尊长，名为"认亲"。之后，男方赠女方手镯一副及首饰、布帛、猪、酒，谓之"下定礼"，也有不用礼物而折成钱的。行娶之年，男方遣媒询问女方年庚，然后选择吉日结婚，有亲迎的，有不亲迎的。亲迎的，先一天备彩舆、鼓乐，新郎骑马，导骑或六人，或八人，至女方家拜其先祖及父母，女方家也于这一天准备妆奁送女出嫁。③

依兰一带满族婚礼之前，向不论财，只是订婚时，媒人与男子的父母，并外请数人，同新郎着礼服，共赴女方家，送猪、酒等物，富多贫少，名为"换盅"。到女方家，先祭祖，男子焚香献酒，行跪拜礼。礼毕，两家互敬酒，定下亲事。在结婚前月，男方家备猪、酒、蓝布并金银钗环，交媒人送到女方家，名为"裁衣"。到临娶的前三日，男方家再送猪、酒，名为"过大礼"。④

民国中后期，桦川一带满族婚礼前，仪式大抵与汉族同，只是大礼必须送一头猪，称为"载他哈"，译为"祭祖"，就是告诉祖先姑娘已许人，将生孩子。正日之前，将妆奁送到男方家，男方鼓吹迎之，名为"送嫁妆"。安排好，新郎亲往岳父家拜谢女方父母，称为"谢针线"。⑤

---

① 孙吴县志编纂委员会办公室编：《孙吴县志》，哈尔滨：黑龙江人民出版社，1991年版，第571页。
② ［清］黄维翰纂修：《呼兰府志》，民国四年铅印本，卷十二。
③ 常荫廷修，胡镜海纂：《绥化县志》，民国十年铅印本，卷十二。
④ 杨步墀纂修：《依兰县志》，民国十四年铅印本，不分卷。
⑤ 郑士纯等纂修：《桦川县志》，民国十七年铅印本，卷六。

（二）朝鲜族婚前礼

朝鲜族缔结婚姻时，男方处于主动地位，男方家长委托媒人给儿子物色对象。当物色到合适的女子时，媒人就到女方家提亲，如果双方谈妥，则男方代表在媒人的陪同下，拜访女方家长，目的是了解情况。随后，男方通过媒人正式向女方家请婚，女方如同意马上通知男方。男方随即送"四柱"，即写着男子姓名，出生年、月、日、时的一张纸片给女方家。女方家长据此占卜男子与姑娘是否"合命"，朝鲜族称为"穹合"。如果"四柱"相合，才能订婚。这时男子及家长在媒人的陪同下到女方家认亲，男子需按长辈次序给女方家长行叩头礼，以示认亲，女方设简单的酒宴，叫作喝"许婚酒"。女方请亲属邻里前来作陪，共席畅饮，歌舞通宵，以此来祝福姑娘和小伙子相亲相爱。

订婚一段时间后，男女双方家长就开始协商结婚的良辰吉日，俗称"择日"。吉日会定在新郎、新娘的出生月和父母诞生月及结婚之月。吉日确定后，男方家给女方送聘礼，称"纳采"。聘礼的多少根据男方的经济状况有所差别。一般来说，女子的短上衣、长裙、衣料和被褥是必需的，男方必须为女方准备这些服装，以示尊重。①

集贤一带朝鲜族婚前礼具有鲜明的特色，该地的朝鲜族青年男女在共同的劳动或学习中，产生爱情，欲订婚时，必须先向各自的老人表明心意，之后，由男方父母带儿子去女方家求婚。如女方父母拒见，则表示婚事不谐；如双方老人见面，男女青年则可旁听，说明婚事有成功的希望。双方父母议妥，则男青年需先向女方父母叩头，然后，女青年再向男方父母叩头。男女青年还必须明确表示愿意赡养双方老人，到此，亲事即告订妥。定亲后，选吉日。由男方携佳肴至女方家，女方邀亲友共同饮酒。至夜幕降临，方撤下酒席，奏乐，不分男女老少，一同跳舞。只有女方父母告退归家，以表不忍女儿即将离家外嫁。这里无女方向男方索取财物的习俗，只由男方买些服装和姑娘所爱之物相赠，以表定亲之意。②

通河一带的朝鲜族订婚后，女方要在迎娶前做好一些衣服或被褥，送给公婆、小叔、小姑，最少也要每人一件或一套。较富有的还要为女儿置办一些高档商品做陪嫁。男方在迎娶前，要给女方家送两套衣服，两个箱柜。箱内装上毛线、毛毯、鞋袜、有色丝线、针织品衣物或呢子大衣、手表等物品，并装入各种纸币，女方亲人看过箱柜物品后，设宴招待新姑爷。姑爷饭后，还要携带一部分食品回去，定亲便圆满结束了。③

梨树一带，朝鲜族订婚时不要彩礼，双方同意后先"会亲家"，在女方家书写男女生辰

---

① 陈伯霖主编：《黑龙江少数民族风俗》，北京：中央民族学院出版社，1993年版，第9页。
② 黑龙江省集贤县县志编纂委员会编：《集贤县志》，内部发行，1985年版，第695页。
③ 通河县地方志编纂委员会编纂：《通河县志》，北京：中国展望出版社，1990年版，第488页。

年月分别存为凭据。女方自备嫁妆，男方如富有可经媒人转送。女方要为新郎特制服装一套，并准备送公婆兄嫂的礼物。①

龙江一带朝鲜族婚礼前，由媒人在男女两家之间，传递信息。如女方同意，则男方家将儿子的出生年月送到女方家，称为"送四柱"。女方家将男子的"四柱"与女儿的"四柱"相合，判定吉凶，称为"合婚"。认为可以通婚后，由媒人通知男方家，男方家同意即给女方家送去聘礼，称为"纳采"。确定了婚姻关系，双方都不准毁约，如果婚前有一方死亡，另一方要为其服丧，女子则称为"寡妇"。②

庆安一带朝鲜族也讲门当户对，男女双方没有自主权，由父母包办。通常经媒人介绍，双方家长同意，婚事就算定下了。定亲不要彩礼，只是家庭太困难的，男方要给女方一点儿土地、粮食种子之类的东西。③

（三）赫哲族婚前礼

赫哲族的婚嫁习俗原先比较简单。《西伯利东偏纪要》云："聘娶，男携酒壶入女家，先饮，后议银两数目，上者以绸缎羔皮代，次以布。女与父母俱允，即同宿一夕，再约期送女，不亲迎。时有同妆妇女三四俱乘船至门前，步行入户，女即执酒敬客，客以布为礼，亦敬翁姑兄嫂。陪嫁用桦皮为筐筥木勺。"④

清代，赫哲族的结婚习俗受满、汉族的影响较大。婚姻由媒人介绍，经男女双方父母商定，相互换亲。男方向女方求婚时，先由男方的父亲、伯父、叔父或其他长辈亲属，携带酒到女方家中，与女方的父亲和母亲共饮，在饮酒中间提亲。如果女方的父亲同意，再斟酒给老人，如祖父母；如果女方父亲不同意，则作罢。如有一次提亲不成，再来第二次，甚至有的提亲三五次之多。婚姻订成后，男方家当即将儿子领至女方家拜认未来的岳父、岳母。如果男女两家住处相隔很远，也可次日再去，这时女方要回避。同时，双方共同商量彩礼。彩礼的多寡根据双方的家庭生活、社会地位等情况而定，一般是马一匹、猪一头、酒若干斤、衣服若干件。早年，新郎在未结婚之前，可以到女方家中，与未婚妻同居一个月或半个月，然后再举行婚礼。订婚后不久，男方要送些酒肉食物给女方，在女方家举办酒席，将男女双方年老的长辈请来共同畅饮。这时男方送上一部分彩礼，叫作"过小礼"，赫哲语叫"庙昆庙库仁"，同时商定"过大礼"和结婚的日期。

民国时期，赫哲族婚姻制度与汉人的大同小异。先由男方家请人出面做媒，媒人携酒

---

① 梨树县志编纂委员会编：《梨树县志》，沈阳：辽宁教育出版社，1992年版，第1068页。
② 龙江县地方志编纂委员会办公室编：《龙江县志》，北京：中国城市经济社会出版社，1991年版，第668页。
③ 庆安县地方志编纂委员会办公室编：《庆安县志》，哈尔滨：黑龙江人民出版社，1995年版，第440页。
④ 凌纯声：《松花江下游的赫哲族》，北京：民族出版社，2012年版，第226页。

至女方家请全家人喝酒,并将来意告知女方父母。父母征求女儿的意见,同意后过两三天由媒人领男子至女方家叩见未来的丈人、丈母娘,女子则藏匿窥探。如女方家俱无异议,即可商议聘礼。若父母或女儿有一方不同意时,前约即可作罢。媒人以男子为多,女子口才好的也有做媒人的。女方家各人对于求婚的男子无异议时,则由媒人向男方家探问聘礼,普通为猪一头,酒一箱。男方家如为富户,则再索马一匹、貂皮一张。男方家嫌多,亦可酌量减少。商议定后婚事就定下来了。貂皮为女方父亲做帽子用,马为其父或兄弟所用。所索要的聘礼,样数不能减,只有猪与酒的数量可酌量减少。女子如有伯父的,侄女的婚事,亦须得其同意。在婚期的前三四天,男方家将所许过的聘礼,如酒、猪、马、貂等物,由媒人偕同新郎送至女方家。酒烫热后,媒人唤新郎起来至炕前,由媒人斟酒敬新郎的岳丈。如有岳丈的长辈在座时,当先敬尊长。最后轮至本人喝,媒人斟一杯自饮,再敬新郎岳丈一杯,新郎向岳丈三叩首后起立。之后向岳母跪下,媒人向其敬酒两杯,也自饮一杯。岳母叫新郎起来时,新郎也行三叩首礼。坐定后向新郎岳丈、岳母说,将于某日迎娶。事情结束后返回。①

富锦一带街津口村赫哲族双方结亲,往往都是男方看中某家的姑娘,托媒人去说亲。女方家主动找上门来的事还未有过。所谓媒人,也不是专以做媒为职业的人,都是男方家能说会道、办事公正的长辈充当。媒人的数目不限,一人、两人都行,他们带着酒肉到女方家去,酒过三巡之后才正式讲明来意。如果姑娘的父亲也看中了男方家的小伙子,亲事很快就能说成。如果女方家对男方不满意而未答应,媒人就第二次、第三次去说亲,直至对方点头为止。据说通过媒人三番五次的介绍,女方家都是在最后答应亲事,很少始终不成以致双方闹掰了的。亲事说成之后,接着即过小礼。到这一天,媒人、新郎及其父母都要到女方家,并携带酒肉及送给姑娘的鞋袜等物,除姑娘的父母接待客人外,参加者还有女方的至亲好友和邻居们,但姑娘本人不能参加。过小礼时,男女双方要商量三件事情:一是商量男方送给女方的彩礼和数目;二是商量过大礼的日期;三是交换男女订婚的媒帖。媒帖上面写着男女双方的年龄和过大礼的日期,还写着彩礼的种类和数目。但是也有人说,赫哲族是很诚实的,最初双方定亲往往是一言为定,永不翻悔,所以根本不交换媒帖。关于彩礼的种类和数目,往往是经过一番讨价还价才能确定下来的。一般来说,多是布匹、酒、肉和各种实物。但也有人家向男方家要钱的。商量婚期和彩礼,都是在酒席上进行。大家吃酒时,新郎要跪在桌子前面向列席者叩拜。其长辈给某人敬酒时,新郎就要面向某人跪着,直至大家喝完酒,岳父叫他起来为止。男方回家时,女方家必须给他们一些礼物,

---

① 凌纯声:《松花江下游的赫哲族》,北京:民族出版社,2012年版,第227页。

即新娘给公婆和新郎做的鞋袜、烟荷包等。过小礼后，男女两家就正式结成亲家了。男方本人如果出门经过岳父家的村子时，必须到岳父家表示问候，也可住在岳父家中，但不可与新娘见面。如果男方经过此地而不去岳父家中，就会引起岳父家的不满，还会受到外人的指责，批评他不通人情，不懂礼节。过了小礼，再过大礼。过大礼与娶亲不同，它是介于过小礼与娶亲之间的一种手续，也是在女方家举行。参加者除新郎和他的父母、媒人及其岳父母之外，还有两家的亲戚朋友。男方到女方家去时，绝不能空着手前往，要带一头猪和一桶酒，用来过大礼时请客。吃酒时，新郎如同过小礼那样跪着向吃酒者叩拜。如果两村相距很远，男方家过大礼的人，可以住在女方家中，但新郎不能住在岳父家中。过大礼通常要做三件事：第一，男方家必须把议定的彩礼送到女方家。但对方如果实在无力凑足时，女方也就不再索取不足的部分了；第二，双方议定娶亲的日期。此日期一旦确定下来，任何人都不能更改，即便是喜日刮风下雨，也要按期迎娶。但必须指出的是，从前赫哲族娶亲是不计较日子好坏的，只是后来他们向汉族学了看吉日的习惯；第三，女方家将陪送姑娘的嫁妆送到男方家去。但也有人说，姑娘的嫁妆不是提前送，而是在迎亲时随身带去的。汉族给新娘送嫁妆的时间与后者相同。嫁妆的多少与好坏，视女方家的贫富而定。有钱的人家陪送物品多，没钱的人家陪送物品少。陪送的嫁妆多为衣服、布匹、木箱、木柜、盆、镜子等物，有钱人家也有陪送马匹的，但这样的人家不多。过大礼要用男方家送的猪招待客人。杀猪也有一定的规矩，必须将猪的四条腿与肚皮连在一起，并将猪头、猪尾巴留下来，以便吃饭时招待新郎与新娘。喝完酒后，大家入座吃饭，新郎不能与岳父母、媒人及各位来宾同席，而由另一人陪着在单独的一张小桌上吃饭，岳父就用留下来的猪头招待姑爷，并将猪尾巴送给已经躲到别人家去的女儿吃。据说这样表示男人是一家之主，女人应该对丈夫百依百顺，象征夫唱妇随，不能有丝毫违背。饭后，姑娘的父母、兄嫂及长辈、亲友都向新郎赠送礼物，大多是些扇子、毛巾、烟荷包之类的物品。至此，过大礼的仪式就算结束了。新郎回家时，将杀猪时留下来的四条腿带回家做菜请客。①

饶河一带赫哲族过去都是由男方老年长辈替子侄们说亲，大多数是由父亲或者叔父们同媒人前往女方家，向姑娘的父母替自己的子侄们求婚。媒人多是男方能说、会办事的亲戚朋友中的老年男女充当。到姑娘家说媒时须先带酒，在酒过三巡时再提出婚事，如果女方父亲同意了，则将酒一饮而尽。如果不同意婚事，则以种种理由拒绝。如果女方父亲同意后，再与女方母亲商量。母亲同意了，再征求女方祖父的意见。如果母亲坚决不同意，这桩婚事就不能成。一般祖父阻力不大，只要父母同意了，祖父坚决反对的很少。

---

① 《民族问题五种丛书》黑龙江省编辑组编：《赫哲族社会历史调查》，牡丹江：黑龙江朝鲜民族出版社，1987年版，第95页。

婚事说成后，当即将男方找来拜认未来的岳父、岳母。如果男女两家相距较远，则于第二天领来男方相拜认。这时女方要回避。男方拜认了女方的父母之后，即商议彩礼之事。彩礼的多少要依男女双方家庭的经济情况而定。彩礼一般是女方向男方索要马一匹、猪一头、酒若干斤、衣服若干件等。例如男女双方为大户人家，经济都很富裕，通常彩礼和嫁妆如下。[①]

1. 彩礼物品：

皮袄一件	银镯一副（十二纹银的）
绸缎大袍三件	包金首饰一套
布衫一件	酒一百斤
夹袍（夹衣）十件	肥猪二口
马一匹	

2. 嫁妆物品：

台柜一个	烟荷包二十个
衣橱一个	假领四十个
木箱两个	被子四床
各种鞋五十八双	褥子四床
袜子四十五双	洋毯两床
台布一对	套裤十五件
布衫十五件	座钟一架
汗衫五件	掸瓶一对
棉袄五件	穿衣镜一个
夹袄八件	小梳妆镜子一对

彩礼不是一次说成的，而是经过若干次的讨价还价才定下来的。早年两家定亲后，男方经过女方的村屯时，一定要到未来的岳父、岳母家拜访，如果需要住宿时，也一定要住在女方家中，因为两家是亲家，否则女方的父母会不满意。据说最早的时候，两家结下亲后，在结婚前男方可以到女方家和未婚妻在一起住一个月或半个月时间，然后再结婚。

[①] 《民族问题五种丛书》黑龙江省编辑组编：《赫哲族社会历史调查》，牡丹江：黑龙江朝鲜民族出版社，1987年版，第268页。

婚事说定后不久过小礼。届时女方家要做几桌酒席，宴请近亲朋友，招待客人的物品要由男方负担。这时男方送给女方部分彩礼，并商议减少彩礼，与此同时商量过大礼日期和结婚日期。过大礼是在结婚前不久举行，那时须将全部彩礼送到女方家中。从订婚到结婚期间，姑娘是最忙的，日夜很少休息，赶做衣服、被褥和鞋袜等嫁妆。①

民国时期，桦川县赫哲族早年婚配，不避亲属，其礼也不同，近年来渐渐仿效满族，婚前男方要向女方问名，给聘礼，未行此礼的人家，通常是因为不同民族的婚俗不同。

（四）回族婚前礼

清代，呼兰一带回族议婚先由媒妁介绍，由阿訇主盟。议定后，将订盟时，男方家先请阿訇、媒妁同到女方家，两家各陈结姻缘之情，阿訇向两家申以"无论贵贱，不渝此盟，渝盟则神明殛之"之义。借阿訇一言，订盟后，也分两次过礼：过小礼，有银手镯一副，金耳环一副，脂、粉各一盒，茶叶一斤，馃子四十斤；过大礼，有稻米一斗，白面一斗，馃子一盒，羊一头，成衣、布匹、首饰各若干。②

这一时期，宁安一带回族婚礼与汉、满通行之礼差别较大。凡男方家欲求婚于女方家，要先遣媒妁致意，女方的父兄常常会私下询问女儿，如女儿不理，其父兄即不相强，若女儿掩面哭，则是允可之意，其父兄即出而应允。男方家选择主麻日（吉日，每月有四，凡举行祭祀、礼拜，均于是日行之）准备礼物，同媒妁及教长一起到女方家，行拿手礼，双方交换条件。女方通常给男方家列出聘礼清单，以金货（金项链、金戒指、金耳环等）为主。之后女方家用男方家的礼物祭祀祖先，告诉祖先女儿已许了人家。③

清末，安达回族的婚礼与汉族略同。议婚时，由男方家先请媒妁，与女方家商妥后，选礼拜日由媒妁携带银手镯或金银钳子一副，送至女方家，以示已决定，谓之"许亲"。然后，再另择礼拜日，男女各宴亲友。男方家须邀教长为证婚人，并偕亲友数人，以布匹、首饰、茶送女方家，名为"压盒子"。归时，女方家将所开彩礼单交于男方家，谓之"接单"。迎娶前，男方家派宾客照单开各种物品，备齐后送去，并通知女方吉期，让女方家可以先开始筹备。④

民国时期，桦川一带回族定亲，先通过媒人表达成亲之意，不相看、不合婚、不议聘金。过小礼，除衣饰外，要准备茶点四色，至少六七十斤，女方家用来待客。大户人家还

---

① 《民族问题五种丛书》黑龙江省编辑组编：《赫哲族社会历史调查》，牡丹江：黑龙江朝鲜民族出版社，1987年版，第268～269页。
② ［清］黄维翰纂修：《呼兰府志》，民国四年铅印本，卷十二。
③ 王世选修，梅文昭纂：《宁安县志》，民国十三年铅印本，卷四。
④ 高芝秀修，潘鸿威纂：《安达县志》，民国二十五年铅印本，卷十二。

准备衣料及饰物四色，或其他赠品，由过礼人带回去赠给新郎。结婚前数日，男方家准备两只活羊送到女方家，杀了用来祭祖。抬两个拾盒，一个用来存茶点，要百斤，准备给客人用；一个用来存衣饰，不装烟、不出见，也称"过大礼"。女方家用衣物回赠男方，注重答礼。

孙吴一带回族议婚多由阿訇定局，订婚那天由媒人、阿訇和男方家的父母到女方家，两家各自说明结亲的真实心愿。阿訇申述男女双方不论贫富都不能变心，始终如一。订婚后过礼两次：小礼、大礼。[①]

（五）蒙古族婚前礼

黑龙江蒙古族的婚俗丰富多彩，各部落间不尽一致，各具风采。黑龙江的蒙古族大部分是成吉思汗弟弟哈萨尔的后裔。青年男女主要通过那达慕大会、敖包会互相结识，倾吐爱慕之心，收获爱情，这成为组建家庭的基础。男女双方定情后，男方主动登门求亲，并向女方家赠送牛马驼羊、金银首饰、绫罗绸缎之类的物品作为定亲礼物。旧时官宦人家，女儿出嫁时，常有奴隶、侍女陪嫁。婚事商定后，在女方家举行庄重的定亲仪式。男方的家长、媒人和未来的女婿，携带聘礼到女方家，女方家设宴款待，女婿在酒桌前向岳父、岳母跪拜认亲。[②]

瑷珲一带蒙古族婚前礼重媒妁，聘礼用牛马，多寡不等，首饰必备，分两期纳完。吉礼有大娶、小娶之别。殷富之家，馈牛马数头，行迎娶礼，俗称"大娶"。迎娶之前，女婿赴女方家留宿兼旬，名为"吃筵"。[③]

大赉一带的蒙古族不用庚帖，全凭媒妁之言。合婚之日，男方必须亲自拜访女方父母及长辈，俗称"磕头"。女方家赠送男方布帛、针黹、刺绣等物品，并以隆重的宴席招待双方长辈、同辈，邀请大家相互敬酒，称为"换盅"。其他习俗与汉人相似。

肇东一带蒙古族定亲，可以将男方家给女方家应送之礼，折成牛羊。即使未至娶期，也允许女婿在岳父家与女方同居，并可生子，名为"吃芫荽"。[④]

泰来一带蒙古族不太注重婚前礼的内容，在聘娶以前既无相男、相女的手续，也无大礼、小礼的分别，这一点与汉族不同。只是在媒人介绍后，需讲明聘礼数目。聘礼的物事，大约聘牛至少两头，至多六头；聘马至少两匹，至多六匹；聘银五十三两五钱；聘猪一口或两口；聘酒百余斤或二三百斤不等；衣服首饰，以聘家之贫富为丰啬。等到将聘时，也

---

① 孙吴县志编纂委员会办公室编:《孙吴县志》，哈尔滨：黑龙江人民出版社，1991年版，第572页。
② 陈伯霖主编:《黑龙江少数民族风俗》，北京：中央民族学院出版社，1993年版，第292页。
③ 孙蓉图修、徐希廉纂:《瑷珲县志》，民国九年铅印本，卷十四。
④ 于英蕤纂修:《大赉县志》，民国二年修抄本。

必择定吉期，使媒人通知女方家。

梨树一带蒙古族婚前，先经媒人介绍订婚，男方到女方家要跪在佛像前献哈达。女方如接受，则婚约订成。男方以牛、马、衣物为定礼。婚礼前一日，男方佩刀与亲朋到女方家迎亲，仍献哈达。次日，宴会结束与新娘一起回家，同至佛像前交拜成婚。①

龙江一带蒙古族婚嫁前，由媒人介绍，讲明聘礼数目，分期交给女方家。蒙古人娶亲有大娶和小娶两种形式。婚娶前约二十余日，新郎即到女方家食宿，称为"小娶"。家境贫寒的则赘于女方家，待经济好转时再补行大娶宴亲之礼。在大娶之前，女子垂髻，不做新媳妇的打扮，但与男子称夫妇。大娶之日前一天，新郎在陪客相伴下赴女方家迎娶。②

（六）鄂伦春族婚前礼

黑龙江鄂伦春族婚前礼包括求婚、认亲、过礼三个阶段。男方父母看中了某家的姑娘，便聘请媒人到女方家去求婚，一旦女方父母有意，说话中露出允诺的意思，机敏的媒人便会立即向女方老人跪地磕头。磕头之后，便宣告两家亲事已成。不过，第一次媒人前去求婚时，女方一般是不会爽快地答应的。如果媒人去了一两次，女方家仍不同意，男方的父母便亲自出马，到女方家求婚。如果媒人求婚已成，男方父母也要立即前往女方家给女方家长辈及其舅家长辈们斟酒磕头，同时与女方家商定认亲和过彩礼的日期。认亲，是鄂伦春族婚礼仪式中的重要一环。认亲时，未婚婿在母亲或婶母、媒人和一些亲友的陪同下，携带酒肉前往女方家。女方邀请近亲，设认亲宴招待男方来客。席间，未婚婿要给女方除岳父母以外的所有长辈敬酒磕头。如果未婚婿和姑娘都已长大成人，认亲的当晚就由女方安排同房。如果未婚婿或姑娘还未成年，则不同房。鄂伦春族在中华人民共和国成立前结婚年龄较早，一般在十五六岁，有的十三四岁便举行完结婚仪式了。因此，男女认亲时同房的年龄也不会太大。③

鄂伦春族认亲同房前，女方要给未婚婿换上用黑皮子镶边的新装和背面、肩头绣有云纹的红布坎肩。未婚妻要修鬓角、眼眉，并把独辫解开，梳成两条辫缠在头上。同时，女方家要在"仙人柱"左侧留出铺位，床要由女方的嫂嫂、姐姐或要好的伙伴来铺。姑娘的婶子或嫂子要让男女双方面对面地坐在"仙人柱"左侧铺位上，让他们共用一双筷子和一个碗吃"老考太"（黏粥）。两人共用一双筷子一个碗，表示将来能互敬互爱，同甘共苦；同吃一个碗里的"老考太"，象征未来双方感情永不破裂，白头偕老。认亲时，同居时间为

---

① 梨树县志编纂委员会编：《梨树县志》，沈阳：辽宁教育出版社，1992年版，第1068页。
② 龙江县地方志编纂委员会办公室编：《龙江县志》，北京：中国城市经济社会出版社，1991年版，第668页。
③ 吴存浩：《中国婚俗》，济南：山东人民出版社，1986年版，第433页。

一个月到二十天不定。认亲即同居的习俗,在我国北方达斡尔族、鄂温克族中都有。但是,鄂伦春族的认亲同居,是在认亲日当天夜晚进行,而且要举行类似完婚仪式中同餐"老考太"的仪式。①

认亲同居后不久,便是过彩礼的仪式。过彩礼时,未婚女婿仍由父母、媒人和近亲陪同,带着酒、马、干菜和猎获的野猪等前往女方家。女方家仍设酒席招待男方来客。女方父母当时不参加,等宾客散去后,才另设酒宴招待亲家,同时商定完婚日期。这时,未婚女婿才给岳父、岳母敬酒磕头。过彩礼时,未婚男女也可以同居。

民国时期,鄂伦春的婚前礼主要有求婚、认亲、送礼。鄂伦春女子出嫁前,必由男子求婚。求婚者偕其父母前往女方家,征求女方父母的同意。如得允许,则再定日期商量婚嫁的一切手续。第二天,新郎携带酒肉到女方家,富裕的家庭还馈赠各种其他的礼物,然后才择吉日成婚。举行婚礼前,男女两家邀请所有亲友,在结婚之日赴男方家与会。到了认亲阶段,新郎由其母亲或婶子、媒人和一些亲友陪同,携带一些酒肉,前往女方家认亲。女方邀请近亲,举行认亲宴。席间新郎要给女方所有长辈敬酒磕头。如果新郎和姑娘都已发育成熟,在结束认亲宴的当晚,即开始同房。新人共用一双筷子和一个碗吃"老考太",表示将来互恩互助和同甘共苦;吃一个碗里的黏粥,则象征着二人白头到老,感情永不破裂。同居时间,一般在二十天到一个月。认亲之后,新郎即与未婚妻同房的婚俗,与达斡尔族、鄂温克族相同,不同之处体现在迎亲当天。此种习俗的来源,除保留母系氏族社会女娶男嫁遗风外,还和清朝征兵有关。当时作为布特哈八旗组织成员的达斡尔、鄂温克、鄂伦春三族男丁,接到征兵通牒之后,必在五十天内赶到总管衙门处集合,以便编队出发。于是已经订婚但未结婚的应征青年,经双方老人商洽同意,急忙带些礼物,前往女方家,提前同房,指望腹中留下一个后代。因为当时入伍出征者,大都是阵亡异乡,即使有少数生还者,未婚妻也已过了具有生育能力的年龄。所以,这三个少数民族婚前同房的习俗与当时的社会政治有关。到了送礼阶段,新郎由其父母、媒人和近亲陪同前往女方家送交马匹、野猪、烧酒等彩礼,并商定迎亲结婚的日期。这时,新郎要为岳父、岳母敬酒磕头拜恩。

瑷珲一带鄂伦春族的婚姻,过去一般都由父母包办,过程经常一波三折。很多男女幼年时,就由父母给订下婚姻,也有的是指腹为婚。一般由男方父母或托媒人去求婚,他们带上烟、酒到女方家,求婚时语气婉转动听,对姑娘倍加赞扬,并请求女方父母答应这门亲事。女方父母多数表示不赞成,经过再三恳求,女方父母表示可以商量,这时男方要给

---

① 吴存浩:《中国婚俗》,济南:山东人民出版社,1986年版,第434页。

女方父母请安或磕头。经过这一过程后，求婚算成功了。有时男方要多次到女方家求婚才能成功。订婚时，女方向男方要彩礼，彩礼的多少视双方家庭经济状况而定，一般的要两三匹马，野猪一两头，烧酒三十斤或六十斤。女方家境贫困，为借机改善，也有要七八匹马的。过礼时，男方父母领着儿子，携带礼品拜见岳父、岳母，女方招待客人及一个"乌力楞"（鄂伦春族家族公社）的各家。在结婚前半个月或一个月，把新郎先送到女方家和新娘同居，到结婚当日才把他们接回来。如果结婚前一天，新娘到了男方的"乌力楞"，不许进男方家，要先住在别人家。①

（七）鄂温克族婚前礼

黑龙江鄂温克族的婚前礼一般分三个程序进行。

首先进行的是求婚。男方父母为儿子物色好姑娘后，要在本族人中找一名能说会道之人为媒，带着花酒壶、毛巾等骑马前往女方家中求婚。无论女方父母同意与否，都要热情款待为媒之人。如果女方父母不接受媒人带的礼品，不喝酒，就表示不同意这门亲事；如果接受礼品并喝酒，就表示同意。选择配偶，对男子不以富裕为条件，主要看劳动力如何，人品如何，正直能干就是好后生。

其次要送定亲礼。求婚成功后，举行定亲仪式。当日，男方委派两个代表去女方家送定亲礼物。礼物一般有一匹骏马、一只全羊、酒等。男方代表到了女方家后，要先给女方父母敬酒，说明来意，并代表男方父母再次向女方父母求亲，并再次敬酒磕头，等候女方父母的回答。如女方父母这时没有什么异议的话，他们就很高兴地指着定亲礼物说："多年练得像缎子一般的缰绳一条（指骏马），死的一条（指宰好的全羊一只）。"把定亲礼过给女方，女方用男方带来的酒、羊肉举办定亲宴席。定亲宴席按十二盅酒的习惯举行，席间女方主要亲戚商讨下次过结婚礼的日期和具体事宜。十二盅酒过后，女方按商定的意见传达给男方代表，定亲宴席即告结束。婚事确定后，姑娘和未婚夫直到结婚不允许见面。

再次要过礼。男方根据自己的家庭条件和经济实力，要送给女方结婚礼物。为表达对女方父亲的恩惠的感谢送一匹骏马；为表达对女方母亲母爱的感谢，送一头奶牛作为女儿吃奶的报酬；为表达对兄嫂关心的感谢，送一头健牛或银元宝等礼物，并宰两只羊，举行隆重的过礼宴。②

游猎在大兴安岭地区额尔古纳河畔的鄂温克人，他们的婚礼习俗具有初民社会的一些遗风，也有其与众不同的特点。随着社会的发展和生活条件的变化，传统的婚礼习俗也发

---

① 爱辉县修志办公室编：《爱辉县志》，哈尔滨：北方文物杂志社，1986年版，第730页。
② 陈伯霖主编：《黑龙江少数民族风俗》，北京：中央民族学院出版社，1993年版，第118页。

生了巨大的变化，但它仍保留着不少民族色彩。鄂温克人结婚前需要经过一些步骤。

求婚。男方托另一姓氏的舅辈长者到女方家求婚，媒人说亲时要带上两瓶酒。当女方家长敬奉烟、茶时，媒人随即拿出一瓶酒，借用对方的酒壶和酒杯，向主人和主妇敬酒，试探性地略表来意。当女方家长意识到这是来求婚时，便让自己的女儿躲开。闲话一阵之后，媒人拿出第二瓶酒来，将来意透彻地加以说明，正式求婚。如经允诺，说亲的事即告成功。过些日子，男方再派一人去商定日期及有关事宜。

订婚。订婚日期确定后，男方就准备订婚礼品。订婚这天，男方要选五六人，其中以精通礼节和善于辞令的人为代表，带上一匹马、一只羊、二十五斤酒和一条哈达到女方家去。这时女方也邀请至亲好友迎候男方来的客人，男方宾客到达后，女方热情接待并备醇酒佳肴，宴请对方。

纳采。订婚后不久，男方须向女方送一次彩礼，彩礼的内容及数额，在订婚时就已告诉女方。以前多送银元宝一锭（50两）、大牲畜五六头、羊三只。还须给女方舅舅送大牲畜一头，给女方母亲送乳牛一头，给女方叔伯家各送牛一头，并带上一头空怀乳牛去现宰，为女方提供待客肉食。如果女方临时发现彩礼少了，或对送去的牲畜不满意，男方还得补送一次。过去很多人家常为订婚的巨大耗费而发愁，穷苦人家更为此事犯难。[1]

讷河一带的鄂温克人认为婚姻不是个人的私事，而是整个家族的大事，所以每有婚配，都受到全家族的重视。婚前礼程序分议婚、订婚两个阶段。议婚即求婚，只要女方父母喝了媒人带去的酒，媒人便立即向女方父母叩头，到此议婚便告成功。订婚即男女双方共同商定结婚日期。届时，男方带着彩礼同母亲在媒人陪同下到女方家，向女方长辈敬酒、叩头，行认亲礼。[2]

（八）达斡尔族婚前礼

清末，达斡尔族非常重视嫁娶之道，以聘礼丰厚为光彩。

达斡尔族如父母看中哪家的姑娘，欲娶为儿媳，就请媒人去说亲。媒人受托，带一瓶酒去与姑娘的父母饮酒叙谈。媒人要善于辞令，渐渐婉言引入话题，说明来意："你家有一位善使剪子的美丽姑娘，我方有一位能拉硬弓的英俊男郎，为了合拢这般配的男女，为了使两家和睦，我甘心磨穿了新鞋底，我情愿累断了腰脊梁。我谅二位双亲，安能让我扫兴而归。"这番话语过后，就详细介绍小伙子及其家庭的情况。如果姑娘的父母不同意，则以姑娘还小相推辞。如果女方父母同意结亲，便接受媒人的斟酒磕头礼，订婚事成。但是，

---

[1] 陈伯霖主编：《黑龙江少数民族风俗》，北京：中央民族学院出版社，1993年版，第33页。
[2] 讷河县志编纂委员会编：《讷河县志》，哈尔滨：黑龙江人民出版社，1989年版，第599页。

通常即使女方父母同意也不马上应允,而是留下话口,往往要媒人多次前往才能商定,以示父母对女儿婚事的慎重,这也是达斡尔族多次求婚才允则主贵的古老习俗的再现。[①]

民国时期,达斡尔族的婚前礼主要包括订婚、过礼等仪式。较普遍的订婚方法,是由男方家长请和女方有亲友关系的人做媒人,到女方家说亲,女方父母听了媒人的介绍,认为合适时,即答应订婚。媒人就给女方的老人斟酒磕头,表示感谢祝贺。不同意订婚时,则不能让媒人磕头,也不能留媒人吃饭。据说,留媒人吃饭,亲事就成了。订婚以后,如男方听说女方男女关系上不正派,可通知女方退婚。亲事妥了以后过礼(送"恰安特"),即新郎同赶车的人(比新郎大一辈的人赶车)把彩礼送到女方家中去。彩礼包括马一匹,乳牛一头,肥猪九头(其中一头是无毛的,八头是带毛的,女方用火烧燎后吃)、酒九十斤(一般按一头猪十斤酒的比例)和点心、"瓦特"(把野果、奶干等晒干磨面后做成)、"乌如木"(奶皮子)等若干。

瑷珲一带的达斡尔族订婚时要彩礼,一般是女方要一匹马或一头牛,比较贫困的不能陪送姑娘嫁妆的,则多要一些。达斡尔族嫁女是主张陪送的,比较富裕的要陪送衣服、柜箱等物。订婚时要吃"萨林",即男方在订婚时给女方送上酒肉,请亲友们同桌共饮祝贺。在结婚前,还有一种叫"托列"的仪式,像汉族的过大礼,女方比较困难的就要一些钱或东西。[②]

讷河一带的达斡尔族,在子女未成年前,父母便请媒人说亲,只要双方父母同意即可定亲,订婚后,男方要向女方过礼。第一次为"恰安特",即大礼,男方需备好马一匹、乳牛一头、猪肉、糕点、酒等礼品,依贫富差别而定。进门后,新郎要依次拜见女方宗族长辈,叩头行礼,然后喝认亲酒,如女方比较富裕还可以反赠些礼物给新郎。首次过礼,新郎与新娘不见面。第二次为"托列",即小礼,在结婚前一两个月时由新郎自己送去,主要物品为衣料、被褥、布匹等,并同女方订好婚期。结婚前两天,新郎要亲自到女方家迎亲。[③]

孙吴一带的达斡尔族禁止同姓结婚,男女两家经过媒人说合,愿意的可以订婚。在订婚送彩礼的前一天,姑娘要躲起来,不见未婚夫。订婚后男方送大礼,达斡尔族叫"恰安特"。结婚前送一次礼,礼品主要是衣服、被褥、首饰等,这叫小礼,本民族叫"托列"。这时男方和姑娘可以见面,在一起吃"拉里粥"或挂面。有的人家当晚即可同房,新郎过一天后可以回家。[④]

---

① 陈伯霖主编:《黑龙江少数民族风俗》,北京:中央民族学院出版社,1993年版,第35页。
② 爱辉县修志办公室编:《爱辉县志》,哈尔滨:北方文物杂志社,1986年版,第729页。
③ 讷河县志编纂委员会编:《讷河县志》,哈尔滨:黑龙江人民出版社,1989年版,第599页。
④ 孙吴县志编纂委员会办公室编:《孙吴县志》,哈尔滨:黑龙江人民出版社,1991年版,第571页。

(九）锡伯族婚前礼

锡伯族的婚前礼，一般分三个阶段完成，即说亲、定亲、认亲。

说亲。先由男方父母和直亲，在本屯或外屯物色年纪相当、品貌双佳的姑娘，然后请一位年龄与女方父母相当，辈分相当，能说会道，在村屯亦有名望的人为媒人。媒人选定后，男方父母同媒人一同去拜访女方家长，第一、二次做一般性拜访，也不带酒之类的东西。但是，女方家长会意识到对方来说亲，之后拜访就明言来意，并将带来的酒斟满杯敬女方父母品尝，媒人也陪着喝。女方的父母愿结这门亲的话，就和姑娘的直亲，如舅舅、姑母、伯父、叔父等商议，征得他们的同意之后，让男方的媒人和父母前去拜访女儿的外祖父母和姑舅等，请求联亲，做秦晋之好，这些做完之后，再一次来访时，答应联亲，这就是所谓的说亲。

定亲。男方得到女方准备联亲的应允后，就和女方父母商定，择日分别举行"虚叩头礼"和"实叩头礼"来定亲。所谓"虚叩头礼"，就是男女双方家长择定一日，由男方准备烟酒之类的东西，请媒人和男方的叔父、姑舅等，领着儿子到女方家听结秦晋之好的诺言，而女方也请来姑娘的外祖父母、姑舅等直系亲属，等双方有关人到齐之后，男方请来的媒人举杯向姑娘的外祖父母敬酒并致求亲之意，这时男方的父母和儿子都向姑娘的外祖父母跪着听好言。若祖父母、外祖父母不在了，则向姑娘父母敬酒致意。凡参加"虚叩头礼"的人，事先都知道情况，不过按习惯和礼节走过场而已。这一天，由女方准备"长寿面"款待双方的直系亲属和朋友，表示结亲圆满成功，和和美美。"实叩头礼"在"虚叩头礼"之后，男方准备些彩礼，择日到女方家举行宴席。宴请姑娘的所有直系亲属，向有关直系亲属敬献衣料、茶叶、白糖等，表示感谢姑娘直系亲属养育姑娘长大成人并认了自己为女婿的恩情。经过虚、实两叩头礼之后，算是正式定了亲，牛录的人们也都知道，这两家结了亲，以后相互称"sadun"（亲家）。①

认亲。过了说亲、定亲之后，在方便的时候，男方在自家准备几桌酒席，宴请姑娘的父母、姑舅、兄嫂等直系亲属。这一天没有太多礼节，男方请自己的直系亲属相陪，这意思是，让姑娘的父母亲戚们认一认女婿家的门庭和女婿的许多直系亲属，以后相遇之后好称呼，遇有红白等事便于相互通气或下请帖等。

（十）柯尔克孜族婚前礼

柯尔克孜族订婚以前，一般由男方父母托女方的亲友为媒到女方家说亲。女方父母听

---

① 《锡伯族简史》编写组、《锡伯族简史》修订编写组：《锡伯族简史》，北京：民族出版社，2008年版，第131页。

了媒人对男方的介绍以后,觉得两家成亲合适,即表示同意,但不能立即答复,而是让媒人向男方传话需要考虑考虑。几天以后,媒人再次去女方家恳切求婚,女方的父母或祖父母才答应下来。媒人这时就把从男方带来的酒肉等物品赠送给女方老人,并磕头表示感谢和祝贺。女方的父母如不同意,就不能接受礼物,更不能让媒人磕头。若同意,媒人磕完头,按规矩得留媒人吃饭,这就算正式订婚了。在吃饭过程中,双方商量需要多少彩礼。一般彩礼数量不大,因为都是姑表亲、姨表亲的亲戚。为了报答女方父母的养育之恩,男方要送女方母亲一头奶牛,送女方父亲一匹马或折合相应的钱。如果男方生活确实困难,彩礼还可以少要,有的甚至一点儿也不要。①

二、正婚礼

(一)满族正婚礼

清代之前,黑龙江满族结婚这一天,先由男方家选择长辈全科人陪同新郎到岳父家向岳父、岳母叩头。新娘上花轿一般在凌晨,由女方家送亲太太陪同,一路吹吹打打抬到新郎家。喜轿停在新郎家大门口后,新郎要手持弓箭向轿门下连射三箭,这是满族先祖女真人游牧骑射时期抢婚习俗的遗留,原来是要把追赶来的人射走,后来也有驱赶鬼妖之意。三箭射完,有人打开轿帘,新娘下轿拜完天地之后,有人把一个用红绸扎口、内装五谷杂粮的花瓶(俗称宝瓶)递到新娘手中。接着入洞房,这之前要过门槛,有的地方,新娘过门槛时,要"跨马鞍",取"平平安安"之意。有的地方,新娘需要"跨火盆",相传是为了婚后红红火火过日子,也有说为避邪的,还有解释为满族萨满教对火崇拜的。之后,才在洞房中"揭盖头",喝"交杯酒",吃"子孙饽饽"。这"子孙饽饽"要煮得半生不熟的,取"生子"之意,或吃"长寿面",取长命百岁之意。

到了清代,满族正婚礼除了带有本民族的传统特点外,也开始融入汉族的婚礼特点。当天清晨,女方家用彩车送亲,新娘的哥哥护送。路遇井、庙、墓等用红毡遮盖,以避煞神。同时男方家也用彩车迎亲。满族婚礼讲究"婿皆亲迎",始终未变。新郎先拜祖坟后,率领迎亲车出发,一路鼓乐齐鸣。两车中途相遇,外辕相错,新娘由哥哥抱到迎亲车,俗称"插车"。满族正婚礼的主要仪式有以下几项。

1.射三箭。彩车停在夫家门口,让新娘在车中等候,俗称"劝性"。新郎手持弓箭往彩

---

① 陈伯霖主编:《黑龙江少数民族风俗》,北京:中央民族学院出版社,1993年版,第218~220页。

车虚射一箭，也有实射的，但要朝车底下射，以免伤害新娘，谓之驱煞神。①

2. 拜北斗。有人扶着头覆红布的新娘走下彩车，脚踩红毡来到天地桌前，同新郎一起面北三叩头，俗称"拜北斗"。

3. 揭盖头。拜北斗后，新娘由人扶着向洞房走去，当走到接近屋檐时，新郎用秤杆或马鞭子将新娘头上的红布巾挑下来放在屋檐上。新娘过门槛时，门槛上放一个马鞍，新娘由人扶着跨过去，这是满族善射文化的遗留。新郎、新娘入洞房后，面对窗户，男左女右盘腿而坐，俗称"坐福"。之后伴娘用红线绞掉新娘脸上的汗毛，俗称"开脸"。

4. 离娘肉。当送亲人要走之时，男方家送给女方家一块带四条肋骨的猪肉。早年接亲时送，后演变成由送亲人带回去。满族以猪肉为贵，新郎用猪肉孝敬岳父、岳母，意味着姑娘离开父母，骨肉相离，新郎体谅此情，以肉相赠。这一满族习俗沿用至今。

5. 合卺礼。当晚地上摆一张桌子，新郎、新娘手挽手绕桌三圈，喝交杯酒，吃合喜面，俗称"合卺礼"。夜晚洞房点燃一对蜡烛，通宵不熄。屋外，一人领唱，数人拉手同唱喜歌"拉空齐"。曲调欢快，歌词为满语，大多为即兴创作。喜歌充满吉利话语，意思是祝福小伙子娶个美貌聪明的媳妇，姑娘找个如意郎君，两人和和气气幸福美满一辈子。②

呼兰一带满族正婚礼日，新郎先一日行亲迎礼，男方着新衣，冠履整齐，披红乘马，从骑或六、或八，有彩轿鼓乐跟随前往女方家。到女方家后，要拜女方祖先及父母、尊长，女方家在这一天整理妆奁，谓之"包包袱"。第二天早晨，新郎辞别，坐轿或骑马前行，对子马列队从之，新娘彩轿随后，到男方家，要在门外等待片刻才进去，谓之"别（憋）性"。庭前设席棚一座，上结彩布，做花朵或球形，内设香案，置宝瓶一对，内贮高粱，以红布蒙口，红绳系之，香斗一面，内盛高粱或红糜子，斗口用红纸封贴，插箭三枝、弓一张、秤一杆。新娘下车，新郎的姊妹或诸姑引导新娘入青庐，去蒙头红布。新郎进入行合卺礼，俗称"饮交杯盏"。饮毕新郎出来，梳头客进去（梳头者的命必与新娘的命相生，如新娘是水命，梳头客必是金命），行开面礼、梳头礼。梳完，女方家备席在棚内宴请新郎，谓之"管饭"。宴毕，新郎领新娘到香案前行三叩首礼，谓之"拜天地"。拜毕入洞房，将宝瓶移于牖下，新娘上床撒帐子，将发髻盘成扇面形状，形微向前侧，谓之"京头"。此时，新郎着新衣，男方家备席宴请亲客及贺喜者，谓之"下马席"。席毕，新郎领新娘拜祖先，先面向西墙行三叩首礼，再拜翁姑，最后是戚友、尊长。这时女方家送嫁的人也相继到了，男女宾客齐聚，谓之"管大饭"。（上拜等事，与汉人同。）男方家备盛筵，宴女方家来者及贺喜的亲友，谓之"正席"。宴毕，送嫁的人都乘舆离开，来宾也陆续散去。晚间，

---

① 陈伯霖主编：《黑龙江少数民族风俗》，北京：中央民族学院出版社，1993年版，第251页。
② 同上。

设席于洞房，备长寿面、子孙饽饽等物，新郎、新娘一起吃。①

瑷珲一带满族正婚礼当天早晨，男方备彩车亲迎。新郎骑马披红，由娶亲奶奶、打灯笼的、赶车的若干人（去时单数，返回双数）陪同去女方家。到女方家后，有"要包"仪式。新人下轿，夫妇同拜天地。新郎的姑姐辈将他们引入洞房，行合卺礼，谓之"交杯酒"。新郎出来，新娘开面梳发，坐帐。等到晚上，夫妇一起吃长寿面。②

民国前期，满族多采用新式婚礼，名为"文明结婚"。一般在礼堂设礼案，案中为证婚人席，左右为介绍人及男、女主婚人席，场左为男来宾席，右为女来宾席，后为司乐员席，中为新郎、新娘席。陪新郎的，有男傧相；陪新娘的，有女傧相，司礼有纠仪员，赞礼有司仪员，而证婚人必请年高德劭者，证书由其宣读，签印由其监视。新夫妇相向行三鞠躬礼，交换饰物（指环等物），这就正式成礼了。证婚人、男女主婚人有训词，介绍人、男女来宾有祝词，新夫妇则谢以答词。③

绥化一带满族婚礼当天，新娘上车，新郎拜辞，乘马先归，在庭前等待。彩车到男方门前，要停一会儿才让进去。男方家院中设一个香案，放宝瓶、香斗，斗上置弓矢、戥杆，香案旁，支木为棚，用彩布做幕布，新娘下车时，新郎的姊妹辈将其引入帐房，拿去覆首巾，接着新郎进去行合卺礼。行完礼，女方开面梳发，化新娘妆。女方家备席在帐房宴请新郎，谓之"管饭"。宴毕，新人一起在香案前行三叩首礼，这就是"拜天地"。之后，入洞房，新娘坐床撒帐，重理发，更新衣。男方家宴请送亲的人，谓之"下马饭"。饭罢，新娘梳妆完，下床和丈夫出拜先祖，拜见舅姑及尊长。傍晚，宴请宾客及送亲者，谓之"正席"。之后的洞房宴，名为"长寿宴"。④

民国中后期，瑷珲一带满族结婚时，一般男方家抬轿或开彩车接媳妇，在轿前有两人打灯笼跑，吹鼓手随后奏乐。去时，轿内坐一名娶新婆。媳妇接来后，择吉日良辰拜天地。新娘进屋后梳头开面，穿红衣，用红绸蒙脸，在南炕坐帐一日，称"坐福"，要求坐着不许动，如果动了娘家会受穷。晚间，在地上放一个桌子，桌子上放两个酒盅、两个酒壶。新郎、新娘绕桌子三圈，互相敬酒，然后把酒盅、酒壶放在柜子里，直到生第一个孩子后，才拿出来使用。在新郎、新娘敬酒上炕后，外屋有人唱喜歌，叫作"拉空吉"，也有同辈的年轻人来取笑玩闹，唤作"闹新房"。⑤

---

① ［清］黄维翰纂修：《呼兰府志》，民国四年铅印本，卷十二。
② 爱辉县修志办公室：《爱辉县志》，哈尔滨：北方文物杂志社，1986年版，第728页。
③ 杨步墀纂修：《依兰县志》，民国十四年铅印本，不分卷。
④ 常荫廷修，胡镜海等纂：《绥化县志》，民国十年铅印本，卷十二。
⑤ 《民族问题五种丛书》黑龙江省编辑组：《黑龙江省满族、朝鲜族、回族、蒙古族、柯尔克孜族社会历史调查》，牡丹江：黑龙江朝鲜民族出版社，1987年版，第28页。

梨树一带满族结婚时,近的用花轿迎娶,远的需五更时分,男女双方发车,途中相遇时新娘入轿。送亲者数人骑马先行,至男方家门前下马喝"下马酒"三杯。轿至男方家,新郎张弓虚射三箭"除邪"。新娘下轿,与新郎"拜北斗"成婚。之后,入青布帐中坐帐。女方亲朋宴后告辞,新郎在门前给每人敬酒三杯,俗称"上马酒"。接着新娘离帐入洞房,晚间有闹洞房的习俗。①

孙吴一带满族结婚当天,男方家备彩车或花轿去迎亲。新娘要将头发梳成发髻。一般新郎骑马,新娘坐车或轿。男方家院内设好供案,上面摆着宝瓶,香斗上放着弓箭、秤砣等。到男方家后,新娘下轿与新郎同拜天地,拜完天地后,由新郎的姑姊辈搀扶着新娘入洞房。新娘坐在南炕,需坐一日,称为"坐福"。晚间在地上放一个桌子,桌上放两个酒盅和酒壶,新婚夫妇挽手绕桌三周后饮酒,称为"合卺酒",又叫"交杯酒",此外,还要吃长寿面。炕上点一对蜡烛,通宵不熄。外屋,人们唱喜歌,拉空吉,有的人还会用五谷往新房里面撒。②

(二)朝鲜族正婚礼

朝鲜族传统婚礼,热闹隆重,别具风采。纳婚仪式要严格遵循传统程序,谁家违反了就会传为笑柄,还会影响双方的家庭关系。其婚礼的显著特点是分新郎婚礼和新娘婚礼两次进行,即新郎先"嫁"到新娘家,过一段时间后,新郎再把新娘娶回去。这一结婚方式,朝鲜语称"甲孔哪得嘿"。这种两次婚的风俗,是朝鲜族具有悠久历史的传统婚俗。据《三国志》卷二十一记载:高句丽人"其俗作婚姻,言语已定,女家作小屋于大屋后,名婿屋,婿暮至女家户外,自名跪拜,乞得就女宿,如是者再三,女父母乃听使就小屋中宿,傍顿钱帛,至生子已长大,乃将妇归家"。新郎婚礼,是"男家嫁儿,女家迎婿",在女方家举办,礼仪繁多,主要有奠雁礼、交拜礼、席宴礼。婚礼那天,当新郎要离开家前往新娘家时,母亲把早已做好的木雁(用木头做的大雁)用红布包好,由一位站在最前面的人捧木雁引路,这个人称作"雁夫"。在婚礼中用雁引路的目的在于:自然界的大雁喜群聚,选择配偶相当认真,感情专一,雄雁与雌雁一旦成配偶就终生不渝,生死不离。如一方失去,另一方至死再不找配偶。朝鲜族敬佩大雁对伴侣的忠诚专一,因此婚礼用木雁引路,来象征新婚夫妇像大雁一样彼此永远相爱。③随同新郎去参加婚礼的主要是新郎的伯叔等长辈,被称为"上宾""上客"。新郎一般都不直奔新娘家,而是在附近找一间屋子休息等待人来

---

① 梨树县志编纂委员会编:《梨树县志》,沈阳:辽宁教育出版社,1992年版,第1068页。
② 孙吴县志编纂委员会办公室编:《孙吴县志》,哈尔滨:黑龙江人民出版社,1991年版,第571页。
③ 陈伯霖主编:《黑龙江少数民族风俗》,北京:中央民族学院出版社,1993年版,第10页。

接。时辰一到，新娘家就派专人来接新郎。新郎到新娘家房门口要踩着地上的米袋进屋，刚一到门槛前时，有一人喊"婿进门"，喊声刚落，新娘的父亲立即出面引进。新郎被引进到"奠雁厅"，"奠雁厅"是新娘家早就布置好的，顺东西方向摆着长饭桌，在中间竖起青松与绿竹等，岳母从新郎手里接过木雁并将木雁放置在奠雁桌上。这时新娘身穿华丽淡雅的传统结婚礼服，被引导着，走进奠雁厅。新郎站在西边面向东，新娘站在东边面向西，在主婚人的引导下，新郎先向新娘磕头，随即手托着盛满美酒的小托盘向新娘敬酒。新娘则回拜，并向新郎敬酒。然后，新郎捧起木雁，面向北跪在奠雁桌前，再把木雁放在奠雁桌上，并叩拜两次。这时，岳母拿起木雁放在自己的裙子上，往新娘的屋子里扔去。据说，扔出去的木雁在炕上立住了，新婚夫妇头胎可生男孩儿，若没立住，头胎则是女孩儿。奠雁礼相当热闹，富有情趣，是婚礼的重要组成部分。

奠雁礼过后，新郎被引进另一个屋子。屋里摆设着交拜席。新郎先站在东边，洗手擦干后，面向南站立。随后新娘在父母双全、子女双全的女傧相的引导下来到交拜席前，先是站在西边，洗手擦干后面向北站立。在交拜席前，新郎、新娘面对面站立，新娘先向新郎拜两拜，新郎回一拜；新娘再拜两拜，新郎再回拜一次。之后，双双跪坐在原地。此时，新郎、新娘要各自喝三杯酒，头两杯各自独饮，第三杯交换酒杯，互相敬酒，一饮而尽。[①]

奠雁礼、交拜礼之后，进行席宴礼，朝鲜语为"昆上班嫩达"，"昆上"指摆满各种食品的大饭桌，"班嫩达"是享受的意思，即让新郎享受满桌的佳肴和米酒。桌上摆着各种点心、水果、打糕及鱼肉熟制品，还放着一只炖熟的仍保持活时姿态的大公鸡，公鸡的嘴里含着一颗红红的辣椒，格外引人注目，人们把它视为吉祥物。新郎在享用大席宴之前，新娘家人将大饭桌上的食物适当拿一些包起来，以备新郎带回去让父母品尝。这一习俗，称"打奉送包"，意思一是向新郎父母分享儿子所受到的盛情款待，二是让新郎家了解新娘家的烹饪技术和接待水平。接着，新郎同陪伴他的新娘家的亲属们一起共同进餐。一般情况下，新郎要率先连喝三杯酒，之后，为他作陪的亲属才能举酒动筷。席间，新郎不时向同桌的人表示谢意，大家喜笑颜开，谈论着有趣的话题。这时，新娘在另外的屋里休息，随新郎来的上客，也被安排在其他屋里由亲属陪伴宴饮。

席宴礼之后，陪餐的亲属们便逗引新郎跳舞唱歌，大家热闹一番。夜晚，新婚夫妇入洞房成婚。洞房放着"夜桌"，其上有一壶酒和一个酒杯。新郎斟上一杯酒放在新娘膝盖上，接着新娘把酒杯拿起往桌上放，在酒杯刚落桌之际，新郎敏捷地接过酒杯一饮而尽。这一独特的洞房敬酒，别有风趣。将要入睡时，新郎先脱自己的衣服，然后把新娘头上的

[①] 陈伯霖主编：《黑龙江少数民族风俗》，北京：中央民族学院出版社，1993年版，第11页。

簇头里（盖头）的飘带轻轻解开，并给她宽衣解带。朝鲜俗语说的"解袄带人"，意指白头偕老的男人，就出自新婚之夜的这一风俗。

三天之后，新郎先独自回家，再选定日子后，才来接新娘一起回家操办新娘婚礼。到了那天，新娘坐轿前往新郎家。这次宴席的规模较大，也颇讲究。为新娘送行的，一般是其大伯和叔叔等男性长辈，在他们返回前，要与新娘和亲家话别，主要勉励新娘要同丈夫相亲相爱，要跟婆婆和睦相处。婚礼当晚，近亲和村里的男女青年为新婚夫妇送上祝福，唱歌跳舞到深夜。①

集贤一带的朝鲜族正婚礼这一天，男女双方各自要备丰盛的酒席。男方先备牛车，车上铺新被，新郎偕同二三名傧相，身穿礼服，胸佩红花，去女方家接新娘。到女方家，新郎先被推进一间无人的房间，室内摆放一桌丰盛的酒席，女方给新郎连斟三杯酒。其后，新郎将酒菜各选一点儿，用一张白纸包上，带上一瓶白酒，请人送回自家，表示婚事惬意，女方家招待甚丰。接着女方家又给新郎送上一碗大米饭，里面埋上三个鸡蛋。新郎要剩半碗饭、一个鸡蛋给新娘，象征此后共吃一锅饭，有难同当，有福同享，永成鸾凤之好。傧相于席间也选一点儿菜肴，带回家中，以示同喜。此仪式结束后，新郎、新娘向老人行跪拜礼。然后新娘带妆奁上车与新郎回家。回去途中，赶车人故意把车赶进横垄地里任其颠簸，同车人欢笑一团，乐不可支。车靠近村边时，村里人身穿民族服装，载歌载舞迎接新娘。此时由男方家向赶车人献出一小桌酒菜。宴罢，赶车人赶车在村中转几圈，再乘兴将车赶到新郎家。新郎、新娘下车后，步入屋内举行婚礼，仪式与在女方家相似。仪式后，在场男女老幼同歌共舞。此时，新郎、新娘"三问三答"，其内容是对老人的尊敬、对幼辈的爱抚及双方海誓山盟之类的话语。宴罢，客归，新郎、新娘入洞房。婚事完毕。

通河一带朝鲜族在迎娶的路上，青年们要迎住娶亲车索取"养路钱"。车到男方家门前，新郎父母要来敬酒，婚礼后，新房内要为新娘准备各种食品，食桌可由新娘处理（可以让送亲人带回去，也可以送给亲友），在宴请亲友、来宾时，尽情畅饮，大醉方休。晚上闹洞房，有的把新郎绑吊起来，向新娘讲条件（要酒食之类，或要新娘歌舞等），新婚之夜，无论老少都一起欢歌起舞。②

北安一带朝鲜族的婚嫁，讲究媒妁之言，门当户对，表亲不得通婚。结婚时有新郎婚礼和新娘婚礼。新郎骑马到新娘家迎亲，在新娘家举行奠雁礼、交拜礼、合房礼、席宴礼。新娘到新郎家后，举行新娘婚礼、舅姑礼。新郎、新娘婚礼都要准备丰盛的婚席。新郎婚礼要摆一整只煮熟的母鸡；新娘婚礼要摆一整只煮熟的公鸡。鸡嘴要叼着一颗大红辣椒或

---

① 陈伯霖主编：《黑龙江少数民族风俗》，北京：中央民族学院出版社，1993年版，第12页。
② 通河县地方志编纂委员会编纂：《通河县志》，北京：中国展望出版社，1990年版，第488页。

红枣,以示红火吉祥。

现在北安主星一带朝鲜族的婚礼已有变化。结婚当日,新郎早起,坐车到新娘家举行结婚仪式。仪式完毕,年轻人要向新郎、新娘投撒豆粒。之后举行宴席。宴席结束,新郎、新娘向女方的父母告别,敬酒,行大跪拜礼。然后女方坐车到男方家,当晚举行歌舞晚会到深夜。[1]

梨树一带朝鲜族的婚礼在女方家举行,新郎、新娘皆穿民族服饰,由"陪郎""陪妇"相伴,按民族仪式和饮食方法,相互磕头、饮酒。设简席,放大桌,席间有通过猜谜、行酒令、出题发问等方法考查新郎智慧的习俗。大桌食品禁食,是新郎要带回给父母的。亲友参加宴会,欢歌载舞至中午,然后新郎、新娘入洞房。之后,新郎、新娘拜别女方家返回男方家。男方家以同样的饮宴形式招待新娘和亲友。[2]

龙江一带朝鲜族到了结婚这一天,新郎骑马或坐轿到女方家,在木雕的雁模型前,述说婚后白头到老的誓言,与新娘一起行奠雁礼。新娘乘轿到男方家,新郎的父母奉酒拜祭祖先牌位,之后新郎、新娘同回女方家,当夜新郎在女方家与新娘共寝。[3]

庆安一带朝鲜族娶亲时一般是农历单日,初一初二不许往东走,初三初四不许往南走,初七初八不许往北走,初九初十哪个方向都可以走,以后十一、十二……都与初一初二相同。结婚之日,男方要先去女方家接新娘,随同前去的是新郎的父亲或兄长,父兄不在,由年长的男性亲属陪同。男方到女方家后,在女方家举行结婚仪式。新娘头罩白绫,白绫直拖到地面,头顶戴几朵红花。结婚仪式上,男女互相参拜。仪式举行完毕,丈人家设宴款待新郎,桌上要摆上美味,但这桌席只能吃一半,另一半要拿到男方家。席间,新郎要吃三杯酒。饭后新娘在亲属的陪同下到新郎家,女方的亲属最多三人,同时要带一盆米到新郎家。新郎把新娘接到家,要摆酒宴招待客人,来客要随礼。新娘入洞房后,洞房也要摆酒席。新娘陪客人吃三杯酒,但也只能吃一半,剩下的一半要在回娘家时带回去。酒席后,由男方将女方家来的客人送回,然后男女老少载歌载舞,一直到午夜十二点。[4]

(三)回族正婚礼

民国时期,呼兰一带回族正婚礼日,新郎穿着官服,身披红花,骑着马游街,拜见亲友、长辈,并且还要拜见阿訇,之后,去女方家。到了女方家,新郎将要进门时,有女童二人争抢着把喜果丢给新郎。等到新郎把新娘娶到家后,两家的主婚人、媒人,分成左右

---

[1] 北安地方志办公室编:《北安县志》,内部发行,1993年版,第730页。
[2] 梨树县志编纂委员会编:《梨树县志》,沈阳:辽宁教育出版社,1992年版,第1068页。
[3] 龙江县地方志编纂委员会办公室编:《龙江县志》,北京:中国城市经济社会出版社,1991年版,第668页。
[4] 庆安县地方志编纂委员会办公室编:《庆安县志》,哈尔滨:黑龙江人民出版社,1995年版,第441页。

两边坐，新人在中间并排跪着，阿訇把经文念一遍，宣布新人成婚，之后，再诵一遍经。诵毕，把喜果扔给新郎，新郎谢阿訇，行叩拜礼。阿訇就筵，众人也跟着入席。女方家亲眷将新娘抱进屋，新娘坐炕上，面壁坐福一天，女方母亲陪着她。傍晚，参加婚礼的男女都到齐后，陪新婚夫妇吃长寿面，新娘要下炕为新郎脱靴。①

安达一带回族婚礼吉期，新郎或骑马，或坐轿，由导骑、女傧相引彩车至女方家，女方家用茶点款待新郎。这时女方家为新娘束发髻，新娘打扮好后上车，新郎仍与对子马前行，女方父母、亲友等乘车在后面送。与其他地方的不同之处在于往来均不用鼓乐。等到了男方家，女傧相扶新娘入室，仅留女童二人在室中等待。女童向新娘掷栗、枣等喜果，谓之"打喜枣"。新娘登床面壁坐，女傧相为她理发做盛妆后，教长至，为新郎、新娘见证并立婚约，称"写伊扎布"。新郎向教长跪拜，教长也以栗、枣掷之，以示庆贺。②

桦川一带的回族迎亲不用鼓乐、爆竹，而是由新郎带着四对或者六对对子马迎亲。新郎进门作揖，进房朝南作三揖，对长辈都行跪拜礼，对平辈作揖，称为"认大小"。喜轿到男方家后，不拜天地，男女一起进房，请阿訇诵经祈祷，这时，新郎要跪着。早宴时，新郎向阿訇和女方父亲行三拜九叩礼，称为"让席"。③

双城一带回族婚礼，男方先托媒人提亲，谈妥后先过小礼，一般为少量布匹、首饰；再定过大礼的日期，俗称"送果品"，有斗米、斗面及长短成衣各一套（或绸或布的两件），还有冠笄首饰、金银不等，视男方家贫富而定。过门迎娶，不择吉期，先由掌教阿訇定到七天主麻的日期，不用鼓乐，仍用轿、马、人等迎娶，请老师傅诵经，写伊扎布，即婚书。这一天，邀请教中亲友陪阿訇赴元席，有牛羊肉七大碗、果品，席有肴无酒。至正午时，佛教亲友道喜，开始用餐，结束后众人散去。④

民国中后期，回族结婚的当天要写伊扎布。伊扎布一词是阿拉伯语音译，意即婚约。由阿訇用阿拉伯文写在红纸上。上面的内容一般以"主定良缘"开始，其后是伊斯兰教的结婚条件即双方自愿及父母许可，证婚人的证明以及聘礼，紧接着写来宾们的祝贺，最后以"求真主把和好、吉祥赐福给他俩"。写完，双方的父亲要行"拿手礼"以示赞成和祝贺。行完拿手礼后是"打喜枣"⑤，把红枣抛在新人身上，祝他们早生贵子，幸福吉祥。围观者抢食大枣，以示闹喜。最后，整个仪式在充满喜庆气氛的欢笑声中结束。

瑷珲一带回族迎娶不拘日月、干支。新郎插花披红，乘马，游街，拜庄，并谒见阿訇。

---

① ［清］黄维翰纂修：《呼兰府志》，民国四年铅印本，卷十二。
② 高芝秀修，潘鸿威纂：《安达县志》，民国二十五年铅印本，卷十二。
③ 郑士纯等纂修：《桦川县志》，民国十七年铅印本，卷六。
④ 高文垣等修，张鼎铭等纂：《双城县志》，民国十五年铅印本，卷十五。
⑤ 陈伯霖主编：《黑龙江少数民族风俗》，北京：中央民族学院出版社，1993年版，第188页。

到女方家，有二童女以喜果打新郎。迎亲回来，两家主婚者及媒人，分左右坐下，新郎、新娘跪下，阿訇诵经，诵毕用喜果扔到新郎、新娘身上。新婚夫妇行拜叩礼谢阿訇，然后阿訇就席，其他人相继入席赴宴。这时女方亲眷抱新娘进入屋里，新娘脸对着墙坐到炕上，叫"坐福"，新娘的母亲陪着，直到晚上。之后，新婚夫妇吃长寿面，新娘下炕为新郎脱靴。①

孙吴一带回族新人结婚这一天，新郎插花披红，骑马去拜谒阿訇并请他来主婚。新郎到女方家将要入门时，就有童女二人争着向新郎掷喜果。迎新娘时，女方的父母要跟随，新婚夫妇到家，先向双方父母及媒人跪拜，这时阿訇诵经一遍，并以喜果掷新郎、新娘以示成婚。接着由女方家亲眷把新娘抱上炕坐，谓"坐福"，由新娘母亲陪着到晚上，接着新婚夫妇吃寿面，新娘下炕为丈夫脱靴。②

梨树一带回族结婚需两天，第一天双方父母长辈在男方家请教长诵念喜经，第二天"主麻日"举行婚礼。婚礼由女方家备车，长辈亲友送亲，男方家设礼堂，摆放果品六或八种。车至门前，新郎挽新娘入室，揭面纱，由教长主婚，按宗教仪式问话、念祝词、诵经文，婚礼成。③

（四）蒙古族正婚礼

清末，黑龙江蒙古族的正婚礼，饶有风趣，隆重独特，大体有接亲、祭火、送亲三个程序。

接亲。这是结婚典礼的开始，新郎与男方的主婚人和祝词家，带着若干名骑手和一辆轿车来女方家接新娘。到女方家大门口时，迎接他们的是新娘的嫂嫂，她端着奶油、奶食品迎上来，第一杯酒祭天地，第二杯酒敬先祖，第三杯酒送给新郎，由他一饮而尽。接着提出一些难题，不让进门。④

这时男方的祝词家，根据女方提出的问题，热情颂赞：

> 云中楼阁是天堂的大殿，
> 青砖瓦舍是新娘的家园，
> 珊瑚玳瑁是龙宫的装潢，
> 珍珠玛瑙是新娘的嫁妆。

---

① 爱辉县修志办公室编：《爱辉县志》，哈尔滨：北方文物杂志社，1986年版，第730页。
② 孙吴县志编纂委员会办公室编：《孙吴县志》，哈尔滨：黑龙江人民出版社，1991年版，第572页。
③ 梨树县志编纂委员会编：《梨树县志》，沈阳：辽宁教育出版社，1992年版，第1068页。
④ 陈伯霖主编：《黑龙江少数民族风俗》，北京：中央民族学院出版社，1993年版，第292页。

> 狮虎麒麟是仙人的坐骑,
> 牛马驼羊是贵门的宝藏,
> 天仙九女是王母的心肝,
> 高娃姑娘是家尊的秀郎。

这类祝词没有固定的格式,见景生情,即席编颂,可长可短,直到女方满意为止。

接着就是逗趣的"沙恩吐晏",这是接亲的关键一环。"沙恩吐晏"上,有一桌由新娘的嫂子、妹妹组成的女席。席间新郎要向女主人索取沙恩吐。沙恩吐是绵羊后右腿胫骨附带踝骨的全称。如果新郎得不到沙恩吐就不能接亲,因为这块骨头被视为结亲的标志和信物,所以没有它是不行的,正因为如此重要,调皮的女主人才百般刁难取笑新郎,使新郎出丑,席上的人才会拿新郎开玩笑。要笑题目,常常一个接着一个,使屋内充满欢声笑语。而新郎要顺从,忍耐,千方百计求取沙恩吐。

这时男方善于辞令的祝词家站在旁边祝词:

> 有血有肉的沙恩吐,
> 连着骨头连着筋,
> 只要有了沙恩吐,
> 大腿小腿永不分。

> 有情有恩的沙恩吐,
> 连着肺腑连着心,
> 只要有了沙恩吐,
> 男婚女嫁定终身。

> 言而有信的沙恩吐,
> 连着村落连着人,
> 只要有了沙恩吐,
> 两家亲家永远亲。①

---

① 陈伯霖主编:《黑龙江少数民族风俗》,北京:中央民族学院出版社,1993年版,第293页。

一直要说到女主人满意为止,这时才把用哈达包好的沙恩吐交给新郎。新郎拿到沙恩吐这才放心,标志着接亲成功。接着要到新娘房中去讨名问价,双方祝词家又展开一场舌战,场面十分热烈。直到娘家嫂嫂把真名实姓,年龄属相告诉新郎,这场舌战才告结束。然后娘家嫂要给新郎换装,把新郎装扮一新。新娘在伴娘及亲友的陪送下,随同新郎和迎亲队伍一起,跨上骏马或坐上轿车,奔向新郎家。接亲的最后一关,就是"抢缨帽"。新郎自己戴上红缨帽,与胡达(亲家)、祝词家、骑手返回家。依照风俗,新郎应先到家,而且要戴着"缨帽"返回,率众出迎新娘。女方送亲者便乘机刁难新郎,使他难以抽身,新郎及其伴郎们,要想方设法迅速赶回家,而女方送亲的骑手,要千方百计阻拦新郎回府,并要在到家前将新郎的红缨帽夺到手。所以,一上路,一场缨帽争夺战便开始了。男方骑手尽力保护新郎,以免缨帽被夺。女方骑手尽力接近新郎,抢夺缨帽。有时女方抢去新郎的缨帽,挑在马鞭上,或扔在地上,新郎只好下马捡帽,这就要耽误时间。男方家有时也不示弱,将缨帽保护得严严实实。但时常是被抢去,再抢回,反复多次。实际上是双方马的速度与人的智力的一次角逐。如果新郎的红缨帽被抢走,则不能入家门。所以无论如何要保住。这是一个饶有风趣的仪式。[1]

祭火是结婚典礼的核心,也是黑龙江蒙古族祖传的规矩。传说,蒙古部在古代被邻部击败后,只剩男女二人,他们匿入深山老林,为了生存,伐木炽炭,篝火冶铁,繁衍族众。后来,地狭人稠,不得不开路出山,走向草原。为了纪念祖宗篝火冶铁,每逢春节或婚嫁,都要拢火祭拜,表示传宗接代。

新郎把新娘接来后,在门前下车,从大门到室内用白毡铺地,新郎、新娘走白毡,象征爱情纯洁,吉祥如意。然后举行祭火仪式。院内燃烧着一堆正旺的篝火,新郎、新娘向篝火洒祭奶酒,跪拜叩头,以求新婚夫妇日子兴旺,生活幸福。拜火后,新婚夫妇向父母施蒙古礼认亲,最后新郎、新娘相互问安。[2]

这时祝词人大声颂道:

圣主成吉思汗发现的火石,
诃伦夫人保存下来的火种,
用洁白的奶酒哈达祭祀,
民族之火从古传到今,
请新郎、新娘祈祷吧,

---

[1] 陈伯霖主编:《黑龙江少数民族风俗》,北京:中央民族学院出版社,1993年版,第294页。
[2] 同上注,第295页。

神火是你们婚礼的见证,
请新郎、新娘叩头吧,
佛光为你们传宗接代……

祭火仪式完毕,新郎、新娘入房。然后开始赞荷包活动,也叫"迎门颂"。女方的祝词人,将新娘事先亲手绣制的荷包拿在手中,站在门前说祝词,主要赞美新娘心灵手巧。其中有这样一段赞荷包的祝词:

这荷包,
上面绣的是荷花吐蕊点点蜻蜓,
下面绣的是牡丹竞放引来蝶蜂,
左面绣的是杨柳轻飘莺歌燕舞,
右面绣的是山峦起伏鹰击长空。

这荷包,
像彩虹一样五色缤纷,
像山川一样秀丽醉人,
像金色阳光把天空照亮,
像美丽晚霞把大地映红。

祝词结束后,便把荷包抛向空中,围观的人可以争抢,因为这种荷包被视为吉祥物,所以人人都想得到它。新郎、新娘步入室内,喜宴开始。主宾席是整个喜宴的中心,男女双方的主要亲人入席,新郎、新娘逐桌敬酒。男方的歌手便站在桌前唱宴歌。一直唱到喜宴结束。宴歌多如牛毛,词句真挚,曲调优美。但一般喜宴都少不了《天上的风》一歌。歌词大意是:

天风不能宁静,
人生不能永恒,
谁也没有饮过长生水哟,
幸福的此刻请把美酒痛饮。

云雨变幻无常,

人生坎坷不平，

谁也没有吃过长生药哟，

欢乐的此刻把琼浆痛饮。

送亲。这是婚礼的尾声。男方备一桌"乌叉"席（这是蒙古族牧民在婚宴、庆寿等重要节日宴请贵宾和亲友的一种具有悠久历史的传统宴席），将女方主宾请入席，新郎、新娘双双跪拜，献奶茶。女方主宾人向新郎的父母，嘱咐关照新娘，然后登车或上马。这时，新郎向女方客人一一敬酒告别，以示欢送和谢意。[①]

呼兰地区蒙古族婚礼有"大娶""小娶"之别。大娶的，一般吉时一到，邀请亲族、邻里饮食宴乐。小娶的，因为男方家贫不能具礼，所以入赘女方家。小娶之女，终身垂髫，不为妇装，女婿等到生活稍宽裕时，可补行大娶之礼。

泰来一带蒙古族正婚礼日，新娘上车后，新郎也与陪客骑马而去，其后跟随的是女方家的送亲人，或百余人，或二三百人不等，有四名女伴陪新娘同坐一车。至男方家门前，男方家也和女方家一样通过对词来为难他们。进院后，新郎冠带出迎，接新娘入室，男女同拜火炉，再拜佛座，次拜公婆及尊属，结束后，双方亲友、宾客在院内为主人庆贺，行请安礼，即日酬客。饮筵时，帮忙人领新郎按席跪拜，用大碗让酒，有四五人在旁唱歌，客不饮则新郎长跪不起。一席之中，让酒两次，故蒙古人婚娶之家，多有醉倒扶掖而出的。

（五）赫哲族正婚礼

清末，赫哲族正婚礼称为"德日灰尼"，意为结婚。结婚仪式在男方的家里举行，由新郎前往女方家迎娶新娘。新郎穿长袍、系腰带、戴荷包等，肩上斜着披红挂绿，由男傧相陪同，骑马走在队列前边。冬季用马车或狗带着搭彩篷的雪橇，夏秋季则划船跟在后面。由儿女双全、有丈夫又会管理家务的老年妇女做娶亲婆，并由男女儿童各一人同行压车，还有亲友多人陪同迎亲。迎亲的人数必须是奇数，迎来新娘返回时即成偶数。女方设酒席宴请迎亲的人们，新郎向未来的岳父、岳母叩首。新娘由原来梳单辫改成梳双辫，绾髻于脑后，穿红袄、红裤，头戴鲜花，蒙一块红布，由她的兄嫂或姐夫抱上彩车或雪橇。临行时，新娘须哭着向家中长辈和父亲道别，新娘的母亲、兄弟、姐妹和亲友们，携带陪嫁物品，如衣服、被褥、箱柜、盘、镜等送到新郎家。女方的父亲不能送亲。送亲的人数必须是偶数，送走新娘后成奇数。送亲的人们到新郎家的时候，男方的老人要向女方的老人敬三杯酒，同时也给随行的亲友敬酒。新娘到家门外，由女傧相扶下车或雪橇，和新郎拜天

[①] 陈伯霖主编：《黑龙江少数民族风俗》，北京：中央民族学院出版社，1993年版，第296页。

地。有的地方还有要"开门钱"的习俗,即新娘到门外,不直接入洞房,而安置在其他地方暂住。当日晚上,新郎及其亲友们携带酒肉至新娘住处,女方亲友故意将门关紧,不放入。新郎叫门,新娘索取"开门钱"。新郎一面点燃鞭炮,一面将用红布裹着的钱和用萝卜刻成的元宝从窗口递进去。如果新娘嫌钱少不开门,再次索取"开门钱",新郎须照办。如果还嫌少,可以第三次索取,但这种情况很少。新媳妇开门后,摆开酒席,大家畅饮后,才送新娘到新郎家中。拜天地的时间,选在黎明时分,赫哲人认为天刚破晓是吉祥、兴旺的象征。室外设香案,上摆供果、馒头、酒,焚"僧其勒"香草。新郎在前,新娘由女傧相随后扶至案前,新郎的伯、叔等长辈老人,主持拜天地仪式。①

　　拜完天地之后,新郎在前领路,新娘跟随后面向新房走去。当新郎已进入门里,而新娘还站在门外之时,新郎回过身来用秤杆挑去新娘头上的红布甩到前房檐上。此时,两个结婚的青年人才第一次互相看到对方的面貌。新郎的弟弟、妹妹、嫂嫂等人把早已准备好了的五谷粮——高粱、大豆、小米、玉米、绿豆向新娘头上撒去。同时在门外敲锣打鼓,燃放鞭炮。据说这样做可以驱除一切妖魔鬼怪,保佑家宅平安。入洞房之后,首先拜祖宗三代,一个非新郎直系亲属的老人,手执三四尺长的三根芦苇杆,中间扎着三道红布,向新娘训话,大意是说,新媳妇要孝顺公婆,尊敬丈夫,待人要和气,不要发脾气,要好好劳动,不要偷懒,屋里的话不要向外传,外面的话不要向家里传,要好好过日子,等等。老人训话毕,新郎、新娘在祖先牌位之前下跪,并听老人向祖先祷告:新媳妇已经娶来,从前是外姓的人,现在成了一家人,祖先要好好管教,保佑全家好好生活等。拜完祖先,再拜灶王,老人又向新娘训话:一辈子不离这里,灶火不好烧不要发脾气。每天要给老年人烧炕,要不,灶王就要怪罪你……这一切手续做完之后,新娘才开始坐到炕上,脸朝着墙,背向着外,一直坐一整天。②送亲的人们罢宴还家,新娘才能下炕走动。这时新郎的亲友方能入席畅饮。新郎按桌的顺序敬酒,新娘要拜认新郎的亲友,并给他们装烟、倒水,表示恭敬。结婚宴席上,要给新郎吃猪头,给新娘吃猪尾巴,表示今后由男人领着,女人跟着,夫妻和睦过日子。初婚的晚上,新郎和新娘共吃面条,表示夫妻恩爱绵长、健康长寿。③

　　迎亲吉期,新郎前往迎娶,准备马车一辆,四周用布幔围住,上挂红彩及跳神铜镜一个,车夫一人,喜婆一人,新郎骑马,伴郎三人、五人或七人,连同新郎成四人、六人或八人,也都骑马,称为"对子马"。媒人也同去。对子马先行,新郎随之,马车在后,迎

---

① 严汝娴主编:《中国少数民族婚姻家庭》,北京:中国妇女出版社,1986年版,第26页。
② 《民族问题五种丛书》黑龙江省编辑组编:《赫哲族社会历史调查》,牡丹江:黑龙江朝鲜民族出版社,1987年版,第97页。
③ 严汝娴主编:《中国少数民族婚姻家庭》,北京:中国妇女出版社,1986年版,第27页。

亲人数总要单数，迎得新娘后即成双数。到女方家敬酒行礼，然后新娘向祖先及尊长叩头告别，登车随新郎出发，女方家兄弟辈四五人相随护送。回到男方家，由女方家随来的人抬新娘下车送至大门外。这时门槛上放一马鞍，新郎在门内，新娘在门外，交拜天地，相对叩头三次。拜毕，新郎用箭头挑去新娘头上的红布。之后，入室拜祖先，那时由一老者或媒人手持芦苇杖（这芦苇杖由三条苇子结合而成，上中下都缠着红布），用杖指新夫妇说："我代表你们祖先对你二人说话，你们屋里说的话，不要传给外人，外面的话也不要传到屋里来。希望你们安分守己，和和美美地过日子。"新人拜灶神时，老者又说："送柴入灶时，不得以柴梢先入灶门，须以柴根送入；逆风撩烟的时候，不得骂灶；不能以火叉撞灶；烧火时不可蹲对灶门，须偏在旁边。"礼毕，新人上炕吃饺子。吃完后，两位新人面对面站立，一男孩儿和一女孩儿也面对面站立。四人举手相携向左转三圈，然后新娘坐在炕上不动，名为"坐炕"；等到筵散客去，新娘方得下炕。女方父母才向女儿的公婆各敬酒三杯，请以后教训女儿，并命女儿跪下向他们三叩首。女方父亲又向男方家各尊长敬酒后才离开。①

赫哲族早年的结婚仪式比较简单，中华人民共和国成立后，受满、汉族的影响较大，但仍保留着一些自己的婚俗特色。婚礼那天，新郎穿长袍，系腰带，戴荷包，斜披宽红带。一般夏用彩船、冬用彩橇接亲。随同新郎前往的有娶亲婆和男女儿童各一人，还有亲友多人。迎亲的人是单数，迎来新娘即成双数。迎亲的人到了女方家，女方摆酒席请众人。新郎向岳父、岳母磕头，老人给姑爷披红带。新姑爷给老人送上礼物，有猪、羊、皮袄、布匹等。新娘梳头打扮，由单辫改成双辫，绾髻于脑后，穿红袄、红裤，头戴花朵，蒙上一块红布。女方的兄弟姐妹和亲友携带陪嫁物品如衣服、被褥、箱柜、盆、镜等，送亲到男方。②

抚远一带赫哲族结婚仪式别具一格。新娘结婚坐彩船或彩橇。彩船，是在平时捕鱼的船只上搭上彩棚，用柳条子弄弯托起来，再蒙上红布和花布，扎上一些彩布条。棚前有门帘，上挂一朵大花。一般都是在春、夏、秋三季用。彩橇，是搭有彩棚的雪橇，由狗或牛、马拉，一般都是在冬季使用。

迎接新娘时，新郎必须披红挂绿，还要有傧相陪同。一般第二天将新娘迎接到新郎家。送新娘的人当中有新娘的母亲、兄弟、姐妹和亲戚朋友，他们一齐到男方家去，但新娘的父亲不能送。新娘的姐妹和朋友们将新娘扶上车，或爬犁，或乘船而去。新娘离家要哭泣，否则会被人耻笑。

有的姑娘被迫出嫁，心中怨恨，所以借离家哭泣之际，对着众人唱《怨嫁歌》：

---

① 凌纯声：《松花江下游的赫哲族》，北京：民族出版社，2012年版，第228页。
② 黄任远编著：《赫哲族风俗志》，北京：中央民族学院出版社，1992年版，第75页。

我的爸呀我的妈,
我不嫁,我不嫁!
找个丈夫不投意,
哭天哭地真伤心。
都怪父母贪钱财,
不顾女儿去受苦。
我的爸呀我的妈,
我不嫁,我不嫁!

还有的《怨嫁歌》是这样的:

伤心啊,真伤心!
受屈啊,真受屈!
天老爷啊,你知道不?
地老爷啊,你可知道?
如果活一辈子,
哪怕活半辈子,
能和心投意合的阿哥过活,
就是吃苦也心甜!

在八岔赫哲民族乡流传的一首《怨嫁歌》是这样唱的:

新郎长得像兔子似的,
走起路来一蹦一蹦的;
新郎长得像乌龟似的,
走起道来一爬一拐的。
社丽[①] 银珠我好苦命啊,
这一肚子苦水向谁诉?[②]

[①] "社丽"是赫哲族传统民歌中的常用曲调之一,表示感叹和叹息,现在普遍用作"赫尼那"。
[②] 黄任远编著:《赫哲族风俗志》,北京:中央民族学院出版社,1992年版,第74页。

新娘到新郎家后，由妇女们扶下喜车（爬犁或船），领至室内，先给祖宗三代磕头，然后到外边拜天地。也有的在新娘头上蒙一块红布，当新娘被妇女们领到房门口时，新郎用一根棍将蒙头红布挑起扔到屋顶上，新郎、新娘这时才第一次见面。新郎、新娘拜天地时要在院中放一张桌子，桌上放着香炉焚香，新郎、新娘双双跪在桌前，听从司仪人的吩咐，叩拜天地。拜天地都是选择早晨或上午，一般要让新娘住在别人家，第二天再举行婚礼。如果时逢坏天气，再另选好天气举行，他们认为在坏天气举行婚礼是不吉利的。拜过天地后，再给新娘梳妆打扮，向灶神、老人磕头。老人还代祖宗讲话，指示夫妇要团结和睦，好好过日子等。在老人讲话时，新郎、新娘要跪着听。这些程序完毕方可入席。参加筵席的人都按辈分分桌，老年人与老年人同桌，青年人和青年人同桌。①

酒过三杯，由村里的歌手唱《祝福歌》，祝愿新婚夫妇恩恩爱爱、白头到老。歌词大意：

> 天上的日月，
> 为你们祝福；
> 天上的星辰，
> 为你们证婚。
> 树林里的百鸟，
> 为你们歌唱；
> 大江里的鱼儿，
> 为你们起舞。
> 祝你们的生活，
> 幸福美满；
> 愿你们的后代，
> 兴旺发达！

唱《祝福歌》把婚礼推向高潮，歌手唱完后，新郎、新娘给歌手敬酒点烟，表示感谢。酒停筵罢，新娘要给长辈装烟、倒水，一一拜认。新郎、新娘还要吃猪头肉、猪尾巴。新郎吃猪头，新娘吃尾巴，表示男的带领，女的跟随，团结和睦过日子。新郎、新娘在新婚的夜晚，还要共吃面条，表示夫妻情意绵绵，福禄长寿。②

---

① 《民族问题五种丛书》黑龙江省编辑组编：《赫哲族社会历史调查》，牡丹江：黑龙江朝鲜民族出版社，1987年版，第164页。
② 陈伯霖主编：《黑龙江少数民族风俗》，北京：中央民族学院出版社，1993年版，第154页。

饶河一带的瓦尔喀人①结婚，多遵父母之命，媒妁之言。结婚迎亲时，夏天多划船，一般男方父母偕新郎同去迎亲。船上有桅杆，插柳树枝，刻一朝前的喜鹊头，男方身上及帽上遍插应时的野草、野花，初春插达紫香，夏插百合玉蝉、红绣线菊，秋插石竹、凤毛菊、剪秋罗等。女方家有族长名"莫嘎达"的负责接待、饮酒。一种是白酒，一种为黍糜米酒，是自酿的。临行时吹芦笛，唱婚歌，途中唱山歌、猎歌、渔歌。返回时新郎、新娘各乘一船，新郎有男傧相围护，新娘有姑娘相陪，另有一船放在最后，全载着健壮猎犬，至家也予以招待，其用意是防备途中遇到其他恶兽加害，用作护卫。冬季则乘雪橇，仍带狗护卫。新人下船时，众人穿新衣，挥野草，跳舞，然后行祭礼，从神龛请出木头人，向其跪拜，谓祭撒满神。接着祭春神，次祭祖先，行跪拜礼。入洞房时，媒人引进新人，婆婆领新娘入洞房，先点灯，灯用熊油，而后进。礼毕饮酒，连饮三日方散，而后送女方家客人回去。无河川的骑马，也带狗，来回护送。贫者男方骑马迎亲，女方也骑马。至则亲友迎接。夫妇先向撒满神行跪拜礼，而后向翁姑及尊长行跪拜礼。新郎身上和帽子上插杜鹃花（达紫香）或其他红、黄、粉、蓝等色山花，以示美好与幸福。老人回敬新人以亲吻礼。②

（六）鄂伦春族正婚礼

鄂伦春族结婚要择吉日进行。在吉日的前一两天，新郎的姐妹、兄弟随新郎一起前往新娘家。由新郎的弟弟牵着驮马。女方家要出来很远迎接。如果新郎、新娘家在一个地方居住，接新娘的人也要骑马到很远的地方，在那里生起篝火，烤肉饮酒，等待新娘家来人迎接。迎接新娘的队伍，到达新娘家"乌力楞"之前，要赛马进入。到"乌力楞"后，只把新郎留在岳父家，其他人到别家去住。

接新娘往回走时，新郎要早出发一天。新娘到新郎的"乌力楞"时，新郎也要带领本氏族的弟弟们出来很远迎接，进"乌力楞"时同样要赛马进去，但新娘和女亲友不参加赛马。送亲的人是女方的叔伯父母、兄弟姊妹等。新娘进入"乌力楞"时要将脸用花布蒙上。拜天时点燃一炷香，面向南跪拜，亲友站在两侧观看。拜完天，由一男一女将新郎、新娘扶起来，接着新娘拜公婆，然后进入"仙人柱"，背朝外坐在左侧的铺位上。结婚这天，新郎的帽子上要带貂尾，并有四条绣花的飘带缝在帽子后边。新娘戴的头饰上也有花穗，手上还要戴戒指和手镯，男女均要佩带猎刀。拜完天和拜了公婆后，开始举行酒宴，这时新娘给男方亲属们磕头。在认亲和过彩礼中，男女两次同房，这期间如果有了小孩儿，在新

---

① 据《清史稿》记载，瓦尔喀人属地南至现在的吉林珲春，东至俄罗斯伊曼城，北至饶河，西近富锦市。语言系阿尔泰语系，同满语相似。他们与赫哲人的重要区别是原始居住地不同，对生活在密山、虎林、方正、饶河一带的居民统称为瓦尔喀人，对生活在富锦、同江一带的居民称为赫哲族人。
② 饶河县地方志编纂办公室编：《饶河县志》，哈尔滨：黑龙江人民出版社，1992年版，第153页。

郎、新娘拜天地时,可将小孩儿安置在摇篮里,将摇篮放在新郎、新娘中间。在结婚仪式上,如果新郎因服兵役、患病等不能到场参加婚礼时,可由其弟弟或妹妹代行婚礼。新娘的嫁妆,除衣服和日用品外,有的还带来两三匹马。新娘近亲也有送礼物的,陪送礼物最多的是舅舅家,舅舅家如生活富裕,可陪送一匹马,一般是陪送戒指和日用品。在结婚仪式上,新郎、新娘同属相的人要避讳。

瑷珲一带鄂伦春族结婚时,要有儿女双全的夫妇去接亲。新郎、新娘和陪亲的,均要骑上马围着"乌力楞"走一圈,然后才能进新房。进新房后,新郎、新娘要给天磕头。酒宴开始时,要给长辈磕头,再给一般亲友磕头。接受磕头的,要把带来的礼物,如衣服、毛巾、钱交给新人。晚上要给新郎、新娘吃黏米饭,新郎、新娘每人一碗,两人每吃一口调换一次饭碗。①

(七)鄂温克族正婚礼

黑龙江鄂温克族结婚典礼由男方主办。婚前之夜,女婿要先到岳父家做客,这叫"介绍女婿"。女方把近亲都请来,宴席持续到天明。接亲的早晨,男方委派两名"图如思胡达"(男主婚人)、"图如恩胡都古"(女主婚人),领着五男三女去女方家按时接亲,在女方家举行接送亲仪式后,上午十时左右必须从女方家起程,中午十二时前必须到达男方家。女方送亲也派两名"图如恩胡达""图如恩胡都古",他们代表女方父母的权力,多由叔婶、舅姨担当,女方兄嫂、姐妹必须送亲。新娘到了婆家门前,婆婆迎出门给儿媳喝口奶茶,然后婆婆引导儿媳进屋,坐到新床上,送亲姑娘围坐在周围,叫作"达力仁"(不让别人看见新娘)。新媳妇坐好后,在"图如恩胡达"带领下,双方开始互相敬烟。敬完烟各自坐到自己的位置。这时男方"图如恩胡达"宣布喜宴开始,结婚典礼正式举行。结婚典礼上的喜宴按二十四盅酒的习惯进行,每一轮酒都有它的礼仪内容,其轮酒仪式的程序是:

第一、二盅酒为接亲礼酒;

第三、四盅酒为敬茶、喝礼酒;

第五、六盅酒为祭神酒;

第七、八盅酒为吃羊汤礼酒;

第九、十盅酒为赠送礼物酒;

第十一、十二盅酒为全家族助兴酒;

---

① 爱辉县修志办公室编:《爱辉县志》,哈尔滨:北方文物杂志社,1986年版,第729页。

第十三、十四盅酒为敬祖酒；

第十五、十六盅酒为请求广开宴席礼酒；

第十七、十八盅酒为上羊尾酒；

第十九、二十盅酒为压钱和送客礼酒；

第二十一、二十二盅酒为婚礼结束酒；

第二十三、二十四盅酒为恭送客人起程酒。

送亲客人喝完两盅酒便起程。送客人走后，婆婆领着儿媳绕炉台一周，然后新媳妇动手熬奶茶，表示敬重老人，视自己为家庭一员。①

大兴安岭的鄂温克族结婚前，男方的住"包"须搬到女方"包"旁。结婚这天，男方应带一只羊和酒，到女方家去做客，并举行宴会。女方宰一只羊招待，并给新郎换身新衣。富裕人家还送给新郎一匹专骑和全套鞍具。男方的父母和"乌力楞"所有的人都要陪送新郎到女方家度初夜。在前往女方家的路上，还要排成一定的队形：最前头的是一位拿着神像的长者，其后是新郎，再后是父母和"乌力楞"的人们，最后是牵驯鹿的人。女方也以同样的队形前来迎接。新郎、新娘相遇后，要先和神像接吻，然后新郎、新娘互相拥抱接吻。新娘将一个刻有驯鹿头像、象征吉祥和幸福的"阿勤玛勒"（桦皮盒）送给男方，男方则送给女方一方手帕作为交换的礼物。接着，新郎、新娘从男方送来的驯鹿中选两只最好的各牵一只绕"撮罗子"（类似帐篷的房屋）走三圈，最后大家进"撮罗子"吃喜酒，直至夜晚，酒宴结束。送亲客人喝完两盅酒便起程。他们走后，婆婆领着儿媳绕炉台一周，然后新媳妇动手熬奶茶，表示敬重老人，视自己为家庭一员。新娘坐上篷车（带篷的马车），由同姓已嫁的妇女陪送去新郎家。这时新娘绝对不许人看，她的四周都有陪送的妇女围着，直到客人散去，才出来和家人见面。女方的陪嫁一般有新娘的四季衣服，篷车一辆，还有牲畜、各种用具等。婚礼结束，人们都走了，但陪送新娘的妇女须留下一人，小住一宿，以便帮助、指导新娘处理一些新婚事务。②

龙江一带鄂温克人的婚礼是在室外举行。人们簇拥着一对新人到篝火边，围成一个半圆圈，由主持婚礼的长者宣布婚礼开始，用桦皮杯斟满两杯酒，交新郎、新娘泼在火里，表示对火的献祭。接着他再依次斟酒，新人互相拥抱，手挽手和所有参加婚礼的男女老少拉成一个大圆圈，跳舞唱歌，大家在歌舞中纵情欢乐，兴尽而归。③

---

① 陈伯霖主编：《黑龙江少数民族风俗》，北京：中央民族学院出版社，1993年版，第119页。
② 同上注，第120页。
③ 龙江县地方志编纂委员会办公室编：《龙江县志》，北京：中国城市经济社会出版社，1991年版，第668页。

（八）达斡尔族正婚礼

达斡尔族结婚当天清晨，送亲的大轮篷车队由新郎骑马引路，向新郎家进发，沿途如遇到井，就用红色被子盖上再走，以防新娘的灵魂坠井。不论路途远近，到新郎居住的屯外，都要将车停下，燃起篝火，少量饮酒，吃点心，小憩，新郎借此机会回家报信。新郎家人听到消息，派出一老一少两名骑手，前去迎接。老者向送亲者敬酒，少年骑手驰马回屯，一路高呼"新娘进村了"，使路人、乡亲周知。这时，老者敬酒已毕，纵马前引进村。送亲车队到村口时，新郎家要再派两人去迎接，他们接过赶车的鞭子，将车由西自东迎着太阳驶向新郎家。车到新郎家门口，除新娘和送亲的女"活多沃"（女傧相）外，一律下车步行进院。这时鞭炮齐鸣，在爆竹声中，两个姑娘上前把盖着红布盖头的新娘扶下车来。

新郎、新娘跪在院中间的红布铺盖上，在放香斗的桌前拜天地。然后"花大"（男傧相）和"活多沃"进入新房，在门口，"花大"们接受新郎方辈分最大的陪客的敬酒。"花大"们将酒一饮而尽后，新娘被搀扶着，踏着红毯走向新房，进门前有人将五谷撒在新娘身上，进门时新郎用马鞭挑去新娘的红布盖头，由男女双方搀扶者引新娘上南炕，面向窗户盘足端坐。这时宾主双方入室就位，男方父母再依次敬"接风酒"，接着摆上茶点，开始迎亲宴。宴席间，宾主频频举杯为新郎、新娘送祝福，送亲的小姑娘和小男孩儿们要一边吃喝，一边偷些筷子、酒盅、盘子等藏在身上。迎亲宴罢，送亲者要返还了，新郎依次给"花大"和"活多沃"们叩头，新娘给陪客叩头。新郎父母在屋门口、房门口和大门口各敬送亲者一杯酒，把一块肉、几斤酒放在送亲者的车上。送亲车队起程后，新郎策马陪送到村外，在村外，送亲的姑娘、男孩儿们将所藏的筷子、盘子等物退还新郎。新郎再给送亲者行礼。车队远去，新郎返回家中。

这时，家中摆酒席招待贺礼者，新娘要向公公、婆婆及各长辈亲属逐一敬酒三叩首，向平辈兄弟姐妹们行装烟礼。然后新婚夫妇向所有贺喜来的远亲近邻敬酒。夜半酒席散后，由未婚小姑子和未孕的嫂子将新房被褥铺好，然后新婚夫妇就寝。达斡尔人没有闹洞房的习俗。结婚时，新娘所坐的送亲车，其所套的马一旦出了汗，在进婆家大门前，必须准备火炭，使出了汗的马，脚跨火炭后方可进入大门。女儿出嫁，娘家陪送的嫁妆大体有如下几类：大红柜一个，红皮箱一对，小红木匣一对，帽盆一个，梳妆盒一个，首饰盒一个；绣花枕头一对，绣花布鞋十至十二双，白布袜子十余双，绣花烟花包十余个，幔子一个，绣花小钱褡子若干；如果是富裕的人家，陪送一头奶牛。在蓄有奴隶的时期，陪送一名丫鬟，管她叫"斯荣克"。[①]

---

① 陈伯霖主编：《黑龙江少数民族风俗》，北京：中央民族学院出版社，1993年版，第37页。

瑷珲一带达斡尔族新人结婚前一天，由新郎骑马到女方家接新娘，次日由女方组织送亲人员四、八、十二人不等到男方家。新娘子坐轿车到夫家后，在院中摆好的香案前夫妇跪拜，以表成婚。在香案上设有弓箭，拜后用红毡辅地，新郎将新娘领入室内。在门口，新郎用一把新马鞭，挑起新娘的盖头（蒙脸的红布）。新娘过门时跨过马鞍子，表示新婚"快子""安子"。进屋后，新娘静坐半小时或一小时，叫作"坐财"，然后梳洗打扮，招待欢宴的亲友，在欢宴之前，新郎、新娘要给至亲长辈们跪拜，长者同时赏礼物或现款，然后开始酒宴。①

孙吴一带的达斡尔族婚礼，按传统习惯新郎要迎着初升的太阳去接新娘，预祝新的家庭如旭日东升永远幸福美满。陪送新娘的人要成双数。沿途碰见行人不论是否认识都分给他们一份酒肉和点心。接新娘的彩车或轿到男方家后，男方在院中摆好香案，夫妻跪拜，以示成婚。接着，新郎将新娘引入洞房，在洞房门口新郎用一打新筷子挑起新娘的盖头（蒙面红布）。新娘过门时跨过马鞍，表示"安子"，进屋后静坐半小时或更长一些时间，叫"坐财"，然后梳头打扮招待欢宴的亲朋好友。席宴中，女方送亲的人要偷新郎家的一些碗、酒盅等物件带回。②

（九）锡伯族正婚礼

锡伯族举行婚礼是一件大事，仪式烦琐，男女两家都大摆宴席，女方家两天，男方家三天，大小宴席共五天。迎亲时男女双方都摆宴席，先在女方家两天。第一天，由男方家聘请奥父、奥母（本族中有威望且儿女双全的老人）和媒人代表男方去把彩礼和迎亲的喜篷车送到女方家，喜篷车和拉彩礼的车到了女方家之后，女方家的长者代表其他亲属验收彩礼，篷车停放在前院适当的位置不再移动。这就是女方家开宴第一天，杀猪宰羊，准备第二天宴席用的饭菜等并下请帖。

第二天女方家设大宴，同时男方家设小宴，男方家也要杀猪宰羊，下请帖，准备第二日迎亲的大宴。女方家的大宴日，四方宾客前来庆贺出嫁之喜，一般设三五席，按年龄、辈分入席，新郎在岳父的指导下，身临各席，殷勤待客，跪拜敬酒，到了晚上，男方迎亲的奥父、奥母，率打丁巴（锡伯族婚俗中最具特色的娱乐活动，源于古代的抢亲遗俗）的多名男女青年前来，并送上请新娘上车的"时辰书"，向女方家长宣读。这时，姑娘的父母、姑舅、兄弟、姐妹等，为了活跃婚礼的气氛和提高新娘的身价，常常挑起"事端"，故意作难，要过"时辰书"三看两看，就看没有了。于是再逼奥父、奥母给宣读"时辰书"，

---

① 瑷辉县修志办公室编：《瑷辉县志》，哈尔滨：北方文物杂志社，1986年版，第729页。
② 孙吴县志编纂委员会办公室编：《孙吴县志》，哈尔滨：黑龙江人民出版社，1991年版，第571页。

不然，就不让姑娘上车等。奥父、奥母拿不出"时辰书"，就得亲自跳舞唱歌或请打丁巴的能歌善舞的青年男女上场，以活跃婚礼的气氛，也讨女方家长们的欢喜，进而讨取"时辰书"，以备新娘上车之前还要重新宣读几遍。上车前，姑娘的表姐妹或嫂嫂，给新娘修面（用丝线拔去脸上的乳毛，这是鲜卑"唯婚姻先髠头"等习惯的延续），之后，新娘戴头饰、着礼服、穿鞋袜（按旧习，结婚时穿的绣花鞋，婚后除特大喜事之外，一般不再穿，百岁后再给她穿上）等，到时辰后要用褥子把新娘抬上喜篷车。

新娘上车后，奥母和伴娘也随后上车，和新娘同坐在喜篷车里，新郎牵马先出门，喜篷车也随着出门，都在大门口暂停。这时，新郎到岳父母面前，跪请岳父母光临其家赴宴。之后，打丁巴的青年扶新郎上马，徐徐在前引路，喜篷车紧跟其后。喜篷车由奥父驾驶，打丁巴的青年围护着喜篷车，习惯上喜篷车不给任何车辆等让路，偶尔两个喜篷车相遇时，双方打丁巴的青年共同协商，各让一轨而过，或靠打丁巴者的勇气和威力，强行争道，以示日后的好光景。

喜篷车到男方家大门前，迎亲之人把大红毡毯铺在车旁，新娘由伴娘扶着下车，和新郎并肩脚踏红毡走至正房门前，这时屋里喇嘛在念经，新郎、新娘在此拜天地，面向北面叩首，然后进房，过屋时，新郎一人先进门内，新娘站在门外，以门槛为界，夫妻相对而跪（男跪一腿）。新郎用手中马鞭将新娘蒙头的大红巾挑下，这时，人们才能见到新娘的容貌，之后，新娘也进门，和新郎一同先到堂屋，在灶前对跪，用哈达将切成片的羊尾巴油投入灶火之中，以作"白头之誓"。之后，夫妻到正屋，先向喇嘛叩头，由喇嘛摸顶，而后向父母跪拜，这一切都完毕之后，新娘入洞房上炕坐帐内。按习惯，新娘从早晨上炕进帐之后，直到晚上喝"合欢酒"之前不得下炕走动，所以，新娘在婚礼前几日开始，只吃鸡蛋之类的食物，否则，不能整天不下炕。晚上喝"合欢酒"，女方直系亲属等前来男方家，在奥母的主持下，洞房的炕上摆设饭桌，让新郎、新娘东西面对面而坐，奥母居中央，亲手斟两杯酒（一杯为水），相互交换几次，同时敬酒给新郎、新娘，让他们喝"合欢酒"，这时，男女双方的青年男女，都围在炕沿边喝彩。等新郎、新娘喝完"合欢酒"，双方青年就抢桌上摆的羊骨肉，哪一方抢上骨头，表示日后哪一方就强硬。之后，新娘才下炕，给公婆装烟袋敬烟。

龙江一带锡伯族的婚俗，保持着族内同姓不婚的习俗。一般是由男方迎亲。新婚之夜，做些有趣的游戏，抢羊骨就是其中一种。新郎、新娘进入洞房后，有人将一小块羊骨放到一个碗里，让新郎和新娘同时去抢。抢到者为胜，抢不到者要被罚唱歌跳舞。[①]

[①] 龙江县地方志编纂委员会办公室编：《龙江县志》，北京：中国城市经济社会出版社，1991年版，第668页。

（十）柯尔克孜族正婚礼

民国时期，柯尔克孜族结婚之日，双方家里都要杀牛宰羊，准备宴席。按照家庭经济状况，双方招待客人，少的两天，多的三天。结婚的形式是女方送亲，男方迎亲。结婚当天，新郎到新娘家迎亲，他的兄弟、姐妹都可以伴随，一般有四五个人陪新郎一起去。伴随的人和新郎都得骑马，只有一个年纪小一点儿的给新郎牵马。在去女方家的途中，女方要有人在很远的地方迎接新郎。到女方家后，新娘的哥哥或嫂嫂领着新郎向女方的亲友们介绍并让新郎给女方父母及长辈磕头。磕完头，新娘家用好酒好菜招待新郎一行。第二天，新娘家派人派车送亲，一般是新娘的兄嫂、姐妹、叔婶送亲，人数必须是双数以表示成双成对。到男方家后，一对新人先拜天地，再到西炕上和西屋北炕上拜佛祭祖，然后给祖父母、父母磕头。送亲的人走后，还要给其他亲友磕头。送亲的住在东屋，他们回去时，要带回男方家送给新娘母亲的一头奶牛。如果男方家庭困难，就随车带去酒肉等物以作答谢。①

三、婚后礼

（一）满族婚后礼

满族正婚礼之后第二天清晨，新郎、新娘起得很早，首先，要拜叩宗族长辈和父母、叔伯、兄妹等，俗称"分大小"。从此新娘作为家庭成员开始分清尊卑大小、远近亲疏关系。理清辈分，分清长幼就可避免冒昧行事，能守规矩了。其次，要回门、住对月。婚后三天或七天，新郎、新娘去女方家拜望父母，俗称"回门"。婚后一个月，新娘回家住一个月，俗称"住对月"。②

（二）赫哲族婚后礼

普通的赫哲族人家，只要稍有条件，新婚夫妇便另行成立一个小家庭，与父母分开住。若实在无别的房屋可住时，新婚夫妇即与父母住在一起，以后再设法搬出去。但不管新婚夫妇是不是与父母住在一起，晚间都没人去闹洞房，因为赫哲族人没有闹洞房这种习俗。结婚之后，新娘早早起来拜见公婆和其他长辈。然后到院子里用陪嫁的小斧子劈木柴，劈的木柴要一样长短一样粗细，并捆成两捆，目的是叫亲友和邻居们看看自己的手艺。劈完

---

① 《民族问题五种丛书》黑龙江省编辑组：《黑龙江省满族、朝鲜族、回族、蒙古族、柯尔克孜族社会历史调查》，牡丹江：黑龙江朝鲜民族出版社，1987年版，第183页。
② 陈伯霖主编：《黑龙江少数民族风俗》，北京：中央民族学院出版社，1993年版，第251页。

木柴之后，就去挑水做饭，开始家务劳动。但这种劳动是自觉自愿的，即使新娘不主动劳动，公婆也不支使她。赫哲族也有新郎陪同新娘回门的礼节。但回门的日期没有定死，有的结婚第三天就回门，有的一个月后才回去，还有的人根本不回门。回门后住在娘家的天数也不一定，有的在娘家吃一顿饭即返回，有的住上几天，甚至有的一个月才返回婆家。总之，回门作为一种新婚后的礼节来讲是有的，但是比较随便。

（三）其他少数民族婚后礼

瑷珲一带，达斡尔族新婚后的第二天，新郎、新娘要到祖坟上去拜祖。第三天新娘由家人带领在屯内认门，给长老装烟。七天内要回门。[1] 通河一带新人结婚后，新娘须一个月或两个月后方能回一次娘家。新娘返回时，要把自制的米酒、打糕等带回给婆家。

锡伯族婚后第三天，新郎、新娘在父母的带领下，上坟地祭祖，新郎还要请新娘的父母及姑舅到自己家里好好款待一番，表示亲好。第九天，新婚夫妇同去新娘家省亲，观望新娘自己住过的屋子。满月之后，新娘回娘家"住对月"。[2]

孙吴一带回族新人结婚后第二天，新婚夫妇按亲属关系的远近，拜见长辈，还要备酒席请他们，他们都会赏新婚夫妇。三日后新婚夫妇回娘家，叫"回门"，也叫"行返马礼"。该地的达斡尔族新婚后的第二天，新婚夫妻要到祖坟上拜祖宗。第三天新娘由婆家人领着在本屯认门，给长辈装烟。新娘七天内要回门。[3]

庆安一带的朝鲜族，新娘婚后第三天回娘家，回娘家之前要把从自己家带来的那盆米做成饭，让全家吃，回娘家时，婆家也要回赠礼物。[4]

黑龙江鄂温克人婚后第三日，新娘在新郎的陪伴下回娘家探亲，或住几日，或不住。新婚夫妇探亲归来，结婚礼仪就算正式完成，正常生活便开始了。[5] 瑷珲一带鄂伦春族结婚一段时期后，新郎同新娘要回到女方家，住一个月或几个月，有的要等头胎出生后才回男方家。

---

[1] 爱辉县修志办公室编：《爱辉县志》，哈尔滨：北方文物杂志社，1986年版，第729页。
[2] 《锡伯族简史》编写组、《锡伯族简史》修订编写组：《锡伯族简史》，北京：民族出版社，2008年版，第131页。
[3] 孙吴县志编纂委员会办公室编：《孙吴县志》，黑龙江人民出版社，1991年版，第572页。
[4] 庆安县地方志编纂委员会办公室编：《庆安县志》，黑龙江人民出版社，1995年版，第441页。
[5] 陈伯霖主编：《黑龙江少数民族风俗》，北京：中央民族学院出版社，1993年版，第120页。

第二章

吉林婚礼

吉林省简称"吉",位于中国东北中部。北接黑龙江省,南接辽宁省,西邻内蒙古自治区,东接俄罗斯,东南部以图们江、鸭绿江为界,与朝鲜隔江相望。吉林是一个多民族省份,其中包含满族、蒙古族、回族、锡伯族和朝鲜族等。吉林省朝鲜族主要分布在东部的延边、吉林、通化、白山等市州,蒙古族和锡伯族主要分布在西部的白城市和松原市,满族、回族以长春、吉林、通化、四平、辽源市居多。吉林汉族与少数民族婚俗相融合之后形成的"坐福""开脸""散箱""分大小""住对月"等婚俗延续至今,满族的"打下处""响房",朝鲜族的"奠雁礼""雁礼""交拜礼""房合礼"等都在吉林地区的婚俗文化中熠熠发光。

第一节 概 述

本节对吉林的婚礼习俗进行了概括和描述，着重介绍了自清代开始直至今日吉林婚礼的演变，呈现了不同历史时期吉林的婚礼习俗，以及随着社会发展"由繁至简"的变化。

一、婚礼状况

元明时期，朝廷禁止指腹为婚，法定结婚年龄为男十六岁，女十四岁。吉林地区汉族的婚嫁习俗仍旧按照古代礼仪，包括纳采、问名、纳吉、纳征、请期、亲迎六个部分，其中"父母之命，媒妁之言"仍是婚姻的首要条件，"凡子女年及冠笄，为之议婚，首由媒介双方父母互往相看"[①]。

由男方先请媒人到女方家下通书，女家同意后，择吉日纳采、问名，即正式保媒。这天，男方家请媒人到女方家，如是官员之家还要请一位宾客与媒人一同前往。女方家主人盛装出迎，媒人把所带来的雁（平民百姓没有雁，可以用鸡、鹅代替）和礼物陈放在厅堂，宾主相拜，东西相向而坐。女方家主人将红罗或金纸的庚帖交付媒人，帖中写着女方的年龄、行第等。纳采、问名之后，要对双方的生辰年庚进行占卜，如结果是合婚，男方家要使媒人到女方家告知，称之"纳吉"。纳吉的程序与纳采、问名相同。接着是纳征，就是纳聘礼，也是由媒人送到女方家，因贫富不同，聘礼多少不一。下过聘礼后，男女双方不得无故悔婚。然后便是择吉日订婚期，男方要备礼到女方家，叫作"请期"，征得女方家的同意后，准备亲迎。

亲迎是婚礼中最主要的仪式，反映了人们对新婚夫妇未来美好生活的祝福。亲迎的前一日，女方家要到男方家铺房，即在新房铺毡褥，挂帐幔，并将所带来的衣物、饰品、食具等嫁妆陈设妥当。结婚当日，女方家先至祠堂行祭礼，待迎亲队伍到时，新娘盛装在寝室面向南而坐，女方家主婚人迎进新郎，一人执雁随新郎同入，新郎到新娘寝室的窗前，面北而立，主婚人站在窗户的东面，新郎在窗外行两拜礼，奠雁后退出。新郎出去后，新娘父母对要出嫁的女儿致戒词，父亲说："往之汝家，以顺为正，无忘肃恭。"母亲说："必恭必戒，毋违舅姑（公婆）之命。"然后新娘上车或上轿，有亲属数人送亲，到男方家，鼓乐为前导，以毡席铺地，不让新娘的脚直接踏在地上，新娘头蒙红帕，被新郎引入中庭，行拜堂礼。然后新郎引新娘入新房，在新房门槛上放置马鞍，让新娘跨鞍而入，取"平安"

[①] 王树楠、吴廷燮、金毓黻等纂：《奉天通志·礼俗二·婚嫁》（卷九十八），沈阳：东北文史丛书编辑委员会，1983年版，第2256页。

之意。进入新房，新郎在东，新娘在西就座，进酒食，饮交杯酒，用红绿丝线系住两个酒杯的杯足，以瓢注酒，取"全共牢"之意。之后，二人入室换服。男方家迎亲者吃新娘剩下的食物，女方家送亲者吃新郎剩下的食物。

第二天，新媳妇拜宗庙，上香祭酒，表示接纳新媳妇为家族成员。接着拜公婆，行四拜礼，公爹授给新媳妇一捧枣栗，取"早立子"之意，婆母给新媳妇一束加上捣碎的姜桂的干肉，取古礼待新媳妇，新媳妇再行四拜礼表示感谢。然后行家人礼。这天，女方家要备酒送到男方家，由新媳妇送给公婆吃，表示女方家向男方家托付照顾女儿。婚姻无论男方家还是女方家都是由父母做主，按汉俗父亲是当然的主婚人，祖父、家族宗亲尊长男子次之。奴婢结婚由主人做主。这充分体现了唯父母之命的婚姻习俗。[①]

清代，吉林省婚礼随着社会风俗的变化而有所改变。汉族婚仪在六礼的模式上有所简化，大体有订婚、过礼、迎娶、拜祖、回门等过程。

吉林境内汉族男婚女嫁，基本上是遵循父母之命，媒妁之言，依照传统的程序进行。首先是经过议婚而订婚，也叫"下茶"。双方相看满意后，口头上便同意联姻。之后，媒人便在两家往来穿梭，传递信息。双方通过媒人谈条件、讲价钱，以父母之命，媒妁之言来决定素不相识的男女青年的婚姻大事。订婚前男方要来女方的"八字"（出生年、月、日、时）用红纸写好，连同自己的"八字"压在灶王爷板上三天，这期间要找人算命，看双方的"八字"是否相合，犯不犯克，犯克则不宜订婚，如相合，三天内平安无事，不出意外，就下聘礼。

聘礼有双猪双羊、压婚布、金银首饰之类，一般有"过小礼"和"过大礼"之分。过小礼就是暂时先过一部分女方向男方索要的彩礼。多数是要压婚布，有青、蓝、白、红布，两匹为一对，最少的要五对，此外还有首饰。这一时期，吉林省东丰县等地过小礼的风俗是：男方全家人和直系亲属都坐马车到女方家，并送给女方一个装着红枣和糖果的花匣子，还有一套衣服。未来的儿媳要给公公、婆婆装烟，公婆要给礼钱。

结婚前一个月要"过大礼"。男方把订婚时讲妥的女方要的东西和钱全部送过去。这一天，男方给女方送一头白条猪和一坛子好酒，还有一对描龙刻凤的匣子，里面装有化妆品。男方家外面要摆上天地桌，桌上摆供品，点着蜡烛、香，摆两个酒盅，两亲家要相互换盅喝酒，所以也称过大礼为"换盅"。届时要有媒人为证。

女方家在订婚之后要准备嫁妆，亲戚朋友要送礼。娘家陪送一对箱子，把陪嫁的衣服、被子、布匹、绣花枕头、鞋、窗帘、门帘等都装进箱子里，叫"添箱"。亲友送礼，也叫

[①] 汪玢玲、张志立主编：《中国民俗文化大观》，长春：吉林人民出版社，1999年版，第130页。

"添箱"。因旧社会女儿没有继承权,当父母的都愿意尽可能多陪送一些财物,安慰女儿。长春、吉林等地的风俗是,姑娘出嫁一般不大摆宴席,也不招待亲友,帮姑娘做嫁衣的人,也仅以家常便饭招待。

结婚前一天,富裕人家的新郎要披红挂彩,骑着高头大马,后面跟几个壮实小伙子骑马陪着,再后是载有鼓乐队的大马车,一路吹着喇叭到祖坟拜祖。到了祖坟,先放鞭炮,然后在墓前烧纸。新郎官从坟地回来后,要请下家谱,磕三个头,意为请老祖宗回来参加结婚典礼,然后给家里长辈磕头。贫困家庭婚俗则从简。吉林市新郎拜祖在婚礼期间进行,长春则在婚礼之前,其意为告知祖宗,祈求祖宗护佑。女方家用碗装大米,放在家谱下供奉起来。有的地方新娘要"打下宿",即由四个姑娘陪着,到邻居家住,或到新郎的邻居家住。送亲的管事人和长辈这晚都到男方家喝"消夜酒",借机会认认亲。

迎娶这一天,天刚亮时(看好吉时),新郎亲自到女方家用花轿或喜车去接新娘,称为"亲迎"。新郎穿长袍马褂,十字披红,带上大红花,由大纱灯前导,大锣开道,鼓乐喧天,鞭炮齐鸣。新郎骑在马上或坐在轿里,同时有两副或四副对子马陪伴。娶亲花轿中坐着一个由娶亲婆带着的小男孩儿压轿,后面还有马车,坐着媒人和代表男方家接亲的人。车的数量也要成双配对。这种娶亲阵容是根据"状元及第"的派头延续下来的,不过不用执事,故称为"小登科"。贫困人家虽然简化一些,不用花轿而用喜车。但对子马也要成双成对,至少两匹,因为农村有马,可以借用。花轿到了女方家门前,媒人和接亲人先下车,送上门包后,方被允许进门。花轿被关在门外,以杀姑爷傲气,称为"憋性"。之后,把轿抬进院内,小舅子出来亲自请新郎进屋拜见岳父母,等候新娘打扮。新娘穿上大红袄,梳两个大抓髻(到婆家后另梳媳妇头)。娘家还要准备好一碗面条,打下荷包蛋,叫"大寿面"。新娘不能把荷包蛋全吃光,要给自己弟弟留一半,意为让婆家、娘家两头的日子过得一样红火。姑娘临上轿时要哭一场,给父母留下的眼泪称"金豆",这样可使娘家日子越过越好。新娘拜辞父母后蒙上"红盖头",在唢呐声中由伴娘搀扶上轿。东丰县等地的风俗是,姑娘离家时要穿一双旧鞋,不能自己走着上轿或上车,需娘家哥哥用红绸裹好抱上轿或车,上轿后再换上从未上过脚的新鞋,其意是不踩娘家地皮,不带娘家土,娘家日子越过越富裕。归途中压轿男孩儿由娶亲婆带领坐另外的轿或马车,增加的成双配对的送亲人则坐在马车上,紧跟花轿同行。一路上锣鼓喧天,吹吹打打,大娶大绕,绕道时向里拐弯。农村用喜车娶亲,还要故意走横垄沟,意在考验新娘。喜车或轿路遇井、坟、庙等处,用红毡遮蔽而过。花轿到男方家大门时,老公公拿个筛子扣在车篷上,祈愿日后子女多。新郎和接亲的先进院里,新娘及媒人、送亲人留在门外,是谓"憋性",即憋憋新娘的"个性",使之柔顺些。同时大放鞭炮。片刻,大门重开,花轿抬到二门处,庭院里早已摆好天地桌,点好蜡烛，用红毡铺好地。娶亲婆先给新娘两肩挂上两串铜钱，递上装有五谷杂粮及戒指之类的宝瓶壶，然后新娘由伴娘搀扶下轿。有的地方此时要偷看新娘先迈哪只脚，先迈左脚先生男，先迈右脚先生女，新娘还不许踩着门槛，踩着了婆家不发。进屋时还要端上一盆火或至少在火盆上烤烤手，意谓新娘对人"热乎"，今后日子红火。吉林农村有的地方还有"装枕头"的习俗：男方家等到喜车来时，让新娘先给与新娘同辈的四个送亲男子点烟，然后在蒙红毡的桌上摆四碟菜，四人吃几口后就把菜撤下，换上一个装着高粱和硬币的升。四人各站桌子四面，把升里的高粱和硬币往枕头里慢慢装，鼓乐队在院里吹各种曲调。装完枕头，娶亲婆还要给新娘喝碗糖水，寓意今后新娘嘴甜，对公婆叫得亲切，尊敬老人。

之后开始拜花堂，新郎前导，新娘在后，由伴娘搀扶，在红毡上缓缓前进，直至天地桌前。天地桌放在院中，上面摆有供器、烫着金字的一对红蜡烛、红枣（预兆新娘早生贵子）、大葱（谓所生孩子聪明），还有装满高粱的斗（表示日后越过越有，越过越好），斗里插一杆秤（寓意新娘以后会办事，公平、有准）。在司仪主持下，新人先面向天地桌三叩首，称"拜天地"，然后新郎、新娘面对面三叩首，后改三鞠躬。成礼后，新郎把新娘的盖头揭下来，有的地方，新郎特用秤杆挑下盖头，扔在房顶，取意"称心如意"。这时新婚夫妇才第一次见面。之后由新郎导入中堂拜祖，双双向老人跪拜，最后跨过门槛上的马鞍（取意"平安"）入洞房。这时由小辈人或弟弟妹妹送来合卺酒，进行象征性的交杯。接着双双上炕，面朝里盘腿而坐。新娘所坐的被下或炕席下要放一把斧子（有的抱着斧子），称为"坐福"，取意"一福压百祸"。新郎只需坐片刻，新娘则要坐一个时辰。之后，新娘要重新装饰、绞脸（由全科人即父母健在、儿女双全的妇女用一条线交叉，绞去新娘脸上汗毛及四鬓，改成妇人装，亦称"开脸"）、梳头（梳髻）。之后，新郎、新娘吃由娘家带来的子孙饺子，此时男方招待娘家客人（称"管饭"）及广大宾客。换席敬酒也只有新郎出面，新娘不动。娘家人离开后，新娘由小叔子拉一把，踏着高粱口袋下地，谓"小叔子拉一把，又有骡子又有马"，取意吉利。新娘下地也不准随便走出新房，练完"坐功"（坐福）还要练"站功"，即靠炕沿站规矩。结婚虽然大办酒席，新娘却很少吃喝。为了不去便所，新娘在头一天便不敢吃饭喝水，多以鸡蛋充饥，维护新娘体力和体面。新娘下地要换长袍新装，由婆婆指点，给长辈装烟，与内眷见面。事前双方都有准备：接受献烟的长辈要给装烟钱；新娘也按媒婆早已送去的尺码，把自己做的鞋或买的鞋送给相应的人还礼。送鞋是很尊重人的，有晚辈自愿被踩在脚下的内在含义。内眷们也根据亲疏送给新娘一些金银饰物或钱钞做见面礼。

有的地方新娘下地后还要"亮（晾）嫁妆"，即把娘家陪送的嫁妆全部搬到外面，一件件挂在晾衣绳上，主要是向人们夸耀娘家之富。其中要有新娘自己亲手做的各种衣物，目的是让人们看看新娘的针线活和聪明智慧。也有的地方是闹洞房三天后，由嫂子拿着到屯里亮嫁妆。

农村开席，安排在新娘给长辈装烟之后。一般婚宴酒席，请娘家客人先吃。酒过三巡，菜过五味后，厨师要给娘家客加菜，加菜都有名堂，这时娘家客要给厨师赏钱。娘家客吃饭时，新郎、新娘要给敬酒。娘家客吃完饭后，拿一双筷子插在门楣上，寓意"过日子顺当"。娘家客上车后，婆家要给车老板、娘家方面随车而来的小孩儿赏钱，称"压车钱"。娘家客回去时，婆家要给拿"离娘肉"。

结婚当晚，要闹洞房。点起"龙凤呈祥"的双喜蜡，先请父母健在、儿女双全的全科人为新婚夫妇铺好被褥，放好枕头，还在炕周围撒上红枣、栗子、莲子、花生，寓意早生子、早立子、连生贵子、儿女双全。新婚之夜要吃宽心面或子孙饺子，大都是小姑子、嫂子给做，内包枣、红糖，煮得半生不熟，吃时问新娘"生不生"，要等新娘说"生"（寓"生子"）才罢休。哥哥、姐姐不参加闹洞房，姐夫、小姑子、小叔子闹得最欢。属相犯忌的不准闹洞房，非直系的长辈和兄嫂也可以掺入起哄。长春、吉林等地闹洞房不过是"应典""凑热闹"而已，大家很快就散去了。过去新房熄灯后，虽有在窗外"听房"的旧习，但也极少见。吉林境内的婚礼，女方父母既不送亲，也不赴宴。事后由男方家邀请"会亲家"。

婚礼过后，还有"回门"和"躲灯"的旧俗。婚后三至七天内，除了第五天外，哪天都可以回娘家串门，俗称"回门"。小夫妻回门，要拿礼物，在岳父家留住一宿，这一宿有吃夜饭的习俗。回门酒"吃双不吃单"（可吃两顿、四顿、六顿，不能吃一顿、三顿），头顿饭必须吃饺子。此外，结婚不过月，新娘自己回娘家时不许住下，俗称"没满月，犯一缺"。

婚后过第一个新年，新人要回娘家拜新年，时间在正月初六。初五撤供，出门子姑娘不许看娘家"供尖"。姑娘婚后的第一个元宵节不宜在婆家度过，必须躲一躲，即所谓"躲灯"，是一种民俗。还有一句俗话："新娘子不躲灯，三年死去老公公。"[①] 至此清代吉林境内汉族婚礼的全过程才算结束。

吉林地区传统婚礼体现出如下特点：

首先，婚前有媒人或者介绍人往来双方，商议婚事。双方主婚人各将儿女审视一回，如条件相合，即择日订婚。两家门户相当，媒人即前往提亲，如果两家意见一致，再由媒人通知两家定日子换盅，由此，两家婚约正式缔结。

其次，婚书为婚事证明的文件。民间为龙凤柬，近代以来改用官府正式婚书，注明双方主婚人、介绍人及男女两方姓氏名字、年龄、籍贯、出生年月日时，或按名盖章，或捺

---

① 吉林省地方志编纂委员会编纂：《吉林省志·民俗志》卷四十六，长春：吉林人民出版社，1992年版，第156页。

印指纹。旧式婚姻多于订婚时购备婚书，新式婚姻则于迎娶日订购。

再次，婚礼中较看重聘礼。聘礼多为女方家要求男方家给予双猪、双酒，彩礼大洋数十元或一二百元，还有四季衣服、簪环首饰，到了过大小礼的日子，男方家需如数备齐送交女方家。

二、婚礼演变

清代光绪年间，吉林汉族的婚礼大多遵循传统婚礼，主要有"庚帖""过礼""晾轿""过嫁妆""亲迎礼""管大小饭""散箱""添箱""住对月"等婚仪。

> 先合婚。既吉，纳采日书男女年庚于红柬，称"庚帖"，盛以匣，信以布帛、钗钏、羊酒、茶果之仪，送至女家，称"过定礼"。亲迎前，送彩衣数件，称"过大礼"。先日，盛列仪仗，置彩舆于道旁，称"晾轿"。女家备送奁仪，称"过嫁妆"，婚日，婿行亲迎礼。婿跪拜如仪，前导，妇抱宝瓶，瓶置金银、五谷之属。入房，婿执辞竿揭帕，行合卺礼，并食水角（饺），称"管小饭"。日中，妇家戚党至，妇出堂同婿祀灶，拜舅姑、族党、姻戚毕，妇家备酒席，称"管大饭"。嫁期，亲知各赠钗环、陈设诸物，称"添箱"。嫁次日，戚属仍往，称"装枕头"。数日，延婿及女，款以盛馔，称"回门"。月后迎女，称"住对月"。①

到了民国初期，吉林婚礼中的聘礼、纳采、婚期行亲迎礼，与旧俗大致相同。只是在正婚礼这一天举行合卺礼后，女方家亲戚都要"送亲"。

"五四"运动后，出现了新旧并举的结婚仪式。新人结婚当天，最讲究用交通工具大玻璃马车去接新娘，男女都穿西洋礼服，男的穿燕尾服，女的穿白纱礼服，服色上黑白分明，胸前戴大红花，照相馆出租新婚礼服，举行的仪式完全按新法进行，时间多在上午。但有钱人家觉得穿别人旧衣服有伤尊严，都是自己到西服店去定做。

黎明拜天地，中午举行一次文明仪式，把供桌改为讲台，罩上线毯，放上两盆鲜花，请主婚人、介绍人、双方家长站在讲台后面，新郎换上西服皮鞋，新娘换上绣花旗袍，双方由男女傧相陪同，面向讲台站好。规定好仪式进程，由司仪宣读顺序，一项一项进行，首先是主婚人讲话并宣读结婚证书，接着新婚夫妇向主婚人行三鞠躬礼，向介绍人行三鞠

---

① ［清］长顺等修，［清］李桂林等纂：《吉林通志》，清光绪十七年刻本，卷一百二十二。

躬礼,向双方家长行三鞠躬礼,新郎、新娘再面对面三鞠躬,最后向来宾行鞠躬礼。礼成合影留念,接着便大开宴席。上屋、厢房放的席是招待贵宾和内眷的,席棚里是招待男客人的,客人多、席面少,只得分成几场进行,这个组织工作都是能说会道的义务总招待替主人代劳。办喜事都是十个人一桌的"四四海参席"①,酒都是白酒。客人就席后主人要到各席前敬酒,称为"安席",表示谢意并望多喝。上头道菜时,新郎、新娘应挨桌敬酒,客人也得站起来,总招待会来帮助新人走过场。

闹洞房是在黄昏之后华灯高照时,当时虽已有电灯,但也要把龙凤呈祥的喜蜡双双点起来,请全科人的中年妇女为新婚夫妇铺好被褥,放好枕头,还在炕周围撒上红枣、栗子、莲子、花生一类的干果,寓意早生儿子、利于子女、连生贵子、子孙繁衍这些吉庆事。长辈妇女要到洞房看看,抽点儿烟,喝点儿茶就走,同辈人如哥哥、姐姐、弟妹不参加闹洞房,剩下来的亲戚闹得最欢的是姐夫、小姑子、小叔子,都是找新娘说说笑话。吉林民俗闹洞房不过是应应典而已,大家很快便散去了。吉林仍有新房熄灯前后,在窗户外布置"听声"的习俗,多是两个小姑子在窗户外窃听新房秘语,向家长汇报,这种习俗常常造成姑嫂不合、小姑不贤的后果。②

三、婚礼现状

中华人民共和国成立后,先后颁布了两次《婚姻法》,废除封建买卖婚姻。在婚姻自主、男女平等的原则下,广大妇女得到了解放,摆脱了旧婚俗的羁绊。

20世纪50年代,吉林婚礼以革命结婚为主,一般不送礼,不请客,到人民政府婚姻登记部门登记后,男女双方各戴朵红花,请客人吃糖、抽烟。主婚人及来宾祝贺一番,两人预备一两套新被褥,一起同居就算结婚。贺仪也仅是赠书或送一两件富有意义的小纪念品。从20世纪60年代起,结婚追求现代化。彩礼除了要时髦的衣服外,还要"三转一响":缝纫机、手表、自行车和收音机。随着改革开放,社会经济繁荣、人民物质生活水平提高,以前的婚嫁俗礼又有所恢复。关于彩礼,70年代打家具是单个的玻璃柜、写字台之类的;80年代变成"三机一箱":电视机、收录机、洗衣机和电冰箱,还有附带条件,即电视机要带色的,收录机要双卡的,洗衣机带甩干的,电冰箱要双开门的。农村有所谓

---

① "四四海参席"是比较高级的以海参为主的海味席。"四四"是主要的四个盘子、四个碗。"八顶八"是八个碟子、八个碗。八碟是四凉四热,八碗之中有两个肉菜,一碗丸子,其余为一般炒菜。"六顶六"是六个碟子、六个碗,次于"八顶八",焖肉之类至少一两碗。不论哪种席面,结婚时都不用大豆腐做菜(干豆腐可以),似有禁忌。
② 吉林省地方志编纂委员会编纂:《吉林省志·民俗志》卷四十六,长春:吉林人民出版社,1992年版,第157页。

"六六大顺"，即初次见面给女方两百元，继之给六套衣服、六样食品，还有"四角齐"（一包四角放一二百，中间放一块表）。初次见面就要给女方钱，及至结婚，是逐步升级，越来越多。城市讲究组合家具，连床带沙发论多少"腿"，有所谓"两响、四转、三十二条腿（机械化之外的）"和"三黄（金戒指、金项链、金耳环）一窝机"。长春一首民谣讽刺这种现象说："缝纫机带码边的，电视机带彩色的，手表带礼拜天的，自行车带冒烟的。"这样多的彩礼，一般人家难以置办。人们总结出痛苦的经验："娶一个媳妇扒层皮，娶两个媳妇抄家底""家有金钱万贯，经不起大操大办"。彩礼之外，还有其他开销，故有"儿子结婚，老子发昏"之谚。①

20世纪80年代末至90年代初，吉林的新式结婚仪式已比旧时更加简化，但喜庆气氛仍很热烈，其程序大致如下：

一、请新郎、新娘、主婚人、证婚人、新亲、来宾入席；

二、宣布结婚典礼，同时鸣放鞭炮，由两名男女儿童给新郎、新娘戴红花；

三、由新郎所在单位负责人宣读结婚证书；

四、新郎、新娘向毛主席像敬礼（后改向证婚人敬礼）；

五、新郎、新娘向双方老人敬礼；

六、新郎、新娘向各位来宾敬礼；

七、新郎、新娘所在单位领导讲话；

八、婚姻介绍人（媒人）讲话；

九、双方主婚人讲话；

十、来宾代表致贺词；

十一、来宾自由发言；

十二、新郎、新娘介绍恋爱经过；

十三、新郎、新娘互相敬礼或互赠结婚纪念品（如戒指、手表之类）；

十四、结婚典礼结束，游艺（或自由）活动开始。此时新郎、新娘给参加仪式的来宾点烟、敬茶致谢。

这样的婚仪前后三十分钟至一小时，程序虽简单，但形式比较庄重。讲话内容多富有教育意义。不外这两个方面：一是祝贺他们生活美满，在革命征途上互相帮助，携手并进，白头偕老；二是希望他们搞好家庭关系，孝敬父母，友爱兄弟，团结同志，和睦邻里。

这类仪式固然庄重严肃，但也往往偏于拘谨，流于程式化，容易使新人感到尴尬。

---

① 吉林省地方志编纂委员会编纂：《吉林省志·民俗志》卷四十六，长春：吉林人民出版社，1992年版，第165页。

所以婚礼往往伴以游艺活动或舞会，在一种欢乐喜庆的气氛中结束。有的更大大简化婚礼程序，宣布结婚之后即以游艺、舞会代替婚礼、婚宴。青年男女更喜欢举行集体婚礼，程序和上列各项相似，场面严肃，一般由地方领导证婚，来宾祝贺，集体游艺。这类婚礼形式多样，生动活泼，更能节省开支。此外还有"登报结婚"和"旅行结婚"的，这样的形式特别受人欢迎。"登报结婚"是在报纸上登结婚启事，有的以新郎、新娘本人的名义，有的以父母的名义，简便而富有纪念意义。旅行结婚，免去一切仪式直接进入新人的蜜月生活，不扰亲友，别有情趣。也有在结婚时植树栽花做纪念的，对传统婚俗都是一种改革。①

20世纪90年代至今，吉林地区的现代婚礼体现出了中西合璧的特点，婚礼的主要程序如下。首先，出发前准备。准备四彩礼，即离娘肉2根，鱼2条，大葱4棵，粉条4把。新房楼前楼后的大井用红纸盖上。接亲人员佩戴嘉宾花，新郎胸花、新娘胸花，主婚人胸花暂时不戴。接亲、送亲人员不算新郎、新娘应为双数。接亲车队总数应为双数。其次，到新娘家。敲门：新郎敲门喊"妈开门""爸开门"（娘家人在屋内可为难一下，不给开门，但时间不宜过长）。认亲：新娘父母站在门口迎接男方接亲人员，由新郎向岳父、岳母介绍接亲亲属，双方握手寒暄进屋落座，由新娘父母及娘家亲属招待男方接亲人员吃点儿东西。求婚：新郎向新娘单腿跪地献花求婚并说几句能打动新娘的浪漫话语，新娘可为难新郎一下，但时间不宜过长。互戴胸花：新郎、新娘互戴胸花，并合影留念。新郎改口：新娘父母落座，新郎、新娘面向父母站好，新郎正式改口叫爸叫妈并三鞠躬，新郎给爸爸点根喜烟，给妈妈剥块喜糖，父母赏新郎改口钱，一般父母各一份，每份一千零一元，代表千里挑一的好女婿。父母对新郎、新娘今后的生活说几句叮咛、嘱托、祝福的话，新郎向岳父、岳母保证好好待新娘，孝敬双方父母，新郎、新娘与父母合影留念。吃面条：一碗面条两个鸡蛋，新郎、新娘相互夹给对方吃。换踩堂鞋：一般由新娘妹妹完成（没有妹妹也可由其他同辈或晚辈亲属代替），新郎将新娘抱上车，新鞋下面铺一块红布，妹妹给新娘穿完鞋后把旧鞋收起来，新郎赏妹妹换鞋钱，之后，双方亲属上喜车，女方亲属先上车，男方亲属后上，不能空车。

再次，到新郎家。新郎父母站在门口迎接女方家贵宾，新娘一一向公公、婆婆介绍娘家送亲亲属，双方握手寒暄进屋落座，新郎父母及男方亲属负责招待娘家贵宾吃点儿东西。新娘改口：新郎父母落座，新郎、新娘面向父母站好，新娘正式改口叫爸叫妈并三鞠躬，新娘给爸爸点根喜烟，给妈妈剥块喜糖，父母赏新娘改口钱，一般父母各一份，

---

① 吉林省地方志编纂委员会编纂：《吉林省志·民俗志》卷四十六，长春：吉林人民出版社，1992年版，第168页。

每份一千零一元，代表千里挑一的好儿媳。父母对新郎、新娘今后的生活说几句叮咛、嘱托、祝福的话，新娘向公公、婆婆保证夫妻和睦相处，孝敬双方父母，新郎、新娘与父母合影留念。挂钟：一般由新娘弟弟完成，没有弟弟，则由其他同辈或晚辈代替完成，挂钟后新郎赏弟弟挂钟钱，放一个红包或喜烟、喜糖的钟盒由弟弟负责带回女方家。装箱：一般由新娘哥哥完成，没有哥哥则由其他同辈或晚辈亲属代替，准备一元、五角硬币若干，由主持人安排怎样装箱。叠被：一般由双方嫂子完成，没有嫂子则由其他同辈或长辈亲属代替，男方被口朝外，女方被口朝里，交替叠好，叠完被，双方嫂子握手合影留念。坐福：准备坐福垫或红布一块，放在床中间由主持人安排怎样坐福。最后新郎、新娘同双方亲属在新房合影留念。

最后，举行结婚典礼。主持人说开场白，奏婚礼进行曲，新郎、新娘入场；证婚人宣读结婚证书；新郎、新娘拜父母，拜来宾，夫妻对拜；男方主婚人讲话；新郎、新娘喝交杯酒；女方家贵宾代表讲话；新郎、新娘交换信物；来宾代表讲话；新郎、新娘代表讲话；主持人说结束语；新人拜席。新郎、新娘首先给女方家贵宾敬酒、敬烟，女方家亲属由新娘递烟，新郎点烟，男方亲属由新郎递烟，新娘点烟，拜席结束，女方家亲属赏一对新人拜席钱，随后新郎父母给女方家贵宾敬酒，酒店给女方家亲属加菜。给其他亲属点烟敬酒的顺序根据自家情况而定。送女方家亲属：新郎、新娘同所有女方家贵宾在酒店门前合影留念，双方亲友握手告别。团圆饭：父母及亲属每人送新郎、新娘几句祝福，新娘为父母及亲属倒酒夹菜，全家举杯合影。

第二节　首府篇

吉林省首府长春市以汉族为主的婚礼延续了古代的婚礼制度，在不同的历史时期，遵从"六礼"的同时，也发展出了"亮嫁妆""坐帐""管饭""拜祖"等带有地域特色的婚礼习俗。

一、婚前礼

清代，长春汉族婚仪在六礼的模式上有所简化，婚前礼如下。

婚礼多依古制。大抵男女初议婚，由媒妁执两姓庚帖互易之，各延星士推占命造，俗称合婚。若双方首肯，男方乃备布帛簪珥纳之女家，即纳采。婚前，具猪酒服饰之属，书男女年庚。及婚期，于龙凤束复纳之于女家，即纳征兼请期，俗谓之过礼，亦谓之通信。①

民国时期，长春地区婚前礼如下。

本邑衣冠、文物，得风气之先，婚礼多沿古制。婚前，男女初议婚，由媒妁执两姓庚帖互易之，各延星士推占命造，俗称"合婚"。若双方首肯，男方乃备布帛、簪琪纳之女家，即纳采。婚前具猪酒、服饰之属，书男女年庚及婚期于龙凤束（即婚书权舆），复纳之女家，即纳征兼请期也，俗谓之"过礼"，亦谓之"通信"。②

这一时期，长春地区男婚女嫁，基本上是遵循父母之命，媒妁之言，依照程序的买卖婚姻，按照传统礼仪完成。首先是议婚和订婚，也叫"下茶"。相看满意后，口头上便同意联姻。随之而来的是"媒人跑断腿，两头抹油嘴"，双方通过媒人来谈条件、讲价钱、送聘礼，决定成亲日期，由父母之命，媒妁之言来决定素不相识的男女青年的婚姻大事。

订婚时，男方要女方八字，用红纸写好，压在灶王爷板上。如八字相合，三天平安无事，就下聘礼。下聘礼有双猪双羊、压婚布、金银首饰之类。过小礼、过大礼、通信之后，订好吉日，等待结婚。

订婚之后，女方家要忙嫁妆，亲戚朋友会送礼，称为"添箱"。长春风俗中，姑娘出嫁并不招待亲友。帮助姑娘做嫁衣的人，也仅是以常礼（便饭）招待。因夫家贫富不等，对待女儿出嫁也是两种态度。贫家要靠女儿出嫁索彩礼给儿子结婚，富家则考虑到女儿没有继承权，愿意尽可能多地陪送一些财物，免得女儿出嫁后困难。民间也教育子女不要争家产，所谓"好男不吃分家饭，好女不穿嫁时衣"，有志气的青年男女都主张自力更生，不依靠父母。③

---

① 张书翰、马仲援修，赵述云、金毓黻纂：《长春县志》，民国三十年铅印本，卷六。
② 同上。
③ 汪玢玲、李少卿主编：《长春市志·民俗方言志》，长春：吉林文史出版社，1995年版，第52～56页。

二、正婚礼

民国时期，长春地区结婚那日天刚亮时（看好吉时），新郎就备花轿或喜车到女方家亲迎。新郎要穿长袍马褂，十字披红，双插花，骑在马上或坐在轿里前去迎娶，同时有伴郎骑两对子马或四对子马陪伴，出大纱灯前导、鸣锣开道、鼓乐喧天、鞭炮齐鸣。娶亲花轿中坐一由娶亲婆带着的小男孩儿压轿，谓可避免妖魔鬼怪乘虚而入，后面马车中坐着媒人和男方家亲友。马车的数量也要成双配对。有的人家在花轿之前用四个顶马，由新郎骑马前导，以壮声势。这种娶亲排场也叫"小登科"。待花轿到了女方家门前，媒人和接亲的人先下车，送上门包，对方才叫媒人和接亲人进去，再把大门关起来，叫新姑爷先尝尝闭门羹的滋味，谓之"憋性"，是借以杀杀姑爷傲气的一种遗俗。"憋性"时间不长，便开门，再把轿子迎进院内，小舅子出来请姑爷进屋拜见岳父母，并用茶点招待姑爷。新娘打扮完毕，穿好嫁衣，拜辞父母后蒙上盖头，在唢呐声中踩红毡，由伴娘搀扶上轿，新郎上马护行。在归途中，压轿的男孩儿由娶亲婆带领坐另外一顶轿或同坐马车，成双配对的送亲人坐在马车上紧跟花轿随行。一路上锣鼓喧天，大娶大绕，绕道时向里拐弯或由右向左。农村用喜车娶亲，还要故意走横垄沟，意在考验新娘。到男方家时，新郎和接来的轿马先进院里，把媒人和新娘的轿以及送亲的人暂留在外边，这就是对新娘的"憋性"。同时大放鞭炮，片刻，重开大门把花轿抬到二门处，席棚里早已摆好天地桌，点好香烛，用红毡铺地，等新娘下轿拜天地。下轿时由娶亲婆给新娘两肩搭上两串铜钱，递上装了五谷杂粮及戒指之类的宝瓶壶，然后由伴娘搀扶下轿。新郎前导，新娘在后，由伴娘搀着，脚踏红毡缓缓前行。红毡作为新人的地毯和拜垫，一直铺到天地桌前。新郎、新娘先面向天地桌，随着司仪高唱着跪、拜或鞠躬而行礼，称为"拜天地"。然后再拜高堂，新人对拜。入洞房时，由新郎揭下新娘的红盖头。新娘要跨过门槛上的马鞍，取意"平安"，要蹬高粱口袋上炕坐福，意在步步登高。由小辈人或弟弟、妹妹送来合卺酒进行象征性的"交杯"。新娘在炕上坐过一个时辰之后，进行装饰、梳头、开脸、改妇人髻，再用红色鸡蛋在脸上、心口滚运。此时，新郎、新娘吃由娘家送来的子孙饺子。然后"管饭"，招待娘家客人及广大宾客。《袁氏世范》中有记载："士族当婚之夕，以两椅槽背，置一马鞍，令婿坐其上，饮以三爵，女家三请而后下，谓之'上高座'。入室，婿揭盖头置怀内，上床绕行一匝，妇向吉方，谓之'坐帐'。妆毕，行合卺礼。日中，妇家戚党咸至，享以盛馔，谓之'管饭'，有管甥遗意。"[①] 换席敬酒时，只有新郎出

---
① 张书翰、马仲援修，赵述云、金毓黻纂：《长春县志》，民国三十年铅印本，卷六。

面，新娘不动。待娘家人辞去之后，新娘下地。由小叔子拉一下，踏着高粱口袋下地，同时念道"小叔拉一把，又有骡子又有马"，以取吉利。新娘下地要换长袍新装，由婆婆指点，给长辈装烟，与内眷七姑八姨姊妹们见面。事前双方都有准备，接受献烟的长辈要给装烟钱，新娘也准备好自己亲手做的鞋子还礼。送鞋是很尊重人的，有晚辈"请您踩在脚下"的含义。内眷们也根据亲疏和财力大小送给新娘一些金银饰物或钱钞作为见面礼。以前办喜事，都是十个人一桌的四四海参席，或是八顶八（即八个碟子八个碗），最次也是六顶六（即六个碟子六个碗）。酒是白酒，客人就座后，主人要到各席前敬酒，称为"安席"，表示谢意。

闹洞房是在新婚之夜，此夜就是有电灯，也得把大红喜蜡双双点起来，所谓"洞房花烛夜"。先请"全福"妇女为新婚夫妇铺好被褥，在炕周围撒上红枣、栗子、莲子、花生一类的干果，寓意早生子、早立子、连生贵子、儿女双全、子孙繁衍等。新婚之夜要吃宽心面、长寿面或子孙饺子。面和饺子都是小姑子、嫂子给做，内包枣、果子、红糖，煮得都半生不熟的，吃时问"生不生"，要等新娘说了"生"（寓生子）才罢休。长辈妇女也到洞房看看，抽点儿烟、喝盏茶就走。同辈人如哥哥、姐姐、弟妹，不参加闹新房。剩下的亲戚中闹得最欢的是姐夫、小姑子、小叔子，都是找新娘说说笑笑、开心取乐，适可而止。①

长春市德惠一带，男女结婚，女方路远的，将新娘送到男方村落，寄居邻舍，正日子那天新娘轿内坐娶亲婆，随车数辆，新郎披红骑马，前后陪客5～7人骑马相随，前往迎接新娘。新娘下轿后，面遮红布，手持宝瓶壶，胸挂铜镜，足踏红毡，在香案前与新郎拜天地。入洞房后，新郎、新娘上炕"坐福"，饭后新郎依次向前来送亲者点烟问候，称"认亲"。晚间闹洞房，新郎吃"子孙饺子"，新娘吃"宽心面"。② 至此，正婚礼就算结束了。

三、婚后礼

长春一带民间婚后礼由"分大小""回门""躲灯"等仪礼组成。正婚礼后第二天，有的地方亲友上门送礼物给新人，以表祝贺，称为"上礼"。新郎家设筵款待，新郎当筵叩谢，称为"拜席"。这时，家中至亲尊长接受新娘拜见，并各自将钗环、首饰等物赠予新娘，称为"上拜"。婚后三天或五天，新人同返岳父、岳母家，称为"回酒"。

有的地方，新人婚后第二天早晨要拜见翁姑，谒祖，称为"庙见"。再拜宗族、亲戚，称为"分大小"。长春一带汉族婚后三至七天内，除了第五天外，哪天都可以双双回娘家串

---

① 汪玢玲、李少卿主编：《长春市志·民俗方言志》，长春：吉林文史出版社，1995年版，第55、56页。
② 德惠县（市）地方志编纂委员会编：《德惠县志》，长春：长春出版社，2001年版，第762页。

门,俗称"回门"。新婚夫妻回门,新郎同新娘携带礼品到女方家,在岳父家留住一宿,这一宿有吃夜饭的习俗。新人回门酒吃双不吃单(可吃两顿、四顿、六顿,不能吃一顿、三顿),头顿饭必须吃饺子。此外,结婚不过月,新娘自己回娘家时不许住下。有的地方,新人婚礼后七天,新郎偕新娘回门拜见新娘父母。

婚后过第一个新年,小两口要回娘家拜新年,时间在正月初六。初五撤供,出门子姑娘不许看娘家"供尖"。新娘婚后的第一个元宵节不宜在婆家度过,必须躲一躲,即所谓"躲灯",还有一句俗话:"新娘子不躲灯,三年死去老公公。"顺口造出的戏谑性的俗话,后来就成为一种民俗了。

第三节 市级篇

吉林省除省会长春市外,还有吉林、四平、辽源、通化、白山、松原、白城7个地级市以及延边朝鲜族自治州。本节重点介绍该地各市的汉族婚礼习俗。这些地区在沿用古代婚礼的同时,发展出了"坐炕""换盅""递宝瓶 壶""分大小"等一系列具有鲜明地域文化特色的婚礼习俗。

一、婚前礼

(一)清末、民国时期婚前礼

清代,辽源市西安一带凡男女议婚,凭媒妁之言。婚书用龙凤花束,男女两家及媒人作为证人,延用古礼中的纳采、问名、纳吉。结婚之前,"复遣使送布帛、衣服、首饰、猪、酒等物(至)女家示定期,谓之'过大礼'。又如古纳征(亦称'纳币'),请期并行矣"[1]。

民国时期,吉林市磐石一带婚前礼包括"订婚""过小礼""通信""过大礼""装烟""换盅"等主要仪礼程序。婚前由媒妁介绍,相看门户,双方同意,并各受父母之命订婚。媒妁向双方协议聘金、猪、酒、布匹、首饰、衣服数目,先由男方家准备一半,向女方家送付,即为婚姻确定。男方择定迎娶日期,于一个月前通知女方家,并交换庚帖(即

---

[1] [清]雷飞鹏等修,[清]段盛梓等纂:《西安县志略》,清宣统三年石印本,卷十一。

生辰年、月、日、时）。凡议定的聘金、猪、酒、布匹、首饰、衣服，于迎娶期前全数送付女方家。中华人民共和国成立之前，磐石一带订婚时先将男女年庚用红纸写明，由双方合婚；占卜后，女方开礼单，单上写明彩礼银洋几百元、布匹十几对、首饰几副、成衣几件、猪几口、酒几坛等交给媒人转给男方。男方接受此单，如果确认，即选择吉日到女方家相看，或过小礼，否则置之不理，以示作罢。到了吉日，女方家置备酒席，门挂红彩，并邀请几位亲友作陪。男方家携带白布一匹、匣子两个，匣内盛铜钗、绒花、金银耳环，并有婚书或婚柬等物，意为富贵荣华，白头到老。男方一到，女方家迎入，由媒人介绍，女方为客人装烟，实际上是借机相看媳妇。装烟之后，男方将带去的各种物品交给女方家，当时就将耳环戴上，称为"挂坠子"；几天后，女方也到男方家，男方照样装烟。装烟后赠予财物，称为"看姑爷"。迎娶前择定吉日，男方将议定的彩礼、物件全部送到女方家，称为"过大礼"，又称为"通信"。女方家则要置备酒席，悬挂红彩，门贴对联。所有女方家的亲戚都来祝贺，赠送礼物，称为"助妆"或"添箱"。之后，双方订立婚书或婚柬，各持一份，并在院内陈设桌子，摆酒盅三个，用红线系钱放置在盅内，男女监护人各持一盅，斟入酒互相交换，称为"换盅礼"。礼毕，众人相互贺喜，开始就席。喜宴结束，女方家将匣子还回一个，内盛大葱两根、粉条一束、猪肘子一个、筷子两双、高粱两把，取意骨肉亲戚，过日子葱（从）容，细粉（水）长流，步步登高，生子快。[①]

海龙一带婚前礼包含"订婚""彩礼"等主要内容。家有男子到成婚之年，父母就开始为子订婚，沿袭古礼中的订婚礼。民间普通的订婚，由男女双方较为熟悉的亲友代替永（冰）人（即媒妁）介绍，以门当户对作为标准，先将两家男女生辰八字互示各主婚人，男方家持年命帖到星相家推算，如合年命，即由媒妁通知女方家，择日订婚，俗称"下定"。男方家备金银耳坠一挂或金手镯一枚，彩礼五六十元至百元。由女方家设筵款待，并开红单，注明女方要求衣物、饰品若干件，猪酒费若干元，交男方家届期照数制备。双方婚姻既定，男方家择吉日，定于某月某日某时迎娶，并择婚期一月前某日为"过礼期"（女方称"纳采"），需先由媒人通知女方家。届时，男方家携礼物四盒及上次要求衣物、饰品送交女方家接收。女方家有大办，小办两种做法：大办设席接礼，小办则不动亲友。亲友给女方送妆奁，称为"添箱"。接下来是完婚。男方家在正日子前一日"安柜箱"，杀猪，搭棚，张筵，设彩，鼓乐齐奏，备好酒肴。女方家雇人将备齐的嫁妆送到男方家，谓之"过嫁妆"。农村还有随女方家前往送嫁妆的习俗，男方家将新亲接入室，再将嫁妆安置在新房内。门外通常放置两抬花轿，婚礼前一天沿街抬走，称为"晾轿"，届时鼓乐齐鸣，轰

[①] 姚祖训：《磐石县乡土志》，吉林省图书馆1960年油印本。

动全村。男方家指定男女二人招待娘家客，每天除了正餐，夜间还需要准备酒食，俗称"消夜酒"。①

白山市临江一带男女"定亲"前有"看媳妇"的习俗。订立婚书，称为"下柬"，由官府发售婚书，称"官婚柬"。迎娶期前一个月内，男方家备送餐食、猪、米到女方家，称为"过礼"，其他以金钱为主，多则二三百元，少则百余元，名为"彩礼"。婚期将近，媒人送"婚单柬"到女方家，内注明婚期时辰及命属等禁忌。迎娶前一日，新郎鲜服披红，旗锣在前面开道，由男傧相陪同，一同谒拜祖墓，称为"拜坟"，同时拜亲友家，名为"拜客"。然后乘彩轿绕行街市，称为"晾轿"。新娘乘坐的轿子通常用红布围着，八仙装饰，即为"彩轿"或"禧轿"，新郎乘坐的轿子，用蓝布装饰，称为"官轿"。有女傧相一人陪同新郎前往女方家。②

通化市辑安地区婚嫁之礼，"合婚"之后，由媒人与双方商定聘礼，双方择吉日，男方备好聘礼送到女方家，称"定亲"，这是古礼的问名、纳采。定亲之日，女方身着盛服，给男方家来宾行装烟礼。婚书一般用龙凤柬写上男女姓名、年庚及两家父母和冰人姓名，后来改用官制婚书。在婚期前一个月，由男方家择吉日，连同衣服、簪环、猪、酒等礼，送到女方家，并用红柬写明行礼月、日、时辰与属相等避讳，称"年命帖"，同时选定女眷，到吉时开剪，为新娘裁剪新红衣，俗称"裁衣"，这一程序统称为"过大礼"，是古礼的纳征、请期。婚期前一天，女方家准备妆奁送往男方家，男方家在家门口备好酒，以表欢迎之意。男方家将妆奁安置在新房内，称为"安柜箱"。同时设宴款待来宾，称"嫁妆席"。③

通化一带两家婚事确定之后，男方会在媒人的陪同下将簪珥、布帛之类的聘礼送至女方家中"下定礼"，这一婚俗在锦州、义县、兴城一带也称作"压婚"，即古礼中的"纳采"。关于纳采各地稍有不同，通化一带的纳采，"先由媒妁通信介绍"。

白城地区婚前礼包括"合婚""相看""订婚""拜祖坟"等内容。婚前一般由男方家托媒求婚于女方家，媒人从中说合，双方同意后，再请算命先生占卜是否合婚。合婚后，先男方家后女方家"相看"，又称"相门户"。男方把彩礼交给女方，称为"订婚"。结婚前，要请算命先生选择良辰吉日。结婚前一天，女方亲友到女方家以钱物相赠，表示祝贺。新郎要先拜祖坟，再拜见亲友。富人家要请吹鼓手吹奏、赁轿，轿行街市，谓之"晾轿"。④

---

① 王永恩修，王春鹏纂：《海龙县志》，民国二十六年铅印本，卷二十二。海龙，今吉林省梅河口市，1985 年撤海龙县建梅河口市。
② 刘维清、张之言修，罗宝书、邱在官纂：《临江县志》，民国二十四年铅印本，卷八。
③ 刘天成等修，张拱坦纂：《辑安县志》，民国十九年石印本，卷四。辑安，今吉林省集安市。
④ 白城地区地方志编纂委员会编著：《白城地区志》，长春：吉林文史出版社，1992 年版，第 1036 页。

吉林市蛟河一带男女双方父母认为门当户对，就可以说亲，男方请媒人去女方家里，求得年庚八字，拿回来请算命先生合八字，两人庚辰属相没有冲撞，就算"合婚"。然后媒人来往于男女双方之家商议彩礼。由女方开写订婚"礼单"（包括金钱、衣服、首饰等），待彩礼商妥备齐后，即行过礼，再由男方设席招待媒人和女方家长，将彩礼和衣物送往女方家，从此婚事即定。婚礼前，男方请媒人带上礼品，去女方家商量，如女方家长同意便收下礼品，不同意，则当即退回。双方都同意结婚时，再择良辰吉日，作为婚期。①

梅河口一带，男女订婚前，先托媒人或亲属做永人（媒妁）说合。婚事将成，男方要去女方家偷偷"看姑娘"，女方往男方家"看门户"。若门当户对，再到星相家合八字，八字相合即为"合婚"，男方要告知媒人择日订婚，"过小礼"（又称"换盅""下定"），给姑娘"压腰钱"。男方家定准婚期后，前一日为"过礼期"，托媒人送去女方"彩礼单"所要彩礼及注明婚期的"庚帖"，称"过大礼"，女方收下彩礼，称"纳采"。同时，女方家往男方家"过嫁妆"，男方家则搭棚张筵设彩，俗称"安柜箱"。②

（二）中华人民共和国成立后的婚前礼

中华人民共和国成立后，吉林市桦甸一带青年男女恋爱较多是由人介绍，男女见面认识后，觉得可以相处，于是就进入恋爱阶段，也有男女因事偶遇或因工作相处产生感情，不用别人中间"搭桥"就开始恋爱的。男女双方相处一段日子，觉得合适可以结成夫妻，就要订婚，俗称"过小礼"。多数是男方到女方家，由女方办酒席。席间未来的婆婆要送未来的儿媳妇见面礼。见面礼有金戒指等物品，还有一定金额的人民币。而后，男方就要给女方购买衣物。结婚的时间有的是男方先定，然后通知女方，也有双方共同商定的。③

辽源地区婚嫁基本上是男女自由恋爱，择日结婚。但仍延续了传统风俗，如提亲、相门户、批八字帖儿、小定、合婚帖子、择吉日、装行衣裳、忌人、过门礼、取彩礼等婚仪，但随着年月推移，旧俗新办。农村地区还流传着：相生猴龙成定局，亥卯未会成木局；金鸡迁银蛇，辈辈有官做；辰龙会玉犬，年年有剩饭；丑牛会未羊，祖辈不缺粮；辰龙会金鸡，婚后积金银；午马会未羊，祖辈有好房。④

20世纪80年代初期，白城地区农村同村及相近村屯男女青年自由恋爱，但多数婚嫁父母之言仍居主导地位。相距较远的则由亲属、同学或朋友牵线搭桥恋爱，仍保留"相门户"的风俗。"相门户"，指女方诸亲友到男方家"相看"。无异议，即订婚。经频繁交往，

---

① 蛟河县志编纂委员会编：《蛟河县志》，长春：长春出版社，1991年版，第818页。
② 梅河口市地方志编纂委员会编：《梅河口市志》，长春：吉林人民出版社，1999年版，第868页。
③ 桦甸市地方志编纂委员会编：《桦甸市志》，长春：吉林文史出版社，2006年版，第676页。
④ 辽源市地方志编纂委员会编：《辽源市志（1986—2002）》，长春：吉林人民出版社，2012年版，第976页。

无变故,则双方父母见面,称"会亲家"。有的地方在酒宴上双方父亲将酒杯互换,一饮而尽,称为"换盅"。经过"换盅"后,择日结婚。极少数地方仍坚持属相刑、冲、克、害的旧俗,主要有"金鸡(属鸡)怕玉犬(属狗),白马(属马)犯青牛(属牛),蛇(属蛇)虎(属虎)如刀挫,猪(属猪)猴(属猴)泪交流,羊(属羊)鼠(属鼠)一旦休"等。农村结婚多选择农历冬腊月。有时,一日数家同时婚嫁。

二、正婚礼

(一)清代末期正婚礼

清代,民间正婚礼包含"亲迎""拜天地""跨马鞍""管大小饭""食子孙饺子"等仪礼程序。吉林市磐石一带到了娶亲正日子,新郎行亲迎礼,到女方家举行晾轿仪式。女方家备茶食迎接新郎,并给随行者压轿钱。新娘由胞兄抱送到轿上或自己上轿。此时必须红毡铺地,鼓乐大作,铜锣齐鸣。新娘上轿后,送亲婆、送亲客跟随同行。通常新郎的素轿在先,新娘的彩轿在后,途中遇到井、庙、石、墓用红毡挡住。当彩轿到男方家庭院前时,娶亲婆让新娘用火盆烤手,女童递给新娘一壶米,新娘盖红巾盖头,胸前挂铜镜。然后娶亲婆和送亲婆扶着新娘出轿,此时院中设桌,称为"天地桌",桌上放着香烛、供品、弓矢、秤斗,上供天地纸码。接着扶新娘踏红毡到桌前,与新郎同拜,称为"拜天地"。红毡一直铺到新房,新郎先行,新娘随后。要放一个马鞍在房门前让新娘跨过,这时新郎揭去新娘的盖头,扔到屋上,新娘入室登炕,面向吉方坐,称为"坐福"。之后,新娘更衣,与新郎行合卺礼,并食小饺子,称为"吃子孙饺子、管小饭"。吉林西安一带将坐福称为"坐帐"。新郎、新娘同饮用红线拴着、里面放着钱币的"合欢酒",称为"喝换杯酒",此为古礼中的合卺礼。[①] 娶亲这天的晨宴,称为"下马席"。新娘先拜祖先,再拜灶神、胡仙堂,最后拜父母、尊长,称为"分大小"。之后拜亲友,行鞠躬礼。午宴称为"正席",男方监护人按桌让酒,称为"安杯"。新郎向众宾客行礼,称为"拜席"。晚间,新人食汤饼,称为"宽心面",当日新娘不许便溺,否则他人笑其无福。当晚为洞房花烛,叔嫂用木头楦子在床上滚了又滚,说:"咕噜楦,咕噜楦,当年就抱孙。"然后嫂辈铺被,被内有枣有栗,说:"东一扫,西一扫,扫得小儿满屋跑。一双栗子,一双枣,一双丫头,一双小。"还要倒宝瓶壶,说:"东一轮,西一轮,丫头、小子一大群。"[②]

---

① 姚祖训:《磐石县乡土志》,吉林省图书馆 1960 年油印本。
② 同上。

新婚正日，海龙一带新郎乘车或骑马与其他地方风俗一致，新娘着盛装，要穿红袄裤，迎亲往返的路线不能相同，来时走一条路，回时必须另选路线，称为"大娶大绕"。到了男方家门口，先将大门掩闭半刻，称为"耐耐性"。然后新郎被领至供桌前，桌向南，新郎站在左边面向北，新娘站在右边与新郎并肩向北，由赞礼者唱"跪、叩首、再叩首、三叩首、兴"，只新娘一人行礼，新郎立而不动，名为"拜天地"。拜完之后，新娘由马鞍上跨过，到帐房前，新郎用秤钩将新娘的红巾揭下。之后，新娘坐帐，新郎出门待客，男方家亲友都向其父母道贺："大喜，大喜。"主人回答："同喜，同喜。"另外设喜账，凡来祝贺的人都先到账房写礼，随后入席就餐。这时，新娘下地，被引至院内，抱少许木柴送入厨房，并做掏灶、捞缸的动作。接着新娘换新衣服，与新郎一起坐着吃子孙饽饽，兄弟陪着，名为"管小饭"。晚间，入洞房前，男女饮交杯酒，行合卺礼。之后，众人在洞房中与新人取乐，称为"闹洞房"。

（二）民国时期正婚礼

民国时期，白山市临江一带正婚礼当日，新娘口含粳米饭，用红布覆面，由新娘的伯叔或兄弟抱送轿内，名为"抱轿"。男方家院中预设香案，等彩轿进入后，女童二人递给新娘两个宝瓶，挟在新娘两腋下，女傧相扶新娘下轿，踏着红毡到香案前站立。新娘与新郎行礼结束后，被扶着跨过马鞍才能入室，进入室内，新郎揭去新娘的红头巾并掷于屋顶上，新娘面向吉方坐床。女傧相给新娘梳妆打扮，之后，新娘见男方家亲朋。傍晚，红烛高照，用红丝系酒杯并放入两枚钱币让新郎、新娘交饮，行合卺礼。当天，亲友以金钱相赠，称为"感礼"，又称"感人情"。男方家设筵款待客人，新郎当筵拜谢，称为"拜席"。[①]

白城地区正婚礼包括迎亲、挂天地牌、闹洞房等内容。该地男女结婚之日，新郎家用花轿或轿车将新娘接来，举行仪式。房前挂"天地牌"，下面摆供桌，新郎、新娘一拜天地、二拜高堂、夫妻对拜，然后入洞房。富人家大摆酒席，招待客人。穷人家一般不设宴，只用烟茶招待。当晚，青年男女来洞房里说说笑笑，称为"闹洞房"。

吉林市蛟河一带正婚礼这一天，新郎备花轿，披红戴花，和迎亲队伍骑马，鸣锣开道，前往女方家迎娶。迎娶队伍的人数要是单数，他们带上习俗规定的礼物，直达女方家。新娘由长兄抱上轿车，脚不沾土。男方大娶大绕接回新娘，燃放鞭炮，一方面喜庆迎接，另一方面避邪驱恶。此时，新郎下马来到轿车前施礼，请新娘下车。新郎、新娘并肩踏着铺好的红毡来到香案前，男左女右站好，举行三拜礼，即一拜天地、二拜高堂、夫妻同拜，之后，走入洞房。入洞房时，新郎先入，回身挑去新娘头上的蒙面红纱，之后，二人炕上

---

① 刘维清、张之言修，罗宝书、邱在官纂：《临江县志》，民国二十四年铅印本，卷八。

坐福,同饮交杯酒,同吃长寿面。中午席间,由招待员引新郎、新娘,依辈分大小,向来宾敬酒拜席,结婚当天夜晚,新郎家还要选一位身体健康、儿女双全的中年妇女给洞房铺床放被,边铺边念:"铺床,铺床,儿女满堂,先生贵子,后生女郎,福寿双全,永远吉祥!"该地联姻讲究门当户对,富人不与穷人通婚。穷人养子,有因无钱娶妻孤身一生的,也有穷家养女因不能糊口,将女儿卖给人家当童养媳的。①

梅河口一带娶亲这一天,新郎身着马褂长袍,准备好花轿后,骑马或乘轿在鼓乐声中去迎亲。新娘全身着红,由兄长抱入轿中,随迎亲队伍大娶大绕到男方家。男方家要暂闭大门,让新娘"耐耐性",以使其过门后孝顺和气。耐完性,娶亲婆扶着蒙红盖头的新娘出轿,踏着红毡到供桌前,与新郎左、右并肩,齐拜天地。拜完,新郎、新娘前后共入洞房,新郎揭下或以秤杆挑开盖头,新娘抱着斧头开始"坐福"。之后,新人饮交杯酒、吃宽心面。此间东家记账受礼、开席,宴席多为"三六席"(六碟凉菜、六盘炒菜、六碗汤菜)或"四六席"(四碟六碗)、"二八席"(八碟两碗)。新郎由执事人或父母介绍,向新亲及来客敬酒酬谢。新婚之夜,与新人平辈的闹洞房。新人入寝后,人们要"听房"。②

(三)中华人民共和国成立后的正婚礼

中华人民共和国成立初期,白城地区也出现了文明结婚的形式。结婚仪式由司仪人主持,新郎、新娘向证婚人、主婚人、介绍人、来宾鞠躬后,即视为结婚典礼完毕。《婚姻法》颁布之后,该地废除买卖、包办婚姻,主张婚姻自主。婚礼从简,不设酒宴,不收礼,仅备烟、糖、茶招待客人。20世纪60年代时,也有不举行仪式的,新郎由来宾陪同骑自行车或步行到女方家将新娘接来,到新郎家门前燃放鞭炮,以表庆贺。之后,迎娶渐由自行车队改为汽车队,甚至有摩托车开路、轿车迎亲、大客车压阵的送亲车队。男女双方大宴亲友,随之厚礼之风渐盛。③

20世纪80年代初期,白城地区男女结婚时,送亲车均往里或向左绕行。中途遇水井、碾磨坊均要用红布或红纸遮盖,谓之避"青龙""白虎"。进村后,事先安排技术高超的车把式"接鞭"。到男方家时,门口燃放鞭炮,房门紧闭,新娘高声喊"妈妈开门"。一般均要迟几分钟开门,谓之"憋性"。开门后,婆母赏"改口钱"。有的将钱放在新娘拿的"聚宝盆"(洗面盆)里。女方长者率女眷进新房饮茶吸烟,将陪嫁的被褥、家用电器等放在事先留出的位置。新娘净面抓福,即在水盆里放数枚硬币,一次抓起,越多越好。净面后,

---

① 蛟河县志编纂委员会编:《蛟河县志》,长春:长春出版社,1991年版,第818页。
② 梅河口市地方志编纂委员会编:《梅河口市志》,长春:吉林人民出版社,1999年版,第868页。
③ 白城地区地方志编纂委员会编著:《白城地区志》,长春:吉林文史出版社,1992年版,第1037页。

新娘与男方诸亲友见面、敬烟。女方点长明灯，由双方兄长钉幔帐。对点灯、钉幔帐、压喜车的及女方亲友带来的小孩儿，男方均赏钱。男女双方亲友互相引见、敬烟后，设酒席招待女方亲友及屯邻。酒宴快结束时，女方一亲友代表给厨师赏钱。厨师即将事先备好的菜肴敬上，谓之"谢赏"。晚上仍延续闹洞房之俗。

20世纪90年代，迎亲均改由汽车接送，迎亲车队多则几十辆，少则十几辆。迎亲、送亲车队缓缓行驶，边走边燃放鞭炮，播放音乐，有的还有录像车相随，多则有两三辆。到男方家，新娘经"憋性""叫门""改口"后，方可进入新房。男女双方主要亲友相互介绍、敬烟之后，女方家送亲者告辞。男女双方分别设酒宴招待亲友。婚宴广邀亲朋，有的在结婚前数天，按客人身份、地位、职业，分批分期陆续宴请。遇结婚旺季，有人一月接数家之请，一月工资不够随礼的。有关部门三令五申，明令禁止婚事大操大办，提倡婚事简办，提倡集体婚礼。[①]

这一时期，吉林市桦甸一带男女结婚当天早晨，新郎要陪新娘到发廊盘头，穿婚纱。20世纪80年代以前，结婚时新娘的穿着要鲜艳，以示喜庆。之后，新娘已不再穿红披绿，改为穿白色婚纱，因为美观大方的白色婚纱会使新娘显得格外美丽和圣洁。上午八点左右，男方要派一个人带领新郎和接亲队伍到女方家接新娘，俗称"接亲"。接亲队伍的人数通常为单数，车辆要双数。头一辆车是领路车，带有摄像机，录制接亲的场面。第二辆车由新郎乘坐，带有一个比新郎小的男孩儿"压车"。到女方家后，新郎首先下车到门前大声喊："妈，开门！"在门内有新娘的弟、妹或者晚辈把门，新郎要给把门人红包。给完红包，新娘的母亲迎出来，给新郎红包，俗称"改口钱"，新郎从此叫"妈"。新娘的父亲把新郎迎入室内，女方送亲的人把男方接亲的人让进屋内喝茶，有人到车前给压车人红包，把压车人请到屋内。

新郎进入屋后，女方的父母要给新郎更换外衣和鞋。更衣后，新郎和岳父母及新娘照相，然后请新郎和伴郎、伴娘吃水果或糕点。这些结束后，接亲人要拿出一把硬币放在一个盘子或者一块棉布上，让新娘抓，俗称"抓福"。抓福后，由新郎抱着新娘送到接亲车上，这个做法叫"抱轿"。新娘的弟弟或者晚辈也上车压车，其他送亲人也上车。送亲队伍的人数一般为双数。接亲车队到新郎家门前时要放鞭炮，婆婆到新娘乘坐的车前接儿媳。车门打开后，婆婆首先接新娘手中的盆。新娘下车后要给婆婆戴花，并叫"妈"，这时婆婆要给新娘红包。男方到车前给送亲的压车人红包，并请送亲人到屋内喝茶。女方送亲人到新房后，帮助叠被、挂幔帐、摆放化妆品等，男方要给红包。新娘到新房后要坐在床上，

---

① 刘润璞主编：《白城市志（1986—1995）》，长春：吉林人民出版社，1999年版，第1073页。

叫"坐福",要用泡着葱和松明子的水洗手,预示将来孩子聪明。这些都结束后,开始照相,然后上车到大酒店举行婚礼庆典。婚礼大都选在上午 10 点 58 分或者 11 点 18 分,寓意"发"。婚礼要有专人主持,内容包括:证婚人宣读结婚证书,主婚人、新郎、新娘、来宾代表讲话等。婚礼仪式完毕,新娘脱去婚纱,换上旗袍或其他样式的礼服,和新郎一起逐桌向来宾敬酒。①

进入 20 世纪 90 年代后,由于生活水平的提高,人们开始攀比。接亲的轿车要用名牌车,车辆越多越好。典礼前,新娘进入酒店时,不仅放鞭炮,有的还要放礼炮。在农村,有的结亲的男女双方家住一个屯,结婚时就不用车,而是用轿把新娘由娘家抬来。定亲后男方家给女方家送"养钱"的旧习又有抬头。

辽源地区结婚当天,一般有一辆彩轿车坐新娘,由伴娘陪坐,大客车至少两辆。城市结婚,新娘子除坐新轿车外,另必须有六辆或八辆小轿车,前方有一辆摄像车,车的颜色统一为红色或者黑色,轿车档次年年提升。送亲车均往里(左)绕行,中途遇水井、碾磨坊、脏水盖等用红纸遮盖,谓之避"青龙""白虎"。到男方家时,男方燃放鞭炮礼花,新郎抱新娘下车后跨火盆、走红毯,青年男女撒摩丝、黄豆,弄得新人狼狈不堪。一般在饭店里举行新人改口仪式,男女方的老人分别赏改口钱。男方摆酒席招待女方亲朋好友,酒宴正酣,厨师备好添的菜敬上,女方代表赏钱,司仪高喊"谢赏"。晚上延续闹洞房的习俗,别有一番乐趣。当晚点长命灯,彻夜明灯。②

三、婚后礼

清末民初,吉林各市的婚后礼主要内容由"分大小""回九""回门""住对月"等构成。清宣统年间,辽源市西安一带的正婚礼之后"齐朝拜先祖,如庙见礼。既乃进见舅姑及亲族党,谓之'分大小'"③。吉林市磐石一带结婚第二天,新娘将女红献给公婆、尊长及有关亲属,称为"散箱"。九天以后,新郎、新娘同往女方家串门,称为"回九",女方家盛宴款待。一个月后,女方家迎女归宁,称为"住对月"。④

民国时期,海龙一带正婚礼之后,新郎、新娘先拜祖先,然后拜父母,拜宗族、戚友,以别长幼尊卑,谓之"分大小"。过三日,新娘偕新郎归宁母家,谓之"回门"。⑤ 婚礼次

---

① 桦甸市地方志编纂委员会编:《桦甸市志》,长春:吉林文史出版社,2006 年版,第 677 页。
② 辽源市地方志编纂委员会编:《辽源市志(1986—2002)》,长春:吉林人民出版社,2012 年版,第 976 页。
③ [清]雷飞鹏等修,[清]段盛梓等纂:《西安县志略》,清宣统三年石印本,卷十一。
④ 姚祖训:《磐石县乡土志》,吉林省图书馆 1960 年油印本。
⑤ 王永恩修,王春鹏纂:《海龙县志》,民国二十六年铅印本,卷二十二。

日，白山市临江一带新郎、新娘跪拜先祖、翁姑以及尊长，长辈各出财物相答，名为"上拜钱"。接着新郎的父辈来到筵席前给亲友祝酒、行礼，称为"告席"。鼓乐三天不止，称为"吹三日"。婚后生男就在门前悬弧，生女就摆放锐器，这是古代婚礼的遗风。这个时期，婚嫁之礼开始有变革，盛行文明婚礼，也有少数遵从旧时的传统婚礼。①

正婚礼后，通化市辑安一带亲友馈送礼物致贺，称"上礼"。设筵饮宴，新郎当筵叩谢，称"拜席"。至亲尊长受新娘拜见，各出钗环等物相赠，称"上拜"。过三日或五日，新婚夫妇前往岳家，称"回酒"。②白城地区、辽源地区、梅河口一带婚后三天，新娘同新郎携礼回娘家省亲，称"回门"或"回酒"。

第四节　县级篇

吉林省所辖县的汉族与满、蒙、朝鲜等少数民族相互融合，婚礼各异，本节介绍以汉族为主的婚礼。不同地区的婚礼习俗相互影响，形态各异，婚礼过程中有"送日子""助妆""过嫁妆""安柜箱""下定礼""装烟""下茶""拜北斗""拜庄""压腰"等从古代婚礼发展而来的具有鲜明地域特色的婚俗。

一、婚前礼

（一）清代婚前礼

清道光初年，农安一带男方家在求婚之前，须先托女方家近亲或熟悉女方家情况的人作为媒人。女方家同意后，将女方庚帖由媒人送到男方家，男方家请算命者"合婚"，再由媒人与女方家商议聘礼，如女方家聘礼要求不多，就定时间双方"相看"，先看男后看女。男方家须准备压婚物品及装烟钱，称为"相门户"。两家定约后，过一段时间，仍由媒人通知男方家，将商议好的衣饰各物送到女方家，俗谓"过小礼"，又称"挂坠"，另外附上筷子四双、葱四根、干粉条四把，女方家留下一半回礼一半，意为女过门早立子、聪明、长寿。待双方择定吉期后，由媒人到女方家"通信"。婚期一个月前，男方家须将商定的聘礼，如猪、酒送到女方家，并带着两个中年妇女用剪刀为女子裁衣，称为"过大礼"，又称

---

① 刘维清、张之言修，罗宝书、邱在官纂：《临江县志》，民国二十四年铅印本，卷八。
② 刘天成等修，张拱坦纂：《辑安县志》，民国十九年石印本，卷四。

"开剪子"。①

清光绪年间,吉林奉化一带婚礼前的程序是:"婚礼之初,两姓议姻,通媒妁,定姻后,择吉过小礼,有纳采意。乃诹吉迎娶。先期过大礼,亦纳征之遗。"②

清末民初,东丰一带男婚女嫁,经媒人撮合,双方家长同意,互换庚帖(男女双方生辰八字),各请星士推卜。经过"合婚",双方命历相合,女方通过媒人开出"彩礼单"送给男方,媒人将男方"彩礼"一半或部分交给女方家,称为"过小礼"。然后"相门户"(俗称"定亲",也叫"相媳妇"),男方邀亲友同媒人去女方家看媳妇,并给女方"装烟钱"。女方家备酒一盅,男女两家主婚人各饮其半,称作"换盅"。男方家在结婚前一个月左右,经媒人将"彩礼"剩余部分送到女方家,名为"过大礼",并告知女方择定的结婚日期、时辰、送亲人员应属什么命、忌什么属相及新娘"坐福"方向等,称作"通信"。③

(二)民国时期婚前礼

民国初期,通榆一带订婚先由媒人介绍,如果双方都同意,就进行"相门户",相门户是女方父亲或母亲邀请几位近亲属,随同媒人到男方家去看未来的新郎。回去后,男方静听媒人的信息,说妥之后,进行"六礼"的程序,其中前五礼是婚前礼。一是纳采,多少拿一点儿彩礼;二是问名及生辰年月日,便于合婚;三是纳吉,即送订婚礼;四是纳征,即正式送聘礼;五是请期,即议婚娶期。随着社会发展,大部分人家订婚后就过彩礼,过完彩礼,则择吉日结婚。彩礼,民国初期是现银圆二三元不等;还有物品,分单猪、单酒或双猪、双酒;另外还有金银首饰、衣服、箱柜、大布等。民国中后期,彩礼折合成钱,多的竟有一千五六百元,这些钱女方家长除花一部分陪送嫁妆外,其余的全部留下。④

辉南一带处偏僻之地,结婚礼仪简化了许多。民国初期,该地婚前礼主要包含"换庚帖""过大礼"。到了民国中期,辉南地区婚礼在已有的基础上,增加了"下定""年命帖""开剪""帮嫁妆""安柜箱"等内容。

> 以红柬列书行礼时日及属相之避忌,而赞以吉辞,称"年命帖"。同时,请福命之女眷为新嫁娘裁嫁衣一袭,称"开剪"。是日,女家戚党各以资财、饰物馈新娘,"帮嫁装(妆)"。女家设筵相款。其仪称"过大礼",犹古纳征、请期之礼。女家于婚期前

---

① 郑士纯修,朱衣点纂:《农安县志》,民国十七年铅印本,卷八。
② [清]钱开震修,[清]陈文焯纂:《奉化县志》,清光绪十一年刻本,卷十四。奉化,今梨树县。
③ 东丰县志编纂委员会编:《东丰县志》,北京:中国广播电视出版社,1994年版,第587页。
④ 通榆县志编纂委员会编:《通榆县志》,长春:吉林人民出版社,1994年版,第745页。

一日备具妆奁箱等物往送之门，男家以鼓乐迎之，设席欢宴，称"安柜箱"。①

靖宇一带男女婚嫁，不允许自主，多凭媒人从中介绍，父母包办。这种婚姻讲究生辰八字、门当户对，追求身价彩礼，形同金钱交易。婚前礼主要包含"合婚""备彩礼""相门户""过小礼""通信""过大礼""安嫁妆""送亲"等主要程序。在议婚之前，将男女生辰八字及属相请算命先生查算，看有无相克，无碍方能进行后列各事，称为"合婚"。合婚后，由媒人讲定男方家应出彩礼数目，称为"备彩礼"。彩礼分期交付，婚约方能确定。如无力交付，不但不能迎娶，甚至还有解除婚约的可能。彩礼讲定之后，先由男方家主婚人选择吉日与媒人同往女方家相看，称为"相门户"。女方家即令新娘拜见装烟，男方家酌量给钱，谓之"装烟钱"。女方家召集亲友设宴款待。此后，女方家主婚人到男方家相看一次，但无装烟给钱之礼节。相看门户后一两日，男方家须购备服饰等物送交女方家，由新娘的姑嫂等代为穿戴，并给装烟钱数元。此外又须交付彩礼若干元，称为"过小礼"。女方家设宴招待，邀请亲友作陪。男方家欲迎娶时须在吉日前十二日将吉日及过大礼日期选定并通知女方家，称为"通信"。通信之后，男方家须按照所择日期会同媒人及亲友同至女方家，此时应给的彩礼衣饰等一并交清，女方家仍设宴招待并邀请亲友作陪，称为"过大礼"，如彩礼、衣饰不足，女方家可拒绝迎娶。在迎娶前一日，男方家谓之"落宗"，女方家于午后将一切妆盒一并送至男方家安置停妥，称为"安嫁妆"。之后，男方家先于附近择设下处一所，称为"打下处"，女方家于迎娶前一日将新娘送至下处，以备迎娶。②

柳河一带婚前礼包含求婚和认亲。求婚，也称"议亲"，全由双方父母包办，如不遵行"父母之命，媒妁之言"，视为破坏家规，大逆不孝。求婚还要三看：一看属相，是否相克；二看五行八字，是什么命；三看上中下三等婚属哪一等。凡八字相合相生的、属相不犯克的男女，方可订婚。否则，男女双方再相爱也不能成婚。还要看是否门当户对，如贫富悬殊，也难婚配。认亲，又称"订婚"，也叫"相媳妇"。在认亲过程中，男方家要给女方一定数量的礼物、金钱和金银首饰。订立婚书，称作"下柬"。下柬分"民柬"和"官柬"两种。在迎娶前，男方家要向女方家赠送礼物，称作"过礼"，也有给钱财的，名为"彩礼"。③

长岭一带男女婚嫁须从父母之命，听媒妁之言。经订婚、娶亲、回门才算完婚。订婚时，首先讲究"门当户对"，若合适，则请先生"看命运""观属相"，确定合婚后，男方选

---

① 白纯义修，于凤桐等纂：《辉南县志》，民国十六年铅印本，卷四。
② 靖宇县地方志编纂委员会编：《靖宇县志》，长春：吉林人民出版社，2001年版，第447页。
③ 柳河县志编纂委员会编：《柳河县志》，长春：吉林文史出版社，1991年版，第632页。

定吉日，邀请亲友、媒人等去女方家相媳妇，女方再去男方家相女婿。双方均无异议，女方给男方开彩礼单，共订婚约，男方向女方下聘礼，俗称"过小礼"。①

安图一带严格遵循必须门第相当才能议婚。定下婚约之后，女方家先往男方家相看，并以一顿饭作为回应，民间称为"相姑爷"，满族称"相门户"。婚礼将近，男方庚帖上会详细注明通信日、嫁娶日、送亲人的属相、新娘坐福方向等信息，由男方送到女方家，称为"送日子"。之后"过大礼"，由女方家设宴招待，称为"纳采"，也称"受聘"。亲戚朋友行"助妆礼"。迎亲前一天，新郎有拜祖祭坟的习俗，富裕家庭有准备对子马的习俗，有四对、六对、八对不等，随行者名为"陪光"。②

怀德一带婚前礼与其他地方大致相同，到婚期前一天，男方祭祖之后，如遇亲友家就要进门"拜庄"，然后到女方家行亲迎礼，称"走轿"。到了女方家，新郎暂不下轿，由女方家选同辈年幼者先倒酒三杯迎接，然后才下轿，双方先到女方家祖龛前行四拜礼，由女方家宴请客人。③

榆树一带娶亲礼有大娶、小娶之别。小娶极为简单。所谓大娶，需在男女成婚前两天，宰猪备酒，鼓乐响棚，并邀邻里前来帮忙。第二天在大门上贴喜联，新郎乘马或乘车娶亲，锣鼓齐鸣，到祖坟焚香奠酒跪拜，称为"拜坟"。这一天的午宴称为"上马席"。

宽城男女自由选择对象，找"现成媒人"撮合已经逐渐形成风气。经议婚，双方父母同意后，男女两家各具庚帖互换，叫作"合帖子"。媒人领着姑娘及其父母，一同到男方家"相家堂"，吃订婚饭。男女双方互赠信物（有绣花荷包、手帕等）。男方长辈给女方叩头钱。此后，双方相互往来。每逢节日，男方给女方父母送"赘节"礼品。通书在结婚前一个月内进行，即由媒人及男方长辈将写明结婚日期的通书（附有礼品）交与女方，双方从此准备结婚。④

（三）中华人民共和国成立后的婚前礼

中华人民共和国成立后，东丰一带未婚青年男女自由恋爱，经"介绍人"介绍同意后，正式订婚，不要"彩礼"。结婚前到政府婚姻登记部门登记，领取结婚证后结婚。城镇职工结婚，多以茶话会形式举行婚礼。农村青年结婚仍拜天地、闹洞房。20世纪60年代至70年代，订婚时兴以手表、自行车、缝纫机等为定亲之物。80年代，订婚以金银首饰等为定亲之物。结婚前，男女双方各备酒席，互请对方及亲友，叫作"会亲家"。男方家备立

---

① 长岭县史志编纂委员会编：《长岭县志》，北京：中华书局，1993年版，第665页。
② 陈国钧修，孔广泉纂：《安图县志》，民国十八年铅印本，卷六。
③ 赵亨萃、李宴春等修，赵晋臣、孙云章等纂：《怀德县志》，民国十八年铅印本，卷十六。怀德，今公主岭市。
④ 宽城县志编纂委员会编：《宽城县志》，石家庄：河北人民出版社，1990年版，第422页。

柜、沙发、洗衣机、收音机、彩电等高档家具。结婚时，女方家里，陪送自行车或洗衣机、电视机等物。①

20世纪80年代后期，梨树一带男女双方经人介绍或自己相识后，经过一段时间的接触，与双方父母商定后择日举行订婚仪式，以确定恋爱关系。女方父母及主要亲友到男方家，进一步了解男方的家庭状况，确定大体结婚时间，商定彩礼。男方向女方送戒指、手表等订婚纪念物，过部分彩礼。然后举行订婚宴会，除女方的客人外，男方还邀请亲友作陪，亲友多随礼金。订婚后，经过一段时间恋爱，条件成熟即筹备结婚。男方将彩礼陆续过给女方，女方用彩礼或自家再补贴一些给女儿置办嫁妆，如购买彩电、洗衣机、电冰箱、摩托车、大衣柜、电脑及其他日用品等。以上物品也有的是男方准备，或男女双方分别准备。还要准备新房，农村一般要盖三四间砖瓦房，城镇一般要购置楼房。20世纪90年代，农村彩礼包括高档服装、新四大件（电视机、洗衣机、沙发椅、组合柜），折合人民币约5000元，加砖瓦结构房一座，费用常常超万元。90年代末彩礼项目减少，金额增加，一般是大礼现金2万元，外加三至五大件，再加结婚操办费用，总金额3万~5万元。女方陪嫁视家庭状况而定，陪送多少男方不能争执，仍沿袭传统的"争彩礼、不争嫁妆"的习俗。②

宽城男女自由选择对象，找"现成媒人"撮合已经逐渐形成风气。经议婚，双方父母同意后，男女两家各具庚帖互换，叫作"合帖子"。媒人领着姑娘及其父母，一同到男方家"相家堂"，吃订婚饭。男女双方互赠信物（有绣花荷包、手帕等的）。男方长辈给女方叩头钱。此后，双方相互往来。每逢节日，男方给女方父母送"赘节"礼品。通书在结婚前一个月内进行，即由媒人及男方长辈将写明结婚日期的通书（附有礼品）交给女方，双方从此开始准备结婚事宜。③

二、正婚礼

（一）清代正婚礼

清初，农安一带汉族正婚礼这一天，男方家大门列队奏乐，新郎身披红，头插金，或是骑马，或是坐轿，在大街游行，前往女方家亲迎。途中如遇其他娶亲队伍，两家的新郎

---

① 东丰县志编纂委员会编：《东丰县志》，北京：中国广播电视出版社，1994年版，第587页。
② 梨树县地方志编纂委员会编：《梨树县志（1986—2005）》，长春：吉林人民出版社，2012年版，第788页。
③ 宽城县志编纂委员会编：《宽城县志》，石家庄：河北人民出版社，1990年版，第422页。

须相互交换物件。娶亲返回途中，如果遇井、墓、庙宇，都要用红毡遮盖。新娘进院后，需按占卜的吉方，将彩轿拨正。新娘下轿前，须手持铜盆、用木梳简单梳妆再由娶亲客、送亲客搀扶下轿。事先备好的两个装着粳米的宝瓶壶，由十二三岁的女童交到新娘手中。新娘用红布遮盖头，胸前挂铜镜，脚踏红毡，走到香案前。然后男东女西，新郎跪拜，新娘站立，称"拜天地"。接着新娘持宝瓶壶随行，跨马鞍进门，门内左右有童男、童女二人，手持枣、栗等物，向新娘抛撒，意为早立子。然后新郎用手揭开新娘的蒙头帕，藏在怀中。旧时都用秤杆挑开，后来改为用手揭开，俗称"抓盖头"。新郎、新娘同坐帐中，俗称"坐帐"，家人饮糖水，意为夫妇感情甜蜜。然后新娘梳妆整齐，与新郎同杯饮酒，行合卺礼。之后由女方弟弟陪同吃饺子，俗称"管小饭"，又叫"配亲"或"吃见面饭"。中午，女方家亲戚到齐后，一起入席，让新郎逐一行鞠躬礼问候，俗谓"认亲"。

清末民初，东辽一带新人结婚之日，俗称"正日子"，男方出轿或车迎娶新娘。迎亲时，男方家要给女方家带去四根或两根肋骨的腰条猪肉，即"离娘肉"。新娘上轿或上车前，在男方送的红布或红纸包装的高粱或硬币中抓一把，俗称"抓福"。上轿或车时，新娘由哥哥、姐夫或长辈抱上轿或车。女方娘家亲朋好友，俗称"娘家客"，要将新娘送到男方家。结婚拜天地之前，新娘进男方院要跨过炭火盆，意为"婚后生活红红火火"，还有跨马鞍子，意为"步步高升"。然后由"待客的"主持拜天地，最后步入洞房。入洞房时，新娘的小叔子、小姑子或年轻的同辈亲友将"五谷粮"或"五色线"尽情向新郎、新娘身上抛打，意在祝福、压邪气。新娘子上炕或床要坐在包着斧子的被褥上，谓之"坐福"，意在"一斧压百祸，终生保幸福"。新婚之夜，新娘的小叔子、小姑子、大伯嫂、大姑以及乡邻中的同辈年轻人闹洞房。①

东丰一带结婚当天，俗称"正日子"，迎亲仪仗队人数不等，先是双锣开道，后随两盏贴金喜字大红提灯，农村多是双对马，其后是两抬花轿，新娘彩轿不能空着，要由一名不满12岁的男童"压轿"。新娘到喜堂前下轿，先拜天地，后入洞房。男方家备酒席酬宾。席中，新郎、新娘一起到各桌前敬酒，称作"拜席"。当晚，青年们来闹洞房，婚礼至此结束。②

抚松一带迎娶之日，新郎坐轿或骑马，带接新娘的花轿到新娘家。新娘的轿中要有一个不满12岁的男童"压轿"，并有吹鼓手和娶亲人数十人。到女方家时，新娘弟弟到轿前鞠躬致敬，新郎下轿还礼，稍休息后再拜女方先祖及岳父母，并与亲属见礼。之后，新郎与新娘一起吃"宽心面"，面碗内放去皮染红色的熟鸡蛋一个。新娘着红装，戴富贵荣华绒

---

① 东辽县地方志编纂委员会编：《东辽县志》，长春：吉林文史出版社，2002年版，第531页。
② 东丰县志编纂委员会编：《东丰县志》，北京：中国广播电视出版社，1994年版，第587页。

花,与新郎面对面坐,将红箸数双相授,新郎纳于袖中,然后出门。新娘用红被包身,头蒙一块红布,称"盖头",由兄弟将其抱送轿内,叫"抱轿"。新娘兄或弟扶轿同行至新郎家。新郎家院内摆供桌,供天地牌位,另有民用斗上插秤一杆,为"斗升三级"。夫妻拜天地后入洞房,在门口新郎用斗中的秤杆将新娘头上的红布挑起。新娘入洞房坐炕上,下面放一把用红纸包着的斧子,名为"坐福"。这天用酒席招待亲朋,席间新郎逐席叩拜,后改为鞠躬,名为"拜席"。晚间,新郎、新娘共吃有猪肉、粉条等五碗菜的"五大碗",青年男女来新房逗笑,称为"闹洞房"。[1]

辉南一带结婚时,新郎去女方家迎娶或由女方家把新娘送到男方家,新娘上轿(车)前,要"开脸""上头""蒙盖头",轿或车到男方家大门外要"憋性"。进院后新郎、新娘拜天地,入洞房。新娘"坐福",新郎由小舅子"管小饭"。女方家亲友回去前,男方家要赠送"离娘肉"和"长流粉"。吃晚饭时,在家宴上分大小,长辈要给新娘"装烟钱"。晚上,邻里乡亲闹洞房,新郎、新娘喝"交杯酒",吃"宽心面"。[2]

(二)民国时期正婚礼

民国时期梨树一带结婚亲迎时,男方家准备四斤肉,随车送到女方家,俗谓"离娘肉",女方家割一半,留一半还给男方家。第二天黎明,新娘身穿红色嫁衣,俗谓"拉草衣",以红巾蒙头面,由喜傧扶上轿。女方家也用送亲人二名或四名,和喜傧一人随同。彩轿经过井、石、庙宇、坟墓,用红毡遮盖,意为避邪。到了男方家,请一名老年妇女将火盆送到轿内。院子摆放香案,在轿前铺好红毡,喜傧扶新娘下轿,到香案前,站在新郎右边,与新郎同行四拜礼,俗谓"拜天地"。女童"递宝瓶壶"给新娘,取保平安之意。新郎引导新娘进入喜房,新娘先跨马鞍,新郎再揭去新娘蒙头红巾。到了洞房,新郎、新娘面向吉方坐,俗谓"坐福"。喜娘为新娘加髻,俗谓"上头"。女方家借男方家的地方宴请新郎,先让新郎吃饺子,谓之"管小饭",然后安置柜箱。午宴称为"管大饭"。亲友用钱币、彩幛致贺,称为"贺仪"。席间新郎"拜席",女方亲戚各出金银饰物或钱币,称为"拜仪"。宴席结束后,女方家亲戚离开,主人和新郎站在门口恭送,新郎行鞠躬礼。这时新娘可以下床,邀男方亲友长辈进入屋内,敬烟茶。晚上,新郎、新娘饮交杯酒,食宽心面,行合卺礼。[3]

靖宇一带男方家在迎娶之日择定吉时,预备车轿,并请娶亲婆一人与新郎同至下处,

---

[1] 抚松县地方志编纂委员会编:《抚松县志》,北京:中华书局,1994年版,第913页。
[2] 辉南县县志办公室编:《辉南县志》,深圳:深圳海天出版公司,1989年版,第412页。
[3] 包文俊修,李溶纂,曲廉本续修,范大全续纂:《梨树县志》,民国十八年修,民国二十三年续修铅印本,第七编。

将新娘接至男方家中,称为娶亲。迎娶新娘至门口时,将大门稍闭片刻,意在磨炼新娘的心性。等新娘进院后,由娶亲婆扶新娘至天地桌前与新郎拜天地。亲友即向主人贺喜。拜天地后由娶亲婆将新娘扶至洞房,面向吉神方向,坐于炕上所置的斧子上一两个小时,称为"坐福"。新娘坐福之后,梳洗整齐下地参见翁姑(公公和婆婆)亲友,其中有赠送金钱首饰的,由新娘叩拜承领,称为"上拜"。上拜完毕,由主厨预备酒席一桌置于洞房,由新娘的弟弟邀请新郎会餐,称为"管饭"。管饭之后,立即开宴,招待亲朋好友。晚上由新郎的嫂妹等装枕,再做面,由全家人会餐,谓之"和气面"。然后新郎、新娘入洞房就寝。①

柳河一带结婚正日迎娶新娘。花轿进门,红毡导进,新郎家院内布置一新,陈放天地桌,摆好供品,备好香斗,司仪按既定的时辰,主持婚礼仪式。新婚夫妇,一拜天地,二拜高堂(指新郎父母),三夫妻对拜。然后新郎、新娘步入洞房,新娘上炕"坐福"。这天,新郎家大摆宴席,亲朋好友、左邻右舍,登门贺喜,馈赠钱物。席间新婚夫妇向亲朋来宾敬酒拜席。结婚当晚,灯火辉煌,喜庆气氛持续,新婚夫妇要吃"五大碗"(五样菜)或吃"宽心面",象征白头偕老,家庭幸福,吃穿有余,生活富裕。晚饭过后闹洞房,与新婚夫妇要好的青年男女,齐集洞房中嬉闹一番。新婚夫妇睡觉之前,由两个青年姑娘为新婚夫妇"倒宝瓶壶",内装红粮(高粱),外罩红纸。同时,侧旁有一位老婆婆在叨念"喜歌":"一倒金,二倒银,三倒骡马成群。"另一位老婆婆手持木头墩,在炕上滚动。边滚边说道:"滚墩、滚墩,当年就抱孙。"做完之后客人散去,新婚夫妇就寝,喜度蜜夜。②

长岭一带娶亲这一天,新郎披红、戴花、骑马,前往女方家迎亲。将新娘接至家中后,由司仪主持新郎、新娘行"拜天地"仪式后,步入洞房。亲友、邻居都来赠送礼品或现金,以示祝贺。主人盛宴宾朋。③

抚松、东丰一带正婚礼日,新郎亲迎,备对马成双,随新郎行,称为"陪光",也称"马客"。彩轿上悬挂铜镜,意为避邪。到了女方家,新郎与新娘在屋内同坐,由娶亲婆、送亲婆喂饭和吃饺子,谓之"喷饭"。之后,由新娘弟兄或叔父把新娘抱到轿上,称为"抱轿"。女方家亲属随行相送,称为"送亲"。快到男方家前,由男方家亲戚扣一个筛子在轿子上。到了喜堂前,先由女童二人各持一个铜盆,装有铅粉,向新娘脸上擦粉,称为"添胭粉"。再由少妇两人各持一个铜盆,一个盛火,一个盛梳子和水,给新娘简单梳洗,铜盆给新娘烤手。然后新娘头蒙红布,怀抱宝瓶,由娶亲婆、送亲婆左右搀扶下轿。新郎捧

---

① 靖宇县地方志编纂委员会编:《靖宇县志》,长春:吉林人民出版社,2001年版,第447页。
② 柳河县志编纂委员会编:《柳河县志》,长春:吉林文史出版社,1991年版,第632页。
③ 长岭县史志编纂委员会编:《长岭县志》,北京:中华书局,1993年版,第665页。

着盒子走在前,新娘在后,放爆竹、奏乐,用红毡铺地,到香案前双双交拜,俗谓"拜天地"。之后男女齐入洞房。到门口,由新郎用秤杆揭掉新娘头帕,扔到房顶上,称为"揭盖头"。新娘入洞房,面向喜神方坐,谓之"坐福"。男方家设盛宴款待嘉宾。晚间,新郎、新娘对坐食面,称"食宽心面",也称"吃五大碗"。① 东丰一带新娘入室之前,"新郎先入室,以马鞍置门阙上,新娘跨之而入,新郎在门内揭蒙帕而出,谓之'揭盖头'"②。

怀德一带正婚礼当日黎明,女方穿着被称为"拉草衣"的红色嫁衣,被迎到男方家,有老妇将一个火盆送到轿内,接着,由两个女童递给新娘宝瓶壶,里面装着粳米,用红布罩上,称"递宝瓶壶",意为保佑平安。然后拜"天地桌",桌上放一个斗、两个秤、一副天地牌。家长烧完天地牌后,新娘才下轿,踏着红毯到天地桌前行礼。跪拜的形式,有的地方夫妇同拜天地,也有女立男跪拜天地。③ 之后的婚仪与其他地方大体相同。

榆树一带新人行合卺礼之后,有"食子孙饺子、管小饭、管大饭"的习俗。婚礼当天,女方家的亲戚朋友到男方家做客,男方家专门准备一桌酒席,由女方家的长辈列席而坐,新郎向前行鞠躬礼,女方家赠送一些银钱饰物,称为"管大饭"。当晚,新夫妇有共食汤饼的习俗,称为"食宽心面"。④

(三)中华人民共和国成立后的正婚礼

中华人民共和国成立之后,梨树一带男女结婚先办理结婚登记手续,按《婚姻法》要求男不小于22周岁,女不小于20周岁。城镇青年呈晚婚趋势,二十七八岁结婚的逐渐增多。然后拍结婚纪念照,择日送嫁迎亲。进入20世纪80年代后,迎亲或送亲一般坐同一颜色轿车,偏远农村有的坐农用车,新娘所乘坐的车要装饰成花车,车头贴大红喜字,车身用彩色绸带或鲜花装饰,花车之后车队贴红喜字并于车窗两侧或车上方挂彩色气球。车到男方家,鞭炮齐鸣,新娘下车,婆母从新娘手中接过"聚宝盆"(脸盆)同时放进1001元或10001元钱(寓意千里挑一或万里挑一),新娘则给婆母头上插朵鲜花。然后新郎、新娘携手步入新房,同时小青年争相往新郎、新娘身上喷撒彩纸、彩带,乐声响起。城镇一般请小乐队,也有的播放婚礼乐曲。农村或请传统的民间吹打乐队,或播放乐曲。新娘进入新房坐福,吃饺子。结婚典礼开始。婚典多数由专业主持人主持,一般程序是:奏乐;来宾入席;主婚人、证婚人入席;新郎、新娘入席;儿童向新郎、新娘献花;证婚人宣读结婚证书;主婚人、介绍人、来宾代表致辞;新郎、新娘分别向主婚人、证婚人、介

---

① 张元俊修,车焕文纂:《抚松县志》,民国十九年排印本,卷四。
② 邢麟章、王瀛杰修,李耦纂:《东丰县志》,民国二十年铅印本,卷四。
③ 赵亨萃、李宴春等修,赵晋臣、孙云章等纂:《怀德县志》,民国十八年铅印本,卷十六。
④ 榆树县公署总务科文书股编:《榆树县乡土志资料》,民国二十六年铅印本。

绍人及来宾行鞠躬礼，互行鞠躬礼；新郎、新娘交换礼物；奏乐，礼毕开宴。参加婚礼亲友贺喜礼金多为100元。①

中华人民共和国成立后，东丰一带男女结婚当天，男方家备酒席，招待女方送亲人员和亲友，席间，新郎、新娘逐桌敬酒。晚上备烟茶、花生、瓜子、糖果招待前来闹洞房的青年男女。机关团体、工矿企业职工在本部门举行婚礼或举行集体婚礼，其仪式比家庭婚礼简便，只备烟茶糖果；另有"旅行结婚"形式，新郎、新娘一起到附近城市或著名风景区游览名胜古迹，回来就算完婚。②

抚松一带实行新事新办，结婚形式有家庭婚礼、集体婚礼、旅行结婚等。家庭婚礼一般不沿袭过去的封建习俗。到了吉日这天早晨，由亲友陪伴新郎乘车去女方家接新娘，俗称"迎亲"。新娘的亲友陪伴新娘携带嫁妆乘车到男方家，俗称"送亲"。举行婚礼后，摆酒宴招待娘家客人和来宾。酒宴间新郎、新娘一起到桌前向客人敬烟、敬酒，客人向新郎、新娘祝福。晚间，青年男女到新房祝贺，俗称"闹新房"。集体婚礼一般由共青团和妇联主办。结婚时间多选在重大节日里，婚礼都是在机关单位的会议室举行。数对新郎、新娘在共青团、妇联领导的陪伴下步入会场，面向来宾坐下。由男方出面，以糖果、瓜子、花生、香烟和茶水招待来宾。婚礼由男方单位人主持，婚礼程序大体是：主持人代表单位和来宾向新郎、新娘祝贺，单位领导、家长和来宾代表讲话，最后大家表演文艺节目。旅行结婚是新郎、新娘一起到外地亲属家或其他地方游览名胜，观赏风景，带些糖、烟回来送给同志和亲友。大家表示祝贺，即算结婚。③

三、婚后礼

清初，农安县正婚礼之后七日，新人同车回女方家，女方家设宴款待，称为"回门"。有的七天后只有新娘回门，第二天送回，称"接七换八"。有的一个月后，女方家接新娘回娘家，称为"住对月"。阴历新年正月，新郎、新娘携礼物拜谒男女两家各亲戚，称"拜新年"。④奉化一带新人婚礼七八日后，新郎与新娘同往新娘家，谓之"回门"。新娘家设宴招待。⑤

民国时期，梨树一带婚礼后七天，新婚夫妇同返女方家，住一宿就返回，谓之"回

---

① 梨树县地方志编纂委员会编：《梨树县志（1985—2005）》，长春：吉林人民出版社，2012年版，第789页。
② 东丰县志编纂委员会编：《东丰县志》，北京：中国广播电视出版社，1994年版，第587页。
③ 抚松县地方志编纂委员会编：《抚松县志》，北京：中华书局，1994年版，第915页。
④ 郑士纯修，朱衣点纂：《农安县志》，民国十七年铅印本，卷八。
⑤ [清]钱开震修，[清]陈文焯纂：《奉化县志》，清光绪十一年刻本，卷十四。

门"。一个月后，新妇归宁，称为"住对月"。三年之间，每过新年，夫妇同往岳家，三五日返，称为"拜年"。[1]

靖宇一带婚礼后第二天，新人家中需置备酒宴请宗族亲戚等一并赴宴，新娘逐一拜见，称为"分大小"。新娘过门后于第三日拜祖先，称为"拜祖"。新娘过门第九日与新郎同至娘家，少住数日（5～7日），谓之"回九"。[2] 安图一带夫妇谒拜祖堂，次及翁姑、戚属，是谓"分大小"。再过数日，归宁母家，是谓"回门"，亦谓"回酒"。但不能久住，一宿即归。安图满、汉人家婚嫁礼俗大概如此。[3] 辉南一带新人成婚后三日或九日拜访岳家，称"回酒"。[4] 抚松地区新人婚礼后七日，新娘偕新郎归宁母家，谓之"回门"。[5] 东丰地区新娘拜姑翁，谒祖堂及宗族亲友。及届九日，夫妇偕归岳家，谓之"回门"，亦称"回九"。[6] 镇东一带婚礼后三日，新娘偕新郎归宁母家，谓之"回门"，一顿饭后即返回。[7]

柳河一带新人婚后七天，持四样礼品（如鱼肉、粉条、果品、美酒等），同去女方家，称作"回门"。在女方家欢度一夜，第二天返回，俗称"接七还八，两家齐发"。若是第九天去娘家，必须当天返回，俗话说："接九还九，两家齐有。"这些传统的婚俗，一直延续到中华人民共和国成立。[8]

第五节　民族篇

吉林省是一个多民族的边境省份，将近半数的少数民族聚居于延边朝鲜族自治州、长白朝鲜族自治县、前郭尔罗斯蒙古族自治县和伊通满族自治县。其余的少数民族散居于全省各地。该地的少数民族在与其他民族相互融合的过程中，仍然保留着本民族独特的婚礼习俗，如满族的"验姑爷""换盅""放定"，蒙古族的"求名宴""盘古""沙恩吐宴"，朝鲜族婚前礼中别具一格的"四柱""穹合""奠雁礼"，回族婚礼中的"开单""拿手礼"等习俗共同形成了吉林独具特色的少数民族婚礼。

---

[1] 包文俊修，李溶纂，曲廉本续修，范大全续纂：《梨树县志》，民国十八年修，民国二十三年续修铅印本，卷七。
[2] 靖宇县地方志编纂委员会编：《靖宇县志》，长春：吉林人民出版社，2001年版，第447页。
[3] 陈国钧修，孔广泉纂：《安图县志》，民国十八年铅印本，卷六。
[4] 白纯义修，于凤桐纂：《辉南县志》，民国十六年铅印本，卷四。
[5] 张元俊修，车焕文纂：《抚松县志》，民国十九年排印本，卷五。
[6] 邢麟章、王瀛杰修，李耦纂：《东丰县志》，民国二十年铅印本，卷四。
[7] 陈占甲修，周渭贤纂：《镇东县志》，民国十六年铅印本，卷五。镇东，今镇赉县。
[8] 柳河县志编纂委员会编：《柳河县志》，长春：吉林文史出版社，1991年版，第632页。

一、婚前礼

（一）满族婚前礼

清代，吉林满族结婚特别重视门户，同时禁止早婚，官方及满族家谱都规定不许在十二岁以前订婚，一般在十五六岁订婚，十七八岁以后方可结婚，极少有指腹婚、童婚现象，择婿重视"门户"，而不重彩礼和贫富。《啸亭杂录》载："凡所婚娶，必视其氏族之高下，初不计其一时之贫富……"① 这一习俗也可以理解为择婿重家风门第，重德不重财，所以有"问门户"之俗，这是女方了解男方家世的主要程序。男方行聘也要视女方家世和女子品德而定。男方遣媒到女方家，一般需登门两三次，双方有了充分了解之后，才能讨得女方家准信。媒人每次登门必备酒，俗称"成不成，酒两瓶"。如女方家长认为门第相应，并征得男女同意之后，媒人即带求婚者到女方家，让女方父母相看一番，俗称"验姑爷"。双方满意后，即行订婚礼。后来受汉族影响，亦有"合婚"程序。

正式订婚的初仪称"换盅"，相当于汉族的"过小礼"。届时男方父辈在媒人带领下携酒肉到女方家，女方以此酒肉设宴招待。炕上放一小桌，两亲家对面坐，两人把肥大的旗袍衣襟铺在桌上，接着上菜，菜盘要压住衣襟，两亲家往酒杯倒好酒，端起来，互相换盅，一饮而尽，谓之"认亲家"。如果新姑爷去了，女方家要给压腰钱，并送给"腰褡"。腰褡有绣花的、全丝的、串珠的，两头有小口袋，中间一个立口，留着装钱。腰褡讲究美观，可以看出新媳妇手巧不巧，和鼻烟壶一样被看重。亲家走时给姑娘留下耳环、戒指、衣物之类。这种正式订婚，俗称"放定"。"小礼"过后是"大礼"，大礼必送猪、酒、布匹。此猪称"他哈猪"，经济条件较好的需送双猪、双酒（两缸酒，一缸50斤）、若干布匹。女方用此猪酒宴客。②

清代，吉东一带满族有给姑娘跳家神祈福者，来宾皆以金钱或首饰给姑娘"添箱"。此后姑娘择吉开剪，准备嫁妆。开剪之日，姑娘绾袖盘髻，准备出嫁仪式。

民国时期，东丰一带满族联姻素有"成不成，三杯酒"之俗，媒人携酒三次去女方家说亲。男方将女方应允后开出的彩礼经媒人交至女方家，做姑娘的嫁妆。③

乾安一带满族婚前礼有以下几个环节。"望山户"（也叫问门户）：男方通过媒人向女方求

---

① ［清］昭梿撰，何英芳点校：《啸亭杂录》卷九《满洲嫁娶礼仪》，北京：中华书局，1980年版，第281页。
② 吉林省地方志编纂委员会编纂：《吉林省志·民俗志》卷四十六，长春：吉林人民出版社，1992年版，第159页。
③ 东丰县志编纂委员会编：《东丰县志》，北京：中国广播电视出版社，1994年版，第588页。

婚，女方的父母向媒人了解男方的情况。"小定"（过小礼）：女方同意之后，男方的父母来看姑娘，满意了就留下簪珥等做定礼或拿几个小礼钱，也叫"装烟钱"。"换盅"：双方同意后，男方族长率族内亲属多人带礼物到女方家，女方族长率族人相迎。男女双方的父亲并肩跪在供桌前，斟酒两盅，互送醮祭，正式确定婚姻关系。"过礼"：结婚条件具备后，男方通过媒人与女方商定娶亲的日子，并在娶亲前一个月，将为女方准备的服饰、布匹等赠送女方。①

（二）蒙古族婚前礼

长春地区的蒙古族在漫长的游牧时期，曾经历过抢婚阶段，近代又常以马牛羊为聘（清代一般以马2匹、牛2头、羊30只最普遍），定居后改为钱币、衣物，带有浓厚的草原游牧民族特色。许婚宴（订婚礼）在女方家举行，称作女方的"不兀勒札儿"（蒙语"颈喉"，此专指羊的颈喉）宴。宴上请姑爷吃"不兀勒札儿"，以寓"好马一鞭，好汉一言"，今生今世不得反悔。后来不在许婚宴上设此仪式，而与结婚宴同时举行。新娘的嫂子和弟弟们常故意将此物煮得硬硬的，使新郎掰不断骨节，因而罚酒取笑。② 长春地区的蒙古族婚前礼主要有：求亲、聘礼、嫁妆、择吉日。

首先，男方到女方家里求亲。有的是男方的父母直接到女方家求亲，但通常是委托媒人到女方家求亲。按蒙古族的传统婚俗，男方须多次向女方家求亲，才能得到女方家的许诺，如此女方才能更受尊敬，如果女方同意，就可以定亲。早期蒙古族定亲时男方一般送女方一匹马作为定亲礼，有的通过定亲宴定亲，后来发展为送哈达作为定亲礼，女方家请亲友陪客人饮酒，表示正式定亲。其次，男方在迎娶女方前，送给女方家礼物，又叫"彩礼"。彩礼的多少取决于男方家的经济情况，牧民常以牛、马、羊等牲畜为彩礼。蒙古族视"九"为吉祥数，彩礼以"九"为起点，从"一九"到"九九"，最多不得超过八十一头，他们认为"九九"是长寿的意思。如牧户家贫不具备九数牲畜的彩礼，也可以三、五、七头牲畜为彩礼，但绝不能择偶数。农户则多以金银首饰、柜子、衣物为彩礼。再次，女方父母家陪送女儿的出嫁礼物，即嫁妆。蒙古族非常讲究陪送嫁妆，他们有一句俗语："娶得起媳妇，聘不起姑娘。"说明蒙古族的女方父母陪送嫁妆之多，男方送多少聘礼，女方就要陪送相应数量的嫁妆。通常是女方陪嫁的东西比男方送给女方家的东西多。最后，择吉日，又称"择喜日"。男女两家定亲后，要选择吉日，确定结婚日期。中华人民共和国成立，多是请僧人占卜，择定日子，吉日择定后，男方家派媒人和亲友带上哈达、美酒、糖果等礼品，前往女方家，同其父母商谈结婚事宜。商谈成功后，男女两家开始筹备婚事。一般是装点新房，或新搭蒙古

---

① 张兴贵主编：《乾安县志（1986—2000）》，长春：吉林人民出版社，2008年版，第599页。
② 吉林省地方志编纂委员会编纂：《吉林省志·民俗志》卷四十六，长春：吉林人民出版社，1992年版，第58页。

包,杀牛宰羊,准备聘礼、嫁妆及其他结婚用品,通知双方亲朋好友,光临贺喜。

(三)朝鲜族婚前礼

长春地区朝鲜族婚姻,自古以来就受到朝鲜族人民的广泛重视。在冠、婚、丧、祭这四大礼中,婚礼是最重要的。所以,婚姻的程序被安排得井井有条,进行得严肃认真。

首先,亲事由往来于姑娘和小伙子两家之间的媒人提起。之后,小伙子家的人就去见那姑娘,这叫"干深"(相亲)。回来后,男方家正式向女方求婚。女方家如果同意,就会立即通知男方家里。这样,男方家就可以把"四柱"送交女方家里。所谓"四柱",就是一张写有男子姓名和出生年月日的白纸。女方家接到"四柱"后便与自家女儿的"四柱"和"穹合"相对照。"四柱"和"穹合"如果能合上,女方家就会选定结婚的日期通知男方家,这就叫"择日"。所谓"穹合",是把待婚男女的"四柱"同五行相对照以占吉凶的方术。看四柱时,如果男子生于庚戌,是属狗的,女子生于甲寅,是属虎的,结果便是男子常常被女子所气,这是不符合朝鲜族婚姻习俗的,也就是说,这时的"穹合"对不上,男女是不能成婚的。接下来是送聘礼。新郎家把聘礼装在聘礼柜里送到新娘家。聘礼的多少随新郎家的生活水平的高低而有差异。一般情况下,聘礼就是送给新娘的衣裙料子和青红缎的被褥料子。

民国时期,吉林朝鲜族婚姻全由父母包办,毫无自由可言。婚礼程序繁多,婚前礼一般包括会面、订婚、纳币三道程序。会面,也称"议婚"。会面并不是男女双方本人议婚,而是由媒婆介绍,男女双方父母议婚。双方父母如有意向,就请有学识的人看"穹合",如"穹合"相对,吉多凶少,方能订婚。订婚,也称"纳采"。男女双方父母经口头上互相许诺后,男方父母首先托媒人给女方父母送去新郎的"四柱单子",表示正式求婚。女方接到后,按姑娘的"八字"择吉日确定婚期,再把有婚期的单子送回男方,就算正式订婚。男方家给女方家送彩礼。彩礼有红、绿两件缎衣料,用两根线缠好,连同"礼妆"装入礼盒之内,外包一层红布送到女方家。①

延吉地区朝鲜族婚礼在朝鲜族的生活中是一件大事。姑娘和小伙子的接触传话,需要有一个"媒人"。首先,男方家要让媒人到女方家瞧女方情况如何,这叫"瞧善",与汉族的"相亲"差不多。如满意,小伙子正式向姑娘求婚。女方家如果也愿意,男方家就往女方家送"四柱"。"四柱",就是在一张纸上写着姓名和出生年月日,女方家接到小伙子的"四柱"后,再令姑娘的"四柱"对"穹合"。所谓"穹合",是指男女双方的属相是否相顺而不相克。这不是简单地看合得来合不来,而是要认认真真地看二人的生肖能不能完全对上。如二人生肖不合,婚事就没有希望了;如果二人生肖相合,女方就经媒人通知男方

---

① 韩俊光:《朝鲜族》,北京:民族出版社,1996年版,第79页。

家,说两个人的"穹合"相对,男方家就可把举行婚礼的日期通过媒人传话给女方家,这叫"择日"。女方家得到"择日"的信儿,便占卜吉凶,如果是吉,就可以许婚了。这时,男方家要把彩礼装在彩礼柜中,叫"移礼",送到女方家去。朝鲜族婚姻的移礼,尽管因男方家生活水平不一而各异,但一般都要有"青缎""红缎"等上乘衣料送给女方家,供新娘做衣裳、裙子、被褥用,这叫"纳币"。到这时,结婚前的准备工作基本妥当了,于是对方便按选好的吉日举行婚礼。结婚仪式在新娘家举行。

东丰一带朝鲜族男女婚事由媒人介绍,经双方父母同意,男女中意即可联姻。订婚时,未婚男子和父兄一起到女方家,宴请女方亲朋邻里,当场宣布订婚。婚前,男方送女方一年四季穿的衣服和日常用品。无论装进皮箱还是包裹,衣物的下面都要垫纸,上放一层红枣,取"早生贵子"之意;放一块手帕,准备姑娘离娘时擦泪。女方家接礼妆后,当众公布礼单,分发糖果。①

抚松一带朝鲜族一般先由男方托媒人去女方家请婚,女方父母及本人同意后即可举行订婚仪式,即男方和父兄到女方家,宴请女方亲朋邻里,把订婚的事公布于众。结婚前,男方要为女方送礼妆,礼妆要用皮箱装着,把用红纸写的礼单放在礼物上边。女方家长邀来邻里亲朋,当众公布礼单,分发糖果。女方准备的嫁妆是一两套被褥和出嫁后穿的衣服、衣料以及要赠送给公婆和男方近亲的见面礼品。②

辉南一带朝鲜族婚姻均靠父母之命,媒妁之言,讲究门当户对。但不论贫富贵贱,同宗、表亲之间一律不能通婚。婚日选定以后,男方准备礼妆,一般多是为新娘准备的衣装,象征幸福、多男、长寿的五谷、玩具等;女方亦准备嫁妆,除新娘穿用的衣服外,还有家庭生活用具、被褥及赠送公婆、近亲的见面礼等。③

民国后期,延吉境内朝鲜族婚仪,从说媒到举行婚礼有六项礼仪程序。婚前礼主要包含:纳采、纳吉、纳币、请期。纳采,男方向女方提亲时送聘礼,一般是送给新娘的衣裙料子和青红缎被褥料。问名,这是为占卜被求婚的姑娘命运而打听其母姓名的仪式。纳吉,是新郎家向新娘家通知吉日。纳币,是男方送青缎、红缎给女方。请期,男方把选定的结婚日期以书面形式送到女方家征求意见,女方则根据姑娘的各种情况,定出具体的日期和时间通知男方。④

中华人民共和国成立之后,长白一带朝鲜族与延边、通化一带在定亲结婚程序上基本

---

① 东丰县志编纂委员会编:《东丰县志》,北京:中国广播电视出版社,1994年版,第588页。
② 抚松县地方志编纂委员会编:《抚松县志》,北京:中华书局,1994年版,第915页。
③ 辉南县县志办公室编:《辉南县志》,深圳:深圳海天出版公司,1989年版,第413页。
④ 延吉市地方志编纂委员会编:《延吉市志》,北京:中华书局,2003年版,第759页。

相同。只是结婚嫁妆等要由男方准备，女方只陪嫁两套被褥，与外地略有不同。婚礼前，第一步由男方父亲和叔叔、哥哥领新郎，在介绍人的陪同下去女方家求婚。第二步，在女方没有异议的情况下，通知男方定亲之后，男方父亲、介绍人带领新郎去女方家定亲，女方召集亲属相亲，当女方父亲、亲属表示同意后，介绍人领新郎给女方亲属依次叩头，新郎父亲也要给女方的长辈和平辈叩头以示感谢，同时男方要拿线给女方置办订婚酒。①

（四）回族婚前礼

清末，吉林省回族婚礼颇似近代文明婚礼，并带有伊斯兰教的宗教特色。男方家欲求婚于女方家，必先遣媒妁，致意女方的家长，父兄私下征求女方意见，如女"掩面而泣"，即拒婚，双方同意后，即择吉（一般在主麻日星期五）举行订婚礼，俗称"开单"。由媒人领男方家长和随从人员带若干斤果子、茶叶到女方家，行拿手礼，其意永不背约。同时开一红纸单子，上写女方向男方索取的衣料、首饰等物品，然后由女方家将果子、茶叶分送给左邻右舍和直系亲属，通过这种订婚仪式，使人们知道某家姑娘已名花有主，不能再有求婚者。订婚礼后，要过小礼和大礼，依红单所开名目，按期过礼。然后是"通信"，通过媒人到女方家确定婚期，准备结婚。②

二、正婚礼

（一）满族正婚礼

清代，吉林满族正婚礼的结婚仪式，有憋性、去煞、拜天地、坐福、跨马鞍、闹洞房等。满族"去煞"是花轿进门时，新郎向花轿虚射三箭。吉东满族婚仪上的"搭拉密"（男方迎娶时的领班人，俗称"知客"）必须精明干练，既懂规矩又有教养，还要机智热情，口齿伶俐，有辩才。他身拎"酒憋子"，上贴双喜字，里边装着上等好酒，到女方家行迎亲敬酒礼，必须用"酒憋子"里的酒，给新娘父亲敬酒。女方有好逗趣的人，总是千方百计设法偷去"酒憋子"里的好酒，换上白水，使"搭拉密"当场出丑。一般"搭拉密"献酒，女方父亲喝酒时总是说："好酒，好酒！"一饮而尽，如果是水，就把酒杯还给"搭拉密"，并和颜悦色地说："此酒需好酒，婆家没有娘家有，拿酒来！"偷酒的人早已等在左右，答应一声，递上酒壶。"搭拉密"一尝，如果真是他带来的酒，就笑着说："真是我的好酒，

---

① 长白县志编纂委员会编：《长白朝鲜族自治县志》，中华书局，1993年版，第427页。
② 吉林省地方志编纂委员会编纂：《吉林省志·民俗志》卷四十六，长春：吉林人民出版社，1992年版，第163页。

你真有内手。"同时掏出赏钱给盗酒者。此时自然引起在场人哄堂大笑，增加喜剧气氛。正因如此，"搭拉密"不论多忙，"酒憨子"总不离身，随时警惕喜酒被盗。

另一带有喜剧色彩的礼仪是"磕哑巴头"。满族婚礼，新郎迎亲时，要给女方亲属一一叩头，然后新人才能上轿。女方为了使女儿到婆家不被轻视，除了必须受礼的岳父、岳母等长辈之外，往往拉一些不相干的屯亲乡邻来充数，以显示原系望族，门第不凡。加上女方执事人有意捉弄新郎，便使新郎有磕不完的头，新郎不便分辨，俗称"磕哑巴头"。如今这种旧礼俗早已消失，但民间仍留下一句歇后语："新姑爷认亲磕不完的头。"

满族青年十八岁便去当兵，常在军营结婚，姑娘必须远嫁，或两家相距也远（当时满汉不通婚，找本民族门当户对的人家结亲亦非易事），所以姑娘常先一日到夫家所在地，住在"下处"，次日迎娶。打"下处"（如亲友家）时要给"压炕钱"。女方家送亲，男方家娶亲，双方喜车相遇时，新娘要由其兄或弟抱至男方迎亲车中，谓之"插车"。如路上与另一家娶亲车相遇时，车夫需交换鞭子作为纪念。遇官轿，则迎新车或轿概不让路，官轿或车给喜车让路。又因满族青年常在军营结婚，留下新婚之夜"宿帐篷"的古俗，即拜过北斗，揭去盖头之后，跨过马鞍不去新房，而入院中新搭的帐篷入洞房。在帐篷中开脸、坐福，新郎要在帐篷外等候，入夜，再三请求入内，如新娘允许即进帐成婚；如新娘不答，新郎要绕帐三圈，再请求："许入帐否？"直至新娘允许，才能进帐。满族崇祖，新娘入门不久，要穿婆婆鞋，溯河而上，以寓沿老人来路走，"慎终追远"之意。现在，此类古俗早已不存。但长春一带结婚，有新娘下汽车后穿婆婆鞋步入洞房的新俗，可能是往昔"穿婆婆鞋，溯河而上"的满族古俗的演变。

民国时期，东丰一带满族婚礼很隆重，称男儿结婚为"小登科"。将新娘用花轿迎入洞房坐床后，亲友们在揭帐认新娘时齐唱"喜歌"，间有用黑豆掷撒洞房的，以示吉庆。[①]

辉南一带满族娶亲当天五更时，双方迎送亲彩车同时出发，途中相遇时两外车厢相互交错，由新娘的哥哥将其抱到迎亲车上，称为"插车"。迎亲彩车到男家门外时，新郎弯弓虚射三次，新娘前后心背铜镜，怀揣宝瓶，脚踏马杌下车，踩红毡到神桌前，与新郎一同望北斗，称为"拜北斗"。之后，新郎、新娘面南跪在神桌前，萨满（念祝词的人）单腿跪地，唱三段"阿祭布密歌"，唱一段用刀割一片肉抛向空中，端起酒盅把酒泼到地上，称为"撇盏"。晚上，新郎、新娘喝交杯酒，图吉利争坐被上。[②]

延吉境内的满族，在清朝时采取本民族"内婚制"，但同姓或同宗者不能婚配，满族男子可娶外族女人，满族女人不可嫁外族男子。清末满族女子始与外族男子通婚。中华人民

---

① 东丰县志编纂委员会编：《东丰县志》，北京：中国广播电视出版社，1994年版，第588页。
② 辉南县县志办公室编：《辉南县志》，深圳：深圳海天出版公司，1989年版，第413页。

共和国成立之后,实行国家颁布的《婚姻法》。满族人结婚前要先"打下处",即新娘于出嫁前一日,由送亲婆陪同到婆家事先选好某家住宿,一般离婆家不远,以看不到婆家房檐为标准。

(二)蒙古族正婚礼

民国时期,吉林蒙古族婚礼当天清晨,送亲时辰一到,新娘被叔父或兄长用毡子抬上喜车。出发前,新郎要骑马绕喜车跑三圈。然后同送亲人或骑马或坐车一起启程。也有的清晨启程时,新娘骑马绕蒙古包跑三圈(既是礼仪,亦示留恋),然后随新郎及娶亲人乘马离去。在娶亲途中,男女双方尽情驱马奔驰,互相追逐,并掠帽子嬉戏。一般是女方亲友,千方百计把新郎帽子抢来扔到地上,迫使新郎下马拾帽,以影响迎亲队伍的速度。男方则互相掩护,不让女方抢去帽子。一路上骏马奔驰,互相追逐,你呼我应,嬉闹欢乐,既有古代抢婚遗风,又具有强烈的草原婚礼特色。

喜车到家时,男方出来四个媳妇向送亲队伍问安敬酒。新娘的嫂子接过酒杯后,向四方洒酒敬神,向车轮洒茶水洗尘。进屋后,请分头妈为新娘梳头。分头妈必须是命相有福的全科人。梳头时,把单辫分开,梳成媳妇头。有的还把一对新人的头发联结起来,寓意"白头偕老的结发夫妻"。分头妈,也叫梳头妈或绾头妈,蒙古族婚礼称"姑娘的额莫(妈妈)哟,也应该有三个",即指姑娘的生母、婆母、分头妈,新娘一生中要像尊敬生母一样尊敬分头妈。新娘梳妆打扮后,新婚夫妇行拜天礼、拜火礼,院中放一方桌,桌旁生一盆火,桌上放弓箭、羊骨,新婚夫妇跪拜,同时请喇嘛念经。之后,新娘拜见公婆,和亲属行拜见礼。礼毕,开始婚宴。①

长春市蒙古族正婚礼主要包括娶亲、求名问庚、拜火、行婚礼等。

蒙古族的娶亲非常隆重,并保留着娶亲队伍到女方家投宿娶亲的传统婚俗。娶亲一般是在婚礼的前一天,新郎跨骏马,佩弓箭,腰披白色哈达,头戴圆顶红缨帽,脚蹬高筒皮靴,在伴郎、四名骑手和一名能言善辩者的陪同下,携带彩车和礼品,前往女方家迎亲。如果娶的是牧户家的女子,娶亲者至女方家,先绕蒙古包一周,并敬献一只"碰门羊"和其他礼品。然后,新郎和伴郎手捧哈达、美酒,向新娘的父母、长辈逐一敬酒,并行跪拜大礼。礼毕,娶亲者入席就餐。如果娶的是农户家的女子,娶亲队伍将至女方家里时,女方家用桌子挡在大门口,桌上放一壶白酒,两位少女和两位少妇分站桌的两侧,桌后站一位能言善辩者。女方发问,男方应答,问答中经常会有一些狡辩、怪问、挖苦、吵骂等情况,如答词被女方认可,即向新郎敬酒三杯,第一杯祭天,第二杯祭地,第三杯新郎一饮而尽,然后

---

① 吉林省地方志编纂委员会编纂:《吉林省志·民俗志》卷四十六,长春:吉林人民出版社,1992年版,第161页。

女方移开桌子放迎亲队伍进门。当然这些细节只是为了给娶亲增加更多欢乐的氛围。

求名问庚，是求问新娘的姓名，又称讨封，是一种传统的仪式，实际是一场有趣的戏耍活动。娶亲者在女方家投宿的晚上，要在新娘的闺房里摆设羊五叉或全羊宴，也叫"求名宴"。参加此宴的都是同辈，如新郎和其他娶亲者，新娘及其兄嫂、姐妹们等。宴席上，大家戏耍新郎，逼他下跪或半跪，求问新娘的乳名或奶名。新娘故意不答，新娘的嫂子和姐妹们也不作答，故意拖延时间来戏耍新郎。此间，男方的祝颂人与女方的嫂子相互答辩、对歌，直到女方说出真实乳名，求名宴才告结束。求名问庚，实际上是一场智力竞赛，以此表达蒙古族青年男女的聪明智慧。次日清晨，娶亲者起程时，新娘由叔父或姑夫抱上彩车，由四位少女陪伴，在迎亲、送亲队伍的簇拥下前往新郎家。送亲队伍少则百余人，多则三百余人。新郎要骑马绕新娘乘坐的彩车三圈。然后，娶亲者和送亲者一同起程。

蒙古族很重视婚礼仪式，尽管地区不同，形式各异，但都非常隆重、热闹。一般牧区的婚俗是：新娘被娶到新郎家后，新郎、新娘不下车马，先绕蒙古包三圈。然后举行拜火仪式，即两位新人从两堆旺火之间双双穿过，接受火的洗礼，从而使他们的爱情更加坚贞不渝，生活幸福，携手终老。拜火，是蒙古族婚礼中的一个重要仪式，是婚礼上不可或缺的内容，尽管其形式不一。新郎、新娘进入新郎家后，首先拜佛祭灶，然后拜见父母和亲友。礼毕，由梳头额吉给新娘梳头、梳洗换装，等待婚宴的开始。蒙古族牧民对婚礼的评价标准是肉多、酒多为上等，谁喝的酒多，表示谁对婚礼祝贺诚心。婚宴通常摆设羊背子或全羊席，还有各种奶制品和糖。新郎提银壶，新娘捧银碗，向长辈、亲友，逐一献哈达、敬喜酒。小伙子们推杯换盏，开怀畅饮，女孩子们载歌载舞。席间，新郎手待大碗敬酒两巡，并有四五个人在旁边高唱祝酒歌予以协助，客不饮则新郎长跪不起。因此，客人往往酩酊大醉。婚宴一般持续两三天，亲友们才陆续离去。而女方送亲者还要留人陪新娘住一至三日，查看新郎、新娘婚后的感情是否融洽，以安其心。如果是新娘的母亲陪留则多至十几日。分别时，母女拥抱，痛哭，表达不舍之情。①

松原地区前郭尔罗斯蒙古族迎亲人从男方出发时带"袖瑟"（给女方婚宴上用的酒和肉等食物）。迎亲人到了女方家后，婚礼习俗活动开始。（1）迎亲。迎亲人到后，女方向男方迎亲人献茶，在此阶段要唱盛装赞、祝箭歌、赞马歌、贺喜歌曲等。（2）求名宴。这是女方的头道宴，招待接亲队伍。宴席开始之前女方的嫂子们和弟弟、妹妹们耍闹，为难男方的"贺勒莫沁"（本族中能言善唱的祝词歌手）求名问属，这时有献奶酒、对唱求名问属歌等。（3）盘古。求名宴后，盘古开始，穿插盘古歌、劝诫歌、贺喜歌。（4）沙恩吐宴。这

---

① 汪玢玲、李少卿主编：《长春市志·民俗方言志》，长春：吉林文史出版社，1995年版，第52～56页。

是女方家的二道宴，女方把为新郎做的袍靴献上，新郎要换装。这时女方的嫂子、妹妹、弟弟们要闹为难新郎和伴郎，让他们给嫂子、弟弟们点烟敬酒、唱歌等，用各种游戏为难他们。沙恩吐宴期间歌手唱告别宴、报宴歌、祝酒歌、论酒歌、赞沙恩、亲家歌、姑娘的歌、额莫的歌、报时歌。一直延续到送亲时辰。（5）送亲。报时歌催促人们起程，男方接亲与女方送亲人开始上路，一路上欢歌笑语，抢新郎帽子、赛马等。路上遇到敖包要祭拜。迎亲与接亲队伍快要到达男方家时，送亲队伍等候休息，新郎与伴郎先回到家，给家里人报上所有的人数、车数，男人和女人的数量都要各个报上。然后新郎、伴郎回到送亲队伍处，围送亲队伍逆时针绕三圈后，带领送亲队伍进入男方家头道门，男方的"贺勒莫沁"手持三色和五色哈达的木叉堵在门口，与女方的"贺勒莫沁"进行头门对歌，包括从古至今的历史、民族习俗等的问答，以此来难为对方。这些程序结束后把送亲队伍请到屋里献哈达和荷包。这时男方的歌手献上赛马歌、头门歌、荷包歌等。（6）拜天。正式举行婚礼之前，女方还有一位梳头妈为新娘举行梳头仪式，唱劝嫁歌。这时男方的祝词家报拜天时辰，其间贯穿揭帷幕、拜火歌、拜双亲、祝愿歌。最后，一对新人拜火、拜天、拜双亲，结束整个婚礼。[①]

中华人民共和国成立之后，随着时代的发展和人们思想的变化，蒙古族婚礼中那种远娶、远嫁、悲嫁的气氛大为减少，包办婚为自主婚所代替，婚礼形式也大为简化。但仍保存了该民族唱婚礼歌、民歌、说唱蒙古书，同辈间嬉戏逗趣等蒙古族的优秀文化传统，同时增加了许多现代化文娱活动，充满时代气息。

（三）朝鲜族正婚礼

吉林朝鲜族婚礼，通常分两阶段进行：第一阶段在新娘家举行，第二阶段在新郎家举行。新郎骑马迎亲时，要在新娘家举行新郎婚礼。婚礼上要铺用红橙黄绿青蓝紫七色绸布缝制的七彩路，两位新人行走其上。新郎婚礼迎亲队伍序列是"雁夫"前行，新郎随后，再后有上客、下客及荷夫，到女方家举行奠雁礼。奠雁是古六礼中的重要程序，取雁之忠贞不二，爱情专一，以喻夫妻之美德。其雁为木制模型，涂以彩绘。新郎下马时，女方家必备一条麻袋，内装稻谷，象征婚后粮谷满仓，生活富裕。下马之后，女方家迎门横设一条案，前后各设下铺草席的小桌一张，上摆两只铜碗，盛以稻米；两只铜碗盛以白水；两只花瓶盛以水，插上柳枝，亦有摆青松、翠柏的，象征四季常青，瓶用彩布红绳缠裹，再摆果碟酒杯若干、蜡烛两支，铺拜席一张，举行奠雁礼。古时由新郎、新娘各自头顶木雁，新郎由外向内跪，新娘由女方家的男性长辈用红布敷面，扶至席间，外向与新郎同跪

[①] 朱立春：《吉林省民俗节庆》，长春：吉林人民出版社，2012年版，第132页。

拜"婚姻笏记"（用白纸书此四字于仪式单正面）。拜毕转置木雁于桌上，然后再行交拜礼、合卺礼。其后奠雁礼为送函（即红色木匣）所代替。函中装少许大米、衣料、假发、钱币、婚契等。奠雁礼或接函礼之后，由对盘（傧相）引导新郎、客人进屋，再举行交拜礼、席宴礼。席宴礼，即新郎接受婚席，由傧相和邻里相陪。席上摆满糕点、糖果、鱼肉佳肴。宴桌上必须备有一只烧熟的翘首挺胸的公鸡，嘴叼红辣椒，象征吉祥如意，多子多孙。席宴将结束时上饭，碗底要放三个去皮熟鸡蛋，作为婚礼必备的喜庆食物，现在仍有此俗。故朝鲜族民间流传一句谚语："一个公鸡，三个蛋，即可娶亲。"新郎吃饭用蛋时，通常留一半饭和一两个鸡蛋给新娘吃，以示体贴。喜宴中同辈青年可写"考单"或限韵作诗，考新郎的才智水平。这是古时"东床礼"的遗俗。旧时，新郎在新娘家结婚，一般要住三天。三天之内同辈青年可随意捉弄新郎，提出荒谬古怪的问题，强令新郎回答，或吊打捆绑，此时往往是岳母心疼姑爷，以金钱果品来为新婿解围。①

婚礼三天之后，接新娘（今皆改为当天）。新郎回家，新娘有直接跟回去的，也有等选吉日再接回去的，都要有陪送的亲友。新娘离家这天，娘家不再操办，而由男方准备。

新娘乘喜车（后也有用花轿的）到新郎家后，公婆要载歌载舞出来迎接，如不歌舞相迎，新娘可不下车，然后举行新娘婚礼。长白山一带举行新娘婚礼时，新郎迎进灶间，一脚踩锅台，将装有果品的葫芦瓢向炕上扔去，如瓢扣着意味着将生男孩儿，全家高兴。新娘由女傧相引导进屋，接受婚席。喜桌上糕点佳肴更加丰盛，同样摆着嘴叼红辣椒、翘首挺胸的大公鸡，象征吉祥富贵，早生贵子。晚间花烛之夜，男女青年歌舞相庆。闹完洞房上炕前，新郎必须为新娘解开袄带。因此朝鲜妇女惯用"解袄带人"指代白头偕老的丈夫。②

在古时候，吉林朝鲜族结婚，新郎要先"嫁"到新娘家里，在新娘家举行婚礼以后，住上一年半载，而后把新娘接到新郎家里，再举行一次婚宴。所以，朝鲜族问一个小伙子成家与否时，不说"娶媳妇了没有"，而是说"入了丈家没有"。所谓"入丈家"就是加入岳父家里。中华人民共和国成立以前，在我国朝鲜族中实行过半亲迎和亲迎两种方式。半亲迎婚娶方式主要包括如下程序。③

大礼包括新郎的"初行"和"婚礼"两个过程。新郎从自家前往新娘家附近的临时停留所叫作"初行"。结婚这天，新郎身着"纱帽冠带"（李朝时期的官服），手持一把遮脸的大折扇或阳伞。骑马前往女方家举行婚礼。随同新郎前往的有"上宾""雁夫"等人。"上宾"由

---

① 吉林省地方志编纂委员会编纂：《吉林省志·民俗志》卷四十六，长春：吉林人民出版社，1992年版，第162页。
② 同上注，第163页。
③ 吉林省政协文史资料委员会、延边朝鲜族自治州政协文史资料委员会编：《吉林朝鲜族》，长春：吉林人民出版社，1993年版，第406页。

父亲或叔父担任。前往新娘家时要携带"婚函",里面装有赠给新娘的衣料和"许婚书"。新郎一行到临时停留所后稍事休息,准备参加婚礼。婚礼在新娘家里举行。先由"函夫"向新娘家的女眷递交"婚函"。女眷用双手撩起裙子兜接,拿进屋里让其他女眷观看里面的礼物。接着,由"雁夫"向新娘家递交用彩布包裹身子的木雁,用以表示忠贞不渝的爱情。新郎踏着彩布,徐徐步入新娘家的院内。新娘家把木雁放在彩布或一张小桌上,新郎用扇子轻轻地推移三下,而后站在喜桌旁边。此时,新娘由两名伴娘搀扶,从屋里缓缓走出,站到新郎对面。这天新娘的打扮是:头绾"大发",上戴"簇头里",发钗上悬垂宽发带,垂于前胸两侧;身穿长衣。新郎、新娘隔着喜桌相向而立,在司仪的主持下行交拜礼和合卺礼。所谓交拜礼是新郎和新娘互致跪拜礼。合卺礼则是新郎和新娘各斟一杯酒,相互敬饮。[①]

婚礼结束,新郎走进新房接受"大桌"(婚桌)。上炕前,先站在外屋地上往炕里用力推动木雁。如果木雁是趴着的,认为是头胎生儿之兆,如果是仰着的,便认为是生女之兆。在"大桌"上摆满各种美味佳肴,最显眼的是嘴叼红辣椒、昂首而卧的一整只公鸡。"大桌"上摆放酒食之后,新娘家的人先给新郎递"单子"。所谓"单子"是写有简单诗句的纸条,要求新郎赋诗和对,借以试探新郎的才学和智慧。如果新郎和对不了,也可由"上宾"和对。吃"大桌"上的佳肴之前,新郎先提出把每样菜肴都拣出一些敬赠给自己的父母和近亲,谓之"打订奉送包"。之后,新郎同陪坐的人们一起共食"大桌"的菜。除"大桌"外,还要给新郎另上一个饭桌。新郎的饭碗里埋有三个剥了皮的熟鸡蛋,新郎不可全吃,须留两个给新娘吃。新娘在新郎家接受"大桌"后吃饭也是如此。到夜晚入洞房时,把"大桌"上的果品菜肴拣出几样给新郎、新娘当夜宵吃,吃完后由新郎解开新娘的"簇头里""大发"和袄带。接着,用两手同时掐灭两根烛火,共枕入眠。[②]

东丰、抚松、辉南一带朝鲜族结婚当天,新郎亲自骑马随轿去女方家接新娘。岳父家桌上摆满糖果、糕饼和鸡、鱼、肉、蛋等,桌子中心有一整只蒸熟的公鸡,鸡嘴里叼着一个红辣椒,雄鸡象征男性,辣椒籽多象征多子多孙,这被称为放大桌(宴席),新郎当场解答各种带有"考试"性的疑难。[③]新郎的饭碗里有三个去了壳的熟鸡蛋,新郎只能吃一半,留一两个给新娘吃,以示体贴。新娘到了新郎家,要与新郎同拜公婆,然后坐在"大桌"前吃"大桌",大桌上摆的东西要比新娘家丰盛得多。[④]双方都要把"大桌"上的部分食品

[①] 吉林省政协文史资料委员会、延边朝鲜族自治州政协文史资料委员会编:《吉林朝鲜族》,长春:吉林人民出版社,1993年版,第407页。
[②] 同上注,第408页。
[③] 辉南县县志办公室编:《辉南县志》,深圳:深圳海天出版社,1989年版,第413页。
[④] 抚松县地方志编纂委员会编:《抚松县志》,北京:中华书局,1994年版,第915页。

分赠给双方家中的老人。接着大宴宾客，载歌载舞到深夜。①

中华人民共和国成立后，延吉境内朝鲜族婚礼一般是"女嫁"和"男娶"同时进行。到了结婚日，新郎带着"婚函"由傧相陪同前往新娘家迎娶。新郎一行到新娘家以后，由岳母接受"婚函"。然后，新郎在新娘家男眷们的陪同下接受"大桌"。"大桌"上除了各种佳肴外，有两样东西必备：一样是叼着红辣椒或红枣的整鸡，另一样是埋着三个鸡蛋的一碗大米饭。鸡蛋是新郎必吃的食物，但只许吃两个，另一个则留给新娘吃。"大桌"上的食品在大家共享之前，每样都拣出来一些单独包起来送给新郎的父母，让他们知道新娘家款待新郎的情况。新郎吃完饭后，新娘告别父母随同新郎前往新郎家。新娘一行到新郎家后，在单独安排的一间屋里，由女傧相陪同接受"大桌"。"大桌"上的食物要全部留下，待回娘家时带回去。到晚上，新郎家举行娱乐会。②

汪清一带朝鲜族男女结婚之日，新郎到女方家接受"新郎桌"，桌上摆满糖果、糕点、民族饼干、肉、鱼和嘴叼干红辣椒、蒸熟的一整只公鸡，还必须摆猪头肉、猪肝、猪爪等，以示女方的重视和婚礼的隆重。新郎"代办"给新郎敬酒之前，先问如何处理桌子，新郎根据双方老人和父母的情况，各取一份赠送，以示尊敬。新郎吃鸡蛋是最热闹的场面，根据朝鲜族的风俗习惯，此时新郎一定要连饮三杯酒，否则被认为是无能的弱者。饮毕，宾客才开始饮酒。新郎左右各是与其年龄相仿的知心朋友，宾客酒后，新郎开始吃饭。饭里事先埋好煮熟并扒了皮的三个鸡蛋，新郎须吃一个半后留给新娘吃，以示婚后和睦相处，互敬互爱。新娘吃完新郎留下的饭与鸡蛋后，新婚夫妻给长辈依次叩首一次，以谢长辈及父母对自己的养育之恩。然后，将女方准备的被褥、立柜等嫁妆装上车，新娘穿上洁白的朝鲜族服装乘车前往婆家。司机按照朝鲜族习惯在婆家附近鸣笛，以示新娘到家。此时眉开眼笑的公婆，要迎车跳舞，其他亲属则给司机敬酒，司机才把车开到婆家门前。新娘入席以后，由新娘"代办"陪同。婆家给新娘准备丰盛的"新娘桌"。细心的新娘此时暗数桌上摆的糖果及各种菜的数量来衡量婆家对自己的重视程度。③

长白一带吉日当天，"雁夫"先行（现多无此习俗），后跟新郎、上客、荷夫（多为汽车司机代替）到女方家，由傧相陪引新郎，上客进屋按奠雁礼、交拜礼、房合礼、席宴礼等顺序进行。席宴礼是新郎接受婚席，由傧相邻里相陪。席上摆满糕点、糖果、鱼肉佳肴，宴席将结束时，给新郎上饭上汤，在饭碗里放三个去皮的鸡蛋。新郎用饭时要吃鸡蛋，通常留一半饭和一两个鸡蛋，等退席后给新娘吃，以示体贴。新娘离娘家前要向父母与长辈

---

① 东丰县志编纂委员会编：《东丰县志》，北京：中国广播电视出版社，1994年版，第588页。
② 延吉市地方志编纂委员会编：《延吉市志》，北京：中华书局，2003年版，第759页。
③ 汪清县地方志编纂委员会编：《汪清县志（1909—1985）》，内部发行，2002年版，第473页。

叩首告别，随迎亲队伍去婆家。①

（四）回族正婚礼

吉林回族婚期，由男方家设宴，招待亲友，举行迎亲礼。婚礼上请阿訇证婚。用阿拉伯文写伊扎布，即婚书。"伊扎布"系阿拉伯语的音译，意为"确定"。其内容大意是：婚姻主定，父母通过，夫妻情愿，言明聘礼，介绍人见证，来宾祝贺。再写上新婚男女经名（初生时起的阿拉伯语名字）。然后先由新娘念"塔丹"（波斯语"我给了"），再由新郎念"改伯拉图"（阿语"我承领了"）。写完伊扎布，证婚人阿訇念祝贺词，仪式上也有阿訇以枣投向新婚夫妇以表祝贺的，然后行捧手礼。自阿訇以下均捧手伏面，祈求真主保佑。新娘依次行礼。礼毕设宴招待新亲及来宾。晚饭新郎、新娘吃长寿面。闹洞房时整夜明灯不熄，谓之"长命灯"。婚后三日新郎伴新娘回门。回族婚礼，既不用鼓乐，也不拜天地，而以宗教形式巩固婚姻关系。

农安一带回族正婚礼这一天，男方家备酒，邀亲友，举行亲迎礼。招待员、证婚人、主婚人、介绍人、来宾次第入席后（禁止女宾），男主婚人面向内，与众人行礼，互道安宁。新郎入席，跪于证婚人前，证婚人为其立证书且宣读，令新人各自签字，交卡宾钱。此时，由女方家主婚人代女索身价钱，即时由新郎自行交出，多寡以贫富而定，必有番饼十枚以上。而后证婚人读赞词，阿訇用枣投向新郎，以表祝贺，行"捧手礼"。新郎即依次行礼。②

三、婚后礼

（一）朝鲜族婚后礼

朝鲜族结婚第二天，要举行舅姑礼。届时新娘由女傧相引导，向公婆及近亲行叩首礼，并赠送从娘家带来的礼品。婚后第三天，新娘要脱下婚装，由婆母指点做头一顿饭，早饭后回娘家（三日回门），称"初行"。结婚三天后，娘家嫂子带些食品，来看新娘。清末民初也有母亲送女儿出嫁，陪住多日才归的，七天回门，也有三天回门的。③ 有的地区婚礼后第二天早晨，新娘家的亲属们都来看新郎，互相介绍，并根据身份，晚辈施礼，长辈受礼，这就是所谓的"通商礼"。"通商礼"结束后，这些亲属们便邀请新郎到自己家里去吃饭。这种习惯一直流传到今天。新郎在新娘家一般滞留三天。这三天里，村里的青年们可以随

---

① 长白县志编纂委员会编：《长白朝鲜族自治县志》，中华书局，1993年版，第427页。
② 郑士纯修，朱衣点纂：《农安县志》，民国十七年铅印本，卷八。
③ 吉林省地方志编纂委员会编纂：《吉林省志·民俗志》卷四十六，长春：吉林人民出版社，1992年版，第161页。

意捉弄新郎。为了考查新郎的机敏程度，他们总是提出许多荒谬的问题强令新郎回答。有时，他们还拿出很难押上的诗韵来叫新郎作诗，请新郎唱歌跳舞更是少不了的事情。闹够了，他们就请新郎去喝酒吃饭。这种风俗是从古代流传下来的一种古风，即"东床礼"。三天后新郎回家。新娘是在新郎回家后的某个选定的吉日被接回的。新娘离家那天，娘家不再大摆喜筵，而是由新郎家举办。新郎家也搭醮礼厅，为新娘摆喜筵，并把桌上的食物送到新娘家。第二天，新娘也同丈夫家的亲属相认，施礼，并被他们请去招待一番。新娘家的送亲人员也是爷爷、叔叔等长辈，他们把新娘送到新郎家。回去时，他们请来亲家父母，把新娘托付给亲家长辈们，然后对新娘说"你虽然生长在我们家，但由于自然规律，你已来到了这一家。从现在起，这就是你的家了"。并且一再嘱咐她，要侍奉好公婆，夫妻之间要相亲相爱，要使家庭有一个和睦的气氛，千万不能做出有损两家门面的事情等。于是，新娘便在公婆面前向爷爷和叔叔发誓会按他们的希望做事，并向他们行礼作别。结婚仪式到此全部结束。新娘是在结婚后的一个月，或者是两个月、一年之后回一趟娘家。每当这时，新娘把自己在婆家酿的酒、做好的各种米糕及亲手熬出来的麦芽糖带一些给父母，并向他们致谢说："承父母之恩，我已长大成人了。"①

东丰一带朝鲜族结婚次日清晨，新娘叩拜公婆及兄长。第三天，新郎陪新娘回娘家，新娘家招待新婚夫妇及邻里。第四天回到婆家，同样要摆宴席。②

抚松一带朝鲜族婚后第二天早晨，新娘要叩见公婆及近亲，并赠送带来的礼品。第三天，新娘由新郎陪伴回娘家，新娘父母用酒菜招待新婚夫妇及邻里。第四天回到婆家时，婆家同样招待。③

辉南一带朝鲜族婚后第二天，新娘备好礼品叩见公婆和近亲。婚后第三天归宁。另外，若结婚六十周年的老夫妇均健在，所有子女齐全，并有孙子、孙女的，要举行"归婚礼"，因归婚礼实属罕见，所以规模比普通婚礼还要盛大，老夫妇身穿当年结婚时的礼服，子孙亲友、邻里乡亲齐来祝贺，大摆宴席，热闹异常。④

中华人民共和国成立之后，汪清一带朝鲜族婚后第三天，在回娘家前，新娘要将自己结婚时带来的物品及给公婆做的衣服都拿来摆好，然后向公婆磕头拜别。⑤延吉境内朝鲜族婚后第二天早晨进行"新娘献礼"，新郎和新郎家的亲眷们各坐一旁，新娘按照长幼和远近的顺序一一敬酒，并馈赠一件礼物，礼物一般为衣料或服装。在婚后的第二天或第三天，

---

① 吉林省地方志编纂委员会编纂：《吉林省志·民俗志》卷四十六，长春：吉林人民出版社，1992年版，第162页。
② 东丰县志编纂委员会编：《东丰县志》，北京：中国广播电视出版社，1994年版，第588页。
③ 抚松县地方志编纂委员会编：《抚松县志》，北京：中华书局，1994年版，第915页。
④ 辉南县县志办公室编：《辉南县志》，深圳：深圳海天出版公司，1989年版，第413页。
⑤ 汪清县地方志编纂委员会编：《汪清县志（1909—1985）》，内部发行，2002年版，第473页。

新郎、新娘一起返回娘家省亲,欢乐饮宴。至此,婚事才算全部结束。① 长白一带新人结婚第二天,还要举行舅姑礼,新娘由女傧相引导,向公婆及近亲依次行叩首礼,并赠送从娘家带来的礼品。婚后第三天,新娘要脱下婚装,由婆母指点做第一顿饭,早饭后回娘家,叫"初拜"。②

延边地区朝鲜族婚后礼包括"于归"与"再行"。新郎在新娘家举行婚礼并住三天后,同新娘一起返回自己家,谓之"于归"。这时新郎依然骑马,新娘则坐轿。新娘要准备一些礼物,以备到新郎家的第二天举行"家宴"时,赠送给新郎的父母及近亲。陪同新娘前往的人叫"上宾",一般由新娘的父亲或叔父担任。新娘到新郎家后不举行婚扎,只接受"大桌"。"大桌"上的食物要原封不动地带回娘家,敬献给父母及亲眷。第二天早晨,新娘要下厨房亲手点火做饭,借以显示炊事手艺。饭后举行"家宴",新郎的父母及其他亲眷坐在一侧,新娘坐在一侧。新娘在一名新郎家女眷的指点下向公公、婆婆和其他亲属一一敬酒并赠衣料、布袜等礼物。"再行"是新郎在自家住三天后,陪同新娘到娘家去拜访岳父母。此时,村里的小伙子们要对新郎"上刑",把新郎吊起来,用木棍抽打新郎的脚板,借以向新娘的父亲索讨吃喝。在新娘家住上一到两天后,新郎同新娘一起返回新郎家里。至此,婚事才算完全结束。如今,朝鲜族的婚娶习俗,在婚娶程序、礼仪、服装以及具体细节等方面,都已发生了很大的变化。现在实行的是完全的亲迎方式,当天就把新娘接到新郎家里。结婚的第二天,新娘同新郎一起回娘家拜见父母,当天便返回婆家。新郎穿西服,新娘穿特制的礼服。新郎、新娘不骑马坐轿,均坐小轿车。递送木雁、给新郎"上刑"等旧俗已废弃。旧式婚礼也代之以"饭店婚礼""旅行婚礼"等新式婚礼。③

(二)其他少数民族婚后礼

辉南一带满族第二天一大早,新婚夫妇早起拜父母、宗族长辈,称为"分大小"。三天后,新郎、新娘去女方家看望,称为"回门"。④ 乾安一带满族新人婚后次日早,拜父母、长辈,三天之后,新郎同新娘去女方家,叫"回门"。⑤

长春蒙古族婚礼三天后,嫂子带食品来看新娘,七日回门。蒙古族自古有男方到女方家入赘的习俗,赘女家,因贫不具礼,常谓之"小娶"。小娶则女不结发,但与同居,或已生子女,始携回补行大娶礼。中华人民共和国成立后蒙古族婚礼悲远嫁的气氛明显减少,

---

① 延吉市地方志编纂委员会编:《延吉市志》,北京:中华书局,2003年版,第759页。
② 长白县志编纂委员会编:《长白朝鲜族自治县志》,中华书局,1993年版,第428页。
③ 吉林省政协文史资料委员会、延边朝鲜族自治州政协文史资料委员会编:《吉林朝鲜族》,长春:吉林人民出版社,1993年版,第409页。
④ 辉南县县志办公室编:《辉南县志》,深圳:深圳海天出版公司,1989年版,第413页。
⑤ 张兴贵主编:《乾安县志(1986—2000)》,长春:吉林人民出版社,2008年版,第599页。

仪式上也大为简化，但歌饮欢庆的时代气息，转而浓郁。①

　　长春地区回族正婚礼第二天，新人拜见亲戚尊长，并祭祀祖先。请教长力诵经文。四日回门。回族婚礼既不用鼓乐、鞭炮，也不拜天地。受宗教影响，颇讲信义，既经女方父兄口允，即永无更易。中华人民共和国成立后，特别是 1958 年宗教制度民主改革以后，大多数人结婚只在政府婚姻登记部门登记，不再举行写伊扎布的仪式，并融合了汉族放鞭炮、贴喜字习俗；婚姻多自主，与其他民族通婚现象也有所开放。②

---

① 吉林省地方志编纂委员会编纂：《吉林省志·民俗志》卷四十六，长春：吉林人民出版社，1992 年版，第 58～59 页。
② 汪玢玲、李少卿主编：《长春市志·民俗方言志》，长春：吉林文史出版社，1995 年版，第 61 页。

第三章

辽宁婚礼

辽宁省，简称"辽"，取辽河流域永远安宁之意。辽宁历史源远流长，省会为沈阳，形成了既与"中原古文化"有内在联系，又有自己特点的"北方古文化"区系。辽宁是全国少数民族人口较多的省份之一，全省除汉族以外，世居的少数民族主要有满族、蒙古族、回族、朝鲜族、锡伯族等。辽宁婚礼所涉地区包括作为首府的沈阳，以及大连、本溪、鞍山、营口、锦州、辽阳等市和辖区内各县的汉族婚礼，以及满族、蒙古族、回族、朝鲜族、锡伯族等世居少数民族的婚礼。汉族婚礼沿袭下来的纳采、问名、纳吉、纳征、请期、亲迎的"六礼"模式，在当代婚礼发展中产生了许多变化，并形成了一套完整的婚礼礼节，而少数民族婚礼，如满族的"过箱柜""坐福""拜席""抱宝瓶""插车"，锡伯族的"亮箱""灯席酒""抢肘子""打丁巴"，朝鲜族的"受大席""亲家宴"，蒙古族新郎娶亲时背负弓、腰束带等具有特殊寓意的装束，回族的写"伊扎布"和"砸喜"等形成了独具特色的婚俗。辽宁婚礼，受汉族农耕习俗、满族渔猎习俗、蒙古族游牧习俗等的影响，形成了汉族传统婚礼习俗、少数民族传统婚礼习俗和近现代新式婚礼习俗相互影响、相互交融的婚礼文化，并显现出传统与现代并存的鲜明特点。

第一节 概 述

本节主要介绍不同历史时期，辽宁地区各民族（汉族、满族、朝鲜族、锡伯族、蒙古族、回族等）丰富多彩的婚俗。

一、婚礼状况

清代之前，辽宁境内各民族处于相对封闭的状态，固有的婚俗相延不衰。但清代以来，特别是清代中期以后，各族人民在共同开发建设家园的过程中，相互交往日渐频繁，通过互相学习借鉴，使得民族融合的趋势进一步发展，一些禁令逐渐被打破。由于受到汉族文化的影响，六礼中的某些仪式也渐渐传入少数民族，婚礼中的相互交融成为一大显著特征，在辽宁地区的方志中都记载了清末以来满蒙汉各族婚礼逐渐趋同的现象。其间有对火的崇拜，对烟文化、酒文化的认同，有传统婚礼仪式的再现，这些构成了东北共同的文化心理，带有明显的区域特色。

清代至民国时期，辽宁境内汉族婚礼仪式，伴随着相亲、过礼、择日、迎娶这一过程的进行，形成了一套烦琐的礼节，大致有"通媒""合婚""相看""过小礼""送日子""过大礼""送嫁妆""亲迎""拜天地""坐福""开脸""合卺""散箱""分大小""回门""住对月"等，其间又有"对子马""压轿童""憋性子""蹬高粱袋""踏红毡""揭盖头""吃子孙饽饽""院轿""请姑爷""立规矩""抱轿""闹洞房"等。但在具体的婚礼中，各地并不完全一致，不是严格按照这个程式进行，更多的是择其要进行。

（一）婚前礼

1. 择偶。辽宁境内男女择偶看重门当户对。名门望族讲究官位权势；书香门第注重郎才女貌；商贾乡绅，以经营职业、经济状况、土地房产多少、农具车马几套等为权衡标准；普通百姓除看家境，更重品行、身体和持家能力等：男应敦厚勤劳，女应端庄本分，善针线、熟烹饪等，即所谓"炕上一把剪子，地下一把铲子"。

2. 通媒，又称"说亲"。相当于古礼的"纳采"。民间常说"地上无媒不成婚"，辽宁民间几乎都有这一程序，一般多是男方家主动。汉、满族讲究门当户对，先托女方家近亲或知交为媒。民国时期，媒人亦称媒婆、月老、冰人、保媒的、说媒的等，满族称之为大冰、伐柯人。乡间职业媒人多为中老年妇女，其人能言善辩，信息灵通，平时留神物色人选，主动上门提亲，事成得丰厚谢礼。

满族提亲，媒人到女方家必提一瓶烈酒为礼。先后三次，所谓"成不成，酒三瓶"。鄂伦春人男婚女嫁，若媒人未说妥，则男方父母要亲自去女方家为儿子求婚。婚姻大事，俗以父母之命，媒妁之言为准，当事男女不得参与，即使本人不同意，若有父母同意，婚事仍然成立。其中尤以汉族为甚。

3. 合婚，也叫"合八字""合命相""批八字"等。男女双方通过媒人互换子女出生年月日时辰及所占天干地支八字，又称"换庚帖"。辽宁桓仁地方在送庚帖的同时，还要送些面食如馒头之类，取日进蒸腾之意。满族人家帖上须注明籍贯、旗佐、宗族三代。绥中、兴城一带，男女合婚前，经男方家允许，女方将生辰八字写在四寸宽、一尺长的红布条上（称"婚帖"），放入匣中，加以钱（加双不加单），外用红布包裹，系以红绳，由媒人送往男方家，放祖先案上，压一铁斧，放三日。其间，家中无争吵，未打碎器皿，视为吉兆，就可开匣取帖，称为"拿婚帖"。之后，再行合婚。男女双方得帖后，各请算命先生推卜男女属相是否相克。辽北有一合婚歌流传："羊鼠一段休，白马怕青牛，金鸡怕玉犬，猪猴不到头，蛇虎如刀锉，龙兔泪交流。"此外，还有忌男女同岁生日不过百天；同岁属虎称"二虎相争，必有一伤"；属虎的丫头缺一角；属羊的姑娘妨丈夫等。合过属相再看命相，以阴阳五行金木水火土相生相克为定。以前，因合婚而破坏美好姻缘者多不胜数。受汉族影响，辽宁境内一些少数民族都不同程度存在这一习俗。朝鲜族若女方家同意议婚，男方家将男方的四柱，即写有姓名、出生年月日的白纸送交女方，女方家接到后，便与自家女儿的"四柱"和"穹合"相对照，即把男女的四柱同五行相对照以占吉凶。若能合上，女方家就将选定的结婚日期通知男方家。满族在"相看"之后，双方要写男女年岁、生辰，俗称"小帖"，由男方拿着占卜打卦，审核属于哪一等级婚姻，公婆姑叔有无妨克。

4. 相亲。又称"换盅""放定""订婚"。原为满族称谓，后为各族通称。锦县、义县一带称"压婚""挂钩"，阜新一带又叫"挂坠"，沈阳、辽北称"相看""相看门户""会亲""订婚"，丹东一带叫"看媳妇儿""相媳妇儿"。

相亲多为男方到女方家。男方家备酒、钱币、首饰等礼，女方家设宴款宾。宴前，女方常常着新装，为男方家客人依尊长次序装烟、点燃、倒茶，行"拜见礼"。受拜者以礼相赠，称"装烟礼"。丹东满族行"装烟礼"时，男方家主妇为姑娘戴首饰，名为"插戴礼"。女方家收下男方家所赠礼品后，置西墙祖宗龛下案上。两方父亲双跪祖先案前，敬祀祖先。媒人斟酒两盅，各取铜钱一枚，以红线联结，两方父亲各执一盅，饮少许，将杯中余酒互掺，对换饮尽，故谓"换盅"。望奎一带盛行"挂钩"之仪，男方的父母带着耳钳、耳坠来到女方家，男方的母亲要将耳坠之类的饰品亲手为女子戴上，同时还要给一些钱钞。"挂钩"本为满俗，但满汉杂居日久，渐为汉族所接受。

法库、康平一带定亲时，女方家收男方家礼物时回赠男方家礼物少许，通常有腰褡、鞋、衣等物，其中最重要的是红布一块，长必九尺，为腰带。在定亲当日，准岳母亲手将腰带围在新郎身上，称为"扎红"。之后，代表亲事已定，男女双方家长可以亲家互称。若有变，谓之退亲，俗称"黄了"。黄在男方，送女方礼物不得索要；黄在女方，则送还男方家所有赠礼。

5. 通信，即古礼的"请期"，又称"送日子""下柬""送柬"。安东一带称为"送日子"。男方家择定一个良辰吉日，在一张红纸上写上年庚、嫁娶日时、时俗禁忌、何时过大礼、"下大茶"吉日、何日迎娶、娶送亲人、属相相忌的人、坐福吉方等通信信息，在百日内由媒人送往女方家，称为"红帖""红柬""婚单""龙凤柬"。20世纪40年代，改称"婚书"。汉、满族多由男方决定，或是两家商定一个吉辰，蒙古族由喇嘛选定结婚日期，通过这一仪式定下的日子，即可成亲。

6. 过大礼，即古纳征之意，也称"下大茶""行茶""过礼""过彩礼""放大定"等，锡伯族称"行叩头礼"，意味婚事已成定局。

过大礼在娶亲之前，或两三个月，或一个月，或十天半月，各地情况不一。届时，男方家将女方家索要的彩礼中于过小礼时未纳之物，此次全数纳齐。满汉彩礼分双猪酒（两头猪、两坛酒）、单猪酒（猪一头、酒一坛），又称"猪酒礼"。另有布匹几丈，首饰几件，被褥几套，银币若干。辽北地区多以大豆、高粱几石，乡绅又以土地几亩、住房几间、车马畜具等为彩礼。锡伯族和蒙古族以马、牛、羊为彩礼，并送麦面馒头一百个，以象征日进蒸腾。望奎一带的新娘则有亲自检视的习俗，如果有颜色、样式不合自己心意的，可另行更换。汉族人家的彩礼必有全新棉衣一套，称为"装新衣"，新娘结婚时穿，即使以后永远不穿，也忌送外人，以免带走财气。铁岭一带则以猪肉、粉条为必备之物，取骨肉长远之意。女方家接到彩礼当日，以猪酒祭祖先，并设宴招待男方家过礼人及宗族亲友。亲友受馈者各出银钱首饰相赠，名为"助妆"，又称"添箱""帮嫁""催妆""贺仪"。礼物多为新娘婚后所用之物，如衣料、被面、褥面、包揪皮、枕头顶等，也有的赠以钱，名为"压箱底钱"。在整个过大礼的过程中，嫁女依然要为来客装烟两次。

蒙古族的"下茶礼"以九为基数，如九、十八（二九）、二十七（三九），如此至九九八十一。九九为最高礼品数，象征吉祥、长寿。彩礼样式也是九种：一哈达，二白酒，三羊，四牛，五行李，六头饰，七骆驼（后改作马），八帐篷（蒙古包），九常用器皿。另送女方父亲骏马一匹，送女方母亲乳牛一头，以感谢育女之恩。

7. 开剪。开剪原为满俗，后被汉族采用。女方家母辈老妇将男方家所送布料剪下第一剪，谓之"开剪"。自此，将嫁女可用男方家所送布料赶制嫁妆文绣诸物，如荷包、腰褡、枕头顶、幔帐套等，件件都要精做，以备婚礼"亮箱"时用。据《抚顺县志》载："择福命之女眷，与新娘裁妆新红衣一袭，俗称开剪。"民国年间，开剪礼已有所改变。从开剪日起，待嫁女改梳辫成盘髻，谓之"练习"，亦称"打抓髻"。

8. 晾轿和拜庄。通常在迎娶前一日，各地不一。望奎一带于早饭后行晾轿仪式，有的是在吃完上马宴（午饭）后开始。晾轿时是新郎最为神气的时刻，要列出一支像模像样的迎亲队伍，队伍的顺序是：鼓乐、提灯、对子马（即仪表端庄的男青年四对或八对，又名"陪光"）、新郎，接新娘的彩轿在最后，有一个小孩子坐在里面，俗称"压轿"。新郎胸前戴一朵大红花，旁边有一位名为"陪郎"的青年也戴花相陪。此时鼓乐齐奏，绕街一周，必须经过女方家门前才能返回。在晾轿过程中，还要到各亲友家拜谒，俗称"拜庄"。亲友尊长都会赠予钱，多少不限，但必须是双数，称"压腰钱"。外祖及姑丈通常要赠红帛或红小布披在新郎肩上，称"披红"。拜庄本为汉俗，后来逐渐被满族采纳。有的地方，如果祖坟离得较近，就前去拜坟。

9. 安柜箱或亮嫁妆。亲迎前一日或二日，女方家把陪送给姑娘的嫁妆如衣饰、衾具等送到男方家，称为"送嫁妆""安嫁妆""送柜箱""安柜箱"。有钱人家往往请人抬送，队伍长约里许，前面有鼓吹导行，众人缓步行走在街头，又称"亮嫁妆"，实为女方家财力的一次亮相。男方接到后，将其摆在洞房，并宴请送嫁妆的人，名为"嫁妆酒"。陪嫁通常有柜箱、桌椅、瓶镜等，柜内衣包或六或八或十，皆为双数。

嫁妆数量多少、质量优劣，关系到新娘到婆家的地位和娘家的脸面，即便贫穷人家，也尽力办得排场些。安嫁妆队伍一般由新娘的长兄或者家族中精明干练者带队，送嫁以桌为单位，嫁妆不分大小，一件一桌，由两人一起抬。有权势的人家，为显其富，安嫁妆多至百余桌。队前，两面大锣开道，鼓乐随后吹打，接下来是一字排开的送嫁妆队伍。二三百人的阵势，又故意拉大距离，缓行慢走，极尽炫耀，可谓浩浩荡荡，宛若长龙。普通人家，嫁妆有限，放在桌上，桌面有矮小的木栏，以防嫁妆坠落。每件物品，都拴红绿绒线，一并抬送。嫁妆之中，掸瓶和对镜必不可少，寓意生活美好平静。一盏灯也不可或缺，名长命灯，意为可长寿。安嫁妆队伍到时，新郎与若干人等在门外迎接，俗称"迎嫁"。按满族旧礼，迎嫁时，门前横一条桌，上摆三杯烈酒，敬女方家带队人，谓之"下马杯"，也称"迎风酒"。酒尽被视为风光体面。男方家也出同辈人陪喝三杯。

10. 落忙。民国时期，辽宁境内娶亲仪式通常延续三天。第一天，男方家进行娶亲准备，亲友乡邻都来帮忙，俗称"落忙""落厨""落桌""落水桌"等。落忙的人中，分工各异，依性别分为男女两族。男人往往负责担水劈柴、搭锅建灶、架杆搭棚、帮厨备酒、杀猪宰鸡、筹借杯盘碗盏、请宾客等，女人则以撒喜帖、剪窗花、贴喜字、饰洞房、装花轿、蒙喜车、美化庭院等为主。落忙中的工作，以搭棚最为复杂。棚分三种：第一种是厨棚，搭建简易，木架立柱，围罩席子为棚，供厨为炊，以遮风尘雨雪，虽粗糙却实用。第二种是客棚（冬天称暖棚，夏日叫凉棚），是贺喜亲友宴饮休息的场所。冬棚设火墙或火炉，喜日生火，温暖如春；夏棚注意遮阳通风，凉爽怡人。棚以大红木柱为架，秫秸篾席罩顶围壁，篾席宜精选四瓣、六瓣、八瓣粗细的原料，编织宜选吉祥图案，如云卷、万字、盘肠之类。客棚四角都挂彩绸，大红大绿；棚内吊悬五彩绣球；棚壁贴红双喜字，挂喜幛贺联等。第三种是满族的"帐篷"，供新娘"坐帐"之用。帐篷讲精不讲大，青布罩顶，绘有一对蝙蝠或龙凤呈祥图，棚内遍铺红毡，毡上置被褥，四角放红枣、栗子、桂圆、花生、喜糖，中间放两柄镀金鎏银如意，俗称"一黄一白"，意为"早生贵子，万事如意"。被子下面放铁斧一把，新娘坐在上面，谓"坐福"。搭棚的同时，庭院内外的院门、屋门、厨房门处，皆贴大红喜字，还贴窗花、挂彩球，尽显喜庆的气氛。

11. 响棚。这是婚前第二天筹备的重要环节。洞房内外需裱糊一新。房门贴大红喜字和对联。炕围、墙壁、窗棂及棚顶贴喜图，如喜鹊登梅、榴结百子、富贵牡丹、鲤鱼戏水等。炕面用谷草、秫秸新席铺好，悬幔杆，挂幔帐。幔帐俗称"幔子"，为以前婚礼必备之物。幔帐由幔杆、幔帘、幔帐套组成。幔帐套也是布质的，色彩鲜丽，花纹种类多，上绣鲤鱼卧莲、子孙葫芦等彩饰，白天当作幔帘，晚上当作装饰。洞房、帐篷装饰之后，当晚请鼓乐班子在房内鼓乐吹奏，彻夜不停，意为驱邪，称为"响棚或响房"。

（二）正婚礼

娶亲，也称成婚、结婚、拜堂、出门、过门、娶媳妇、喝喜酒或办喜事等。娶亲是婚俗中的主体，操办过程，力求喜庆，极尽张扬，目的在于表示婚姻关系合法，通过"明媒正娶"，让家族、社会认可。另外，人们通过这一仪式，表达对新婚夫妇的祝福。

1. 正日子或迎娶。吉时多在清晨，新郎穿着晾轿时的盛装，马戴护胸，项挂串铃。迎娶队伍前，两名打锣人鸣锣开道，持灯笼、火把的八人随行，号手在后。有势力的绅商，另有各色旗牌、伞扇、仪仗及笙笛、唢呐、锣鼓等。新郎骑马走中间，陪乘四、六、八匹马，分两队，骏马膘肥体壮，马上皆俊美少年，马行十字花路，交错前进，俗称"对子马"。后随花轿（多为彩车），轿中有美貌男孩儿压轿，称"压轿童子"。另有娶亲客、娶亲婆（也称"迎亲太太"）、夹毡人的马车随后，去新娘所居下处迎娶。

新郎出发迎娶时，新娘也着盛装，先吃离家饭，吃饭时应吃一半留一半，以平分财气，有"吃多娘家穷，吃少婆家穷"的说法。新娘洒泪告别母亲，无泪被视为不孝，称新娘之泪为"金豆"，所谓"金豆落家，越过越发"。之后，新娘蒙大红盖头，盖头四角各坠金穗一束，铜钱两枚。由兄长"抱车"，亦称"抱轿"，从吉方进入。新娘所乘多为喜篷车，俗称"铁瓦车"。喜车用秫秸篾席围篷，寓"高"字吉意。车篷和车厢都铺红毡，车篷前挂铜镜，后悬八卦彩图，驾车猿马头系大红绸花。喜车起处，母亲泼水一盆，俗称"嫁出去的女儿，泼出去的水"，以祝婚姻长久。又有陪送人若干，其中有一干练妇女，称"送亲婆"或"送亲太太"，负责送姑娘。行进途中，迎亲、送亲队伍相遇，车厢相靠，新娘之兄再抱新娘至迎亲车上，俗称"插车"。礼毕，新郎骑马先行，迎亲、送亲队伍两队合一，簇拥新人直奔新郎家。一路人马不停，鼓乐不歇，过桥扔钱买路，遇井、庙、墓用红毡遮盖，意为避邪。

兴京一带男方要请亲友中男子衣冠整齐者，或四或二，半称"娶亲客"，半称"送亲客"，还要请娶亲娘。赫哲族则是以儿女双全、父母健在、夫妻和睦的妇女做娶亲婆，并派两个小姑娘和几位男宾客，夏日乘船、冬日用雪橇前去迎亲。锡伯族人的迎亲很热闹，也很隆重。新娘轿车到男方家时，大门紧闭，无门则以幔杆相拦，称"憋性"，这样使新娘婚后脾气温和柔顺。新娘需叫三声"妈妈开门"。门开，鞭炮齐鸣，鼓乐同奏。沈阳及辽东半岛一带的满族，新娘花轿到，新郎向花轿象征性地虚放三箭，其用意都是驱除凶煞神。有的地方花轿入大门时，抬轿人须将轿子上下颠动三下，俗称"凤凰三点头"。另有一少妇以瓢端五谷，甩撒花轿，称"打煞"。宽甸一带的满族，轿车到家，新郎之父以筛子扣轿顶，俗名"扣筛子"，谓可驱邪。铁岭、沈阳、安达、望奎一带，都要在大门前放上一盆炭火，给新娘子下轿后烤手足用。据说，手被炭火烤过则柔软，日后不打碟碗，寄托了对未来日子过得富足、人丁兴旺、夫妻和美的期盼。

2. 成亲或拜天地。新娘由迎亲、送亲的两人搀扶，从吉方下轿，车前燃一火盆，让新娘烤手足。有的地方铺红毡，新娘边行边铺，名为"捣红毡"。有两名女童各捧一壶，名"宝瓶壶"。两壶用一红线连接，交给新娘夹在腋下，再将两面铜镜搭在新娘胸前背后。走到"天地桌"前，桌上放一木斗，斗壁写着"金玉满堂"，贴着双喜红字，内装红高粱，上蒙红纸，斗口插一弯钩无砣秤，钩上有两百铜钱，枣、栗各装一碟，大葱两根，头发三钱，意为聪明伶俐，早立子，结发夫妻白头偕老。斗前有香烛供品。司仪在鞭炮鼓乐声中高喊"拜堂"，俗称"拜天地"，满族称"拜北斗"。拜完，新郎引导新娘到洞房门前，用秤杆或马鞭挑下盖头，扔上房顶或揣入怀中。门槛压一马鞍，上有两吊铜钱，用麻绳拴系，新娘大步迈过。之后，新娘登高粱口袋上炕，面向吉方端坐，俗称"坐福""坐帐"。由喜娘为新娘绾髻梳头，称作"上头"；同时，平展两条红线，绞去脸上汗毛，称"开脸"。另外用两枚鸡蛋，一红一白滚脸。锡伯族和蒙古族人结婚，拜天地礼之后，行拜火仪式：新郎、新娘并跪灶前，用哈达将切成片的羊尾巴油投入灶火中，称"立白头誓"。

娶亲当日，男方家设盛宴，招待男女双方亲友，并以女方家客为上宾。辽北民间称参加婚宴为"坐席"。席皆以桌为计，每桌四人可开席。设有一专桌，多为新娘近亲，其中桌上三人，虚设碗筷一副，称"席口"，碗压以钱，名"席口钱"。钱和虚设的碗筷由桌人"偷走"，交给新娘母亲，俗称"偷喜"。开席后，新郎必先拜新娘家宾客，新娘家出人为其介绍称谓，所谓"认亲"，也称"拜席"。长辈赠钱给新郎，称为"拜钱"。宴席完毕，新郎拜送女方家客人并赠礼物：猪肋肉一块，必须一刀斩下，肉带肋骨，骨必成双，俗称"离娘肉"。另送粉丝两捆、大葱两根，红糖两斤，以红纸包裹，送交岳母，以寓骨肉亲情长久不断，生活充裕，甜蜜相处。

傍晚，洞房内红烛生辉，新郎、新娘对坐，全福人斟酒两杯，建平、安东、扶余、西安一带常用杯子系一红线相连，杯内各置铜钱一个，新婚夫妇交臂饮酒，称为"合卺礼"。喝完后，吃子孙饺子，满族称子孙饽饽。饺子数按新娘年龄，每岁一对，外加天、地各一对。包法也很特别，一张大皮，内包数个小饺。还要吃长寿面，面条宽如带，和饺子一起煮，意为长寿多子。食用前，把饺子、面分盛两碗并遮盖住，让新娘选，如果选面则意为第一胎生女，反之则生男。辽宁锡伯族人结婚，合卺礼后，行"抢肘子"之礼。新郎提一半生猪肘，用红纸包住，抛向洞房外。除新郎之父，任何人皆可参与。抢到猪肘的人，飞身上马，直奔村外，众人紧追，按约定时间，得肘子者为胜。归来，新郎将猪肘与其他礼物一同赠予胜利者，以示祝贺。辽宁安达、奉天、依安、营口、盖平一带都要在洞房内摆筵席，俗称"吃五大碗"。在吃法上，各地习惯不一。

之后闹洞房，无论长辈、小辈、平辈都可聚在新房中嬉戏或祝贺，俗有"三天没大小""闹喜闹喜，越闹越喜"的说法。无论怎样喧闹都不能制止，愈闹愈发，喜将加倍。亲迎日晚，东北各地几乎都有闹房之俗，或是聚在房内百般打闹，称"闹酒"，或是于窗外窃听新夫妇交语，相与嬉戏。

（三）婚后礼

1.分大小。婚后第二天晨起，辽宁境内新娘先用掏灰耙，轻搅灶膛，称为"灶炕好烧"；再搅泔水缸，意为家畜兴旺；又抱柴火进房意为"抱财（柴）"。等到新郎起床梳洗后，夫妇先拜祖宗神位，又朝东西南北而拜，称为"拜四方"。然后再拜公婆、亲族人等，称作"分大小"。辽宁满族新娘分大小时，对不同辈分之人，施不同之礼：拜祖先，行三拜九叩大礼；拜公婆等长辈，行三叩首礼；见平辈，行摸鬓礼；对夫姐，行叩首礼，称之"高见礼"。受拜者，都赠予新娘钱币，又称"拜钱或装烟钱"。新娘将自绣荷包等闺中物品分赠家中亲人，称为"散箱"。

2. 倒宝瓶。分大小后傍晚，新婚夫妇对跪祖先位前，衣襟相接，夫嫂将宝瓶所盛倾底倒进新人的衣襟，边倒边念"倒金倒银，骡马成群；倒宝倒宝，白头偕老……"，称为"倒宝瓶"。礼毕，将衣襟内的物品放到洞房炕席下，一月之后，再自行处理。辽东满族新人婚后三日，新郎偕新娘到祖墓拜祭，坟头压以红纸，曰上喜坟。

3. 回门。婚后，新娘和新郎回娘家探亲，择时小住，称为"回门"，又叫"回酒""住九"或"占九"。民间回门时间不一，有选择单日的，也有在四六日或七八日的。辽北地区，于单日行回酒礼。行前，新婚夫妻向公婆辞行。婆家必备礼物赠送亲家，礼品通常为四样，送双不送单。回酒天数，也有约定俗成的规定："三天酒，瞅一瞅；五天酒，当天来当天走；九天酒，住一宿。"违规者，俗以为不吉。回酒时，新郎与新娘要叩拜祖先。新婿到岳父母家做客，被视为"贵宾"，需厚宴招待，请家中尊者相陪。满族新婿"回门"，住西炕，以示尊贵。回酒时，忌新婚夫妻同住。

4. 住对月。婚后一月，新娘回娘家暂住，时间十天至二十天不等，但不能超过在婆家所住的天数，即不能过月，称为"住对月"。此外，辽宁兴城正月初七至初十是新婿往岳家拜贺的日子。安达一带，正月初三这日，新婚夫妇一同去岳父家，也有初六行此俗的。朝阳、建平则是在元宵节前。不管哪天，统称"拜新年"。

二、婚礼演变

清代中期以后，由于民族融合，逐渐形成了以满汉婚仪为主体的婚礼仪式，它以父母之命，媒妁之言为结合的纽带，以相亲、过礼、择日、迎娶为主要程式，几乎成为辽宁各民族统一的婚礼仪式，虽然各民族都有独具特色、风格迥异的婚礼，但在这些主要程式上未体现出较大差别，只是在具体做法上稍有差异。

清末至民国时期，辽宁境内广大城市的结婚仪式日趋简约文明，将传统"六礼"简化为"三礼"（订婚、纳聘、成婚）。如磐石一带婚礼"其过程有三：一为相看门户，二为纳采过礼，三为正式结婚"[1]。辽宁铁岭一带沿袭旧时的"六礼"，即问名、纳吉、纳采、请期、纳征、亲迎[2]。

清末汉族婚礼仪式主要包含以下过程。有父母，父母主之；无父母，伯叔主之；无伯叔，族之长者主之；唯独当婚男女没有参与的权利。通媒后，若女方家同意议婚，就将写有女子生辰八字的庚帖即年命帖交与男方家。辽宁桓仁在送庚帖的同时，还要送些面食如

---

[1] 姚祖训：《磐石县乡土志》，吉林省图书馆1960年油印本。
[2] 铁岭县地方志编纂委员会编：《铁岭县志》，沈阳：辽沈书社，1993年版，第635页。

馒头之类，取日进蒸腾之意。男方家接到女子庚帖，把它放在灶王龛香炉下或灶神前。三天之内，如果家中没有伤财、失意、病死之事，没有打破盆碗的事情，就为吉。然后请人推算男女双方命运是否相合。兴京的习俗，若三日内男方家诸事平安，就将匣中庚帖取出，放上簪珥，由媒人将原匣送到女方家，称为"送婚帖"。过小礼之前又有"相看"之俗。男女双方互相往看，到女方家称"相媳妇"，到男方家称"相姑爷"，统谓之"相门户"。"相门户"比较确切地概括了相看的实质和内容，即家庭财产、家风、人口、当事人等。辽宁昌图的习俗是，由媒人介绍，男方家先往相女，如见面奉烟则婚事议成，否则作罢。通常男方家长到女方家中时，当事女子都要出来为客人装烟，来客皆有赐予，名为"装烟钱"。同意与否，全以一饭为准。相看合意，入席饮食，男女双方父母互相递酒，名为"换盅"。到男方家也是如此。辽宁营口有人为此专门作了一首诗："十五娇娃未上头，出闻相看意含羞，装烟低首归房去，早饭谁知留不留？"形象地道出了这一习俗。放定亦称"下小茶""下定礼""过小礼""定亲""会亲家"，辽宁锦县、义县称"压婚"，满族则称"挂钩"。过小礼是在口头承诺的基础上，举行的订婚仪式。男方将女方家所要的彩礼，先拿过去一部分，数目相当于全部彩礼的三分之一，交给女方家，女方家设宴招待，为受聘。

过大礼即古纳征之意，亦称"行茶""下大茶"，《龙城旧闻》则称"压衣裳"。时间在临娶之前，或两三个月，或一个月，或十天半月，各地情况不一。要将女方家索要的彩礼，于过小礼时未纳之物，此次全数纳齐。望奎的新娘子们则有亲自检视的习俗，如果有颜色、样式不合自己心意的，可另行更换。男方家挑选一个吉日，将猪、酒、蒸托等物送到女方家。蒸托，即指糕饼、馒头之类。一般是富者双猪双酒，贫者减半，唯衣饰必备，还有送米面等物的。辽宁铁岭一带以猪肉、粉条为必需之物，取骨肉长远之意。女方家接到彩礼后，在当日，先以猪、酒祭祖先，并设宴招待男方家过礼人及宗族亲友，并把蒸托分给戚族。亲友受馈者各出银钱首饰相赠，名为"助妆"，又称"敛仪""添箱""帮嫁""催妆""贺仪"，名虽不同，其实质内容却是一样的。在整个过大礼的过程中，当嫁女依然要为来客装烟两次。

在迎娶前的两三天，有的地方男方家要给女方家送去肥猪烧酒，俗称"送猪酒"。如营口之地在过礼前二日行此礼，送女方家猪一头、酒一提二十八斤，富者双猪双酒。过礼后男方家要派尊长一人，同女方家尊长同拜天地，并要烧纸一通。然后，女方家留男方家尊长赴席。这是当地与他乡风俗迥异的地方。席将终，上清汤四碗，上面各以红绳做十字交叉，绳脚各坠以铜钱。尝汤后，厨师将猪蹄四个、刀一把，上插红花，用盘献上，谓"献花"，男方家尊长则要赏以金钱。

古时迎娶多在夜间，嫁娶以昏时，男为阳，女为阴，男亲迎女，这一习俗清代在东北仍有遗存。如辽宁省双山一带结婚，贺喜人多夜间去。锡伯族迎亲队伍必在夜幕降临后方才启程返回。辽宁张广才岭一带的恰喀拉人迎亲，时间往往选在午夜过后、黎明之前。男方家族长率领媒人及青年数人，身佩刀剑，背弓带箭，骑着骏马，护卫着新郎，向新娘家进发，前去迎亲。但这些只是极个别现象，绝大多数在上午将新娘子接回。

婚娶有大娶、小娶之别。男方不去亲迎，女方家将新娘送至男方家的叫"小娶"，也叫"等亲"。东北各地穷苦之家多行此礼，且极简单。一般的殷实人家则多行亲迎礼。亲迎又叫"走轿"，路远者多在婚期前一日，男方拜庄、拜墓后，就去女方家接新娘。有吹鼓手、帮忙者数十人随行。有陪新郎的"陪客"若干人，皆骑马在前行，其余人坐车。扶毡幼童二人，年老而儿女双全且命与新娘不相克的全科人为娶女客，一名儿童压轿，又有代东（总管）一人，为之照料一切，多以媒人充任。这些都是亲迎时必不可少的，但不论人数多少，加上新郎为单数，回来时加上新娘则为双数。

亲迎时，满族和汉族要备"离娘肉"，即猪肋条肉一方，梨树的风俗是，女方家留一半回一半，建平则要准备长寿饺子、长寿面交新郎带回。亲迎到女方家时，女方亲友见新郎前来接亲，故意将大门紧闭，随新郎来的人必须把装钱的红纸包从门缝递进去，方能给开门，称"开门钱"。汉族、赫哲族均有此风俗。新郎入门，不言不笑，女方家要给"压腰钱"，新郎才开始说笑饮食。新郎来到女方家，并不马上让进门，须在大门外等一会儿才可以，俗称"憋性子"。呼伦贝尔蒙古族的习俗是，一见新郎来，女方家赶快在大门中间摆上一张桌子，上面放一壶酒，桌两旁分立两位女子，一个能言善辩的人站在桌前，与新郎方的人一问一答，互相诘难。答不对，不准进院，答对了，敬酒三杯，搬桌让路，达斡尔族也有此俗。新郎进门，辽宁桓仁一带都要由新娘子用竹筷子数双递给新郎，取"快得子"意。拜天地后，新郎、新娘一前一后，踏红毡入洞房。临江的习俗是，新娘入室时，她的兄弟以毛毡围遮前进。到房门前，新郎揭去新娘头上的红巾，扔到房上，农安一带则藏于怀中，榆树一带搭在门上，各地不同。拜完天地后，到洞房门口，门槛上放一具马鞍子，奉天在马鞍的上面覆上红毡，有的地方还要在马鞍上搭两串铜钱，新娘要跨鞍而过，并把铜钱搭在肩上，农安一带是由新郎行此俗。进门后，门内左右立二童女，手拿枣、栗等向新娘抛撒，取早立子之意。一般凡是新人所经过的门槛都要覆上马鞍，其宗旨都是驱除邪恶，平安顺利。

民国时期，辽宁境内婚礼情况如下：

> 仪节略改。其新式文明结婚者，男家以厅事为礼堂，由两家公请素有威望者为证婚人。届日，男家以彩舆迎新妇至礼堂；中设一案，由赞礼者先请证婚人入席，介绍

人、主婚人次入席。两家男女宾客分左右席，引新婿、新妇朝上立，证婚人宣读婚书。读毕，证婚人、介绍人、新婿、新妇各盖小印，新婿、新妇交换饰物，然后行结婚礼，互行三鞠躬礼，堂下奏风琴或西乐。来宾致颂词，尊长致训词。主人答词后，新婿、新妇谢证婚人、谢介绍人、谢男女来宾，均一鞠躬礼。礼毕，入洞房。并无参拜天地、祖宗及父母之旧礼。其新婿服饰，中西听便，无定制；新妇衣红、紫，面带白纱，有长至丈余者。埠内士绅富家多效为之。此文明结婚之新式礼仪也。①

锦西②一带，新郎迎娶新娘时，从"走轿""开脸""抱轿""送亲""拜天地""揭盖头""坐床""喝合婚酒""踏红"到"开箱"要持续三天，参拜天地、祖宗、父母和闹洞房等已被逐渐取消，而在婚礼服饰上也出现西化的现象，新郎和新娘的服饰也是传统与现代兼容。同时，人们对婚礼的排场开始讲求节俭、去奢存朴。

安达一带"近些年来，城市中居民间采用新式婚礼者，邀请有名望之人为之证婚，男女双方亲长为之主婚，戚友为之介绍，不议聘金，男女交换戒指，婚姻即为成立。且行结婚礼时，不在礼堂即在旅馆，以鞠躬代叩拜，较旧式婚礼简便多矣。其不设筵席款待亲友者，谓之崇俭结婚"③。海龙一带"民国以来，富贵人家改用文明结婚，用费省而行礼简，都市内多有仿行之者"④。由于婚礼多在礼堂、旅馆等社会场所及家庭庭院举行，大大增强了婚礼的社会化，有利于社会的进步和发展。新式婚礼虽被广泛接受，但在广大农村，旧式婚礼仍然占有一定地位。"近年，缙绅大族间有举行文明结婚礼者，然旧席相沿已久，一旦欲变更之，其势恒难，不过略仿其形式焉耳。至平民婚礼，从旧者尚多。将来教育普及，社会维新，而不良之习惯亦不难渐渍而化除之也。"⑤而且婚礼的形式也是新中有旧，旧中有新，亦新亦旧。

民国时期，大众传媒及图书出版有所发展，新式教育日益推广，文化环境有所改观，一些开明绅士和有识之士接受了许多外来的先进思想、文化，多提倡文明婚礼，但实行者少。海城、开原、西丰等县志所载与此相同，而其他县只记载了新式婚礼，并未说明仪式。

"文明结婚"也就是人们所说的新式婚礼。男女两家订婚后，先用戒指之类的饰物作为聘礼，婚礼多在上午举行，男女两家家长作为主婚人，请亲族朋友同聚一堂，选一位德高望重的长辈作为证婚人，男女两家的介绍人两人，即古礼中的媒人。到行礼之时，先由证

---

① 杨晋源修，王庆云纂：《营口县志》，民国二十二年石印本。
② 锦西，葫芦岛的原名。
③ 高芝秀修，潘鸿威纂：《安达县志》，民国二十五年铅印本，卷十二。
④ 王永恩修，王春鹏纂：《海龙县志》，民国二十六年铅印本，卷二十二。
⑤ 包文俊修，李溶纂，曲廉本续修，范大全续纂：《梨树县志》，民国十八年修，民国二十三年续修铅印本，七编。

婚人宣读婚书。婚书用彩束制成，填好男女的姓名、籍贯、年庚，并注明主婚人、证婚人、介绍人的姓名，以及结婚年、月、日、地址，再由主婚人、证婚人、介绍人和新婚夫妇依次签字盖章。接着新婚夫妇互换戒指，然后相对三鞠躬，再依次向证婚人、介绍人、主婚人鞠躬，礼毕，再由证婚人、主婚人分别致辞，来宾致贺词，新婚夫妇和亲族、朋友、来宾合影留念。至此，近代新式婚礼就算礼成，新婚夫妇同回夫家。①

与传统婚嫁习俗相比，近代新式婚嫁习俗在礼仪形式上具有趋于简化、花费节俭的特点，去除了传统婚嫁习俗中诸如坐花轿、拜天地、闹洞房等繁文缛节，也除去了合八字、憋性、立规矩等礼俗。其中有诸如证婚人宣读婚书，主婚人、证婚人、介绍人和新婚夫妇均在婚书上签字盖章这类环节，体现了近代新式婚姻更注重法律性和契约性的特点。它既保留了传统婚嫁习俗中的喜庆元素，又吸收了近代社会文明的合理内涵，是传统婚嫁习俗的一次巨大进步，深受思想开放的年轻人喜爱。虽然近代新式婚嫁习俗是近代东北社会生活走向文明的产物，但是由于近代东北各地区经济社会发展程度不一样，各阶层接受新事物的程度也有差异，加之"惟礼已成俗，相沿已久乡里仍复多遵旧习，难骤变也"②。因此，在中华人民共和国成立之前，辽宁婚礼体现出了传统婚俗与近代新式婚俗并行的特点。

上述新式文明婚礼是东北清末民初一种特有的现象，是传统婚礼向现代婚礼过渡的桥梁。1912年9月19日《申报》曾刊登了一篇《自由女子之新婚谈》的小说，赞扬新式婚礼便利者三："梳一东洋头，披件新式衣，穿双新式履，凡凤冠霞帔锦衣绣裙红鞋绿袜一概不用，便利一；昂然登舆，香花簇拥，四无障碍，无须伪啼假哭，扶持背负，便利二；宣读婚约，互换约指，才一鞠躬，即携手同归，无候相催请跪拜起立之烦，便利三。"③

三、婚礼现状

中华人民共和国成立之后，按《婚姻法》规定，新人结婚前要领取结婚证。结婚证上的文字随着社会变化也有所变化，如20世纪50年代，婚姻自由，男女平等；20世纪60年代，我们都是来自五湖四海，为了一个共同的革命目标，走到一起来了；20世纪70年代，团结友爱，共同进步；20世纪80年代，计划生育，勤俭节约；20世纪90年代，永结同心，白头偕老。

中华人民共和国成立初期，男女双方多互赠信物，钱数有限。20世纪60年代后期到

---

① 郎元智：《地域文化视野下的近代东北婚嫁习俗》，《东北史地》2014年第5期。
② 徐维淮修，李植嘉纂：《辽中县志》，民国十九年铅印本，卷四。
③ 张岩岩：《清末民初东北婚俗变迁述略》，《辽宁师范大学学报》2010年第4期。

70年代前期，提倡"破旧俗，立新风"，县内婚事更简。结婚当日，女方或骑自行车，或步行，带上极简单的嫁妆，由男方接到男方家。男方家预备烟、茶、糖果，招待客人，婚礼仪式基本省略。20世纪70年代末，婚姻习俗基本没变，只是操办之风兴起。80年代后多需准备组合柜、转角沙发、立柜、高低柜、沙发椅、写字台。男女双方到法定年龄，就到政府婚姻登记部门履行结婚登记手续，领取结婚证书，选农历双日或重大节日举行婚礼。成亲之日，新郎披红戴花，由男女傧相陪同，到女方家接亲；新娘披红戴花上车，女方亲戚陪同送亲，称"上亲客"，人数送时为单，返回为双，多数地区女方父母、姐夫禁送亲；至男方家门口，新娘换上男方赠送的鞋，手捧洗脸盆下车，新郎母亲接过洗脸盆，新娘开口叫"妈"。新郎父母在前引路，新郎、新娘由傧相陪同步入新房，称"洞房"。新郎、新娘上炕面向北坐福，新郎弟弟朝新娘背后轻打三拳，一说更为亲近，二说打掉坏的东西。

20世纪80年代中后期，新的婚姻制度畅行无阻，新的婚嫁风气到处盛行，其过程大体如下。青年男女到了结婚年龄就开始自由恋爱，也就是"处对象"。男女青年在一起工作，由于长期接触，相互了解，产生爱情，然后征求父母意见，得到同意后就订婚。这属于无人牵线的"处对象"。男女青年不在一起工作，经人介绍后，双方到一起相互了解，互相谈唠，如同意，就开始相处，逐渐了解和熟悉各方面的情况，直到成熟后才订婚，这属于由"红娘"牵线的"处对象"。结婚前，男女双方共同确定结婚日期。根据经济条件，适当置办衣物，男女本人共同到地方政府婚姻登记部门进行结婚登记，领取结婚证书。结婚当天，举行简单的婚礼，即准备茶水、糖果等。婚礼仪式大体是：由男方主婚人、介绍人、证婚人、来宾入席，新郎、新娘行结婚礼，新郎、新娘至礼台前相向而立，互相敬礼后转向礼台。由证婚人宣读结婚证书，新郎、新娘交换饰物。主婚人、介绍人、来宾分别讲话，新郎、新娘向证婚人、介绍人、主婚人及来宾致谢。最后，双方亲友座谈，边喝茶水边吃喜糖，然后散会。如是远方来的女方家长、来宾，吃过饭后就离去。有些公职人员，男女双方履行结婚登记后，就算结婚。这个时期的婚嫁，男女双方不讲或少讲经济条件，多数都是从实际出发，不苛求，结婚不操办或小操办。

这一时期，辽宁地区婚礼又有所革新。其一是集体结婚，即已订婚，做好了准备，并进行了结婚登记的几对青年，向所在单位提出申请，然后城镇由工会，农村由村民委员会负责组织"集体结婚仪式"。届时结婚的青年男女以及相关人齐集一堂，由主持人宣读结婚证，由有关方面负责人致贺词或讲话，新婚男女中选一代表发言表决心，家长代表讲话，典礼结束后也有演出节目或放映电影的。另外一种是旅行结婚，即结婚之期，男女双方到外地旅行，以代婚礼，既节约，又省事，又能开阔眼界，增长知识。近年来旅行结婚的居多。1949年后，婚俗不断革新，少数民族多举行新式婚礼，与汉族新式婚礼无甚差别。沈阳地区满族男女双方商定婚期并办理结婚登记后，女方到男方家安排新房陈设。结婚当天上午，新郎由迎亲客及男女青年相陪到女方家迎娶新娘。新娘由送亲客及女青年陪同手捧洗脸盆，内盛红枣、馒头等寓喜之物，佩礼花至男方家。进门后新娘先向公婆行礼，口称"阿玛、讷讷"。[①] 公婆赏给红纸包（内装钱）。新郎、新娘向客人逐一施礼。席间点烟敬酒庆贺，婚礼完毕。

20世纪90年代以来，现代婚礼既继承了传统婚礼的核心内容，又融入了新时代的特色，已成为东北城市里一道亮丽的风景线。越来越多的新人在筹办婚事时，不再满足于盲目追随和效仿他人，而是开始注重个性的展示。现代人的婚庆形式呈现多样化、个性化的特点。

首先，体现为传统与现代的相互融合。具体表现为新娘乘坐的婚礼交通工具由传统轿子逐渐改为现代化的交通工具。在婚礼上，主要变革表现在：迎亲仪式越来越豪华与现代，由传统的人抬花轿到现代的司机驾驶高级轿车；婚礼移入高级酒店举行，婚宴越来越豪华，婚礼越来越现代，照相机与摄像机已成为婚礼中不可缺少的现代化工具。21世纪初，辽北地区婚礼的迎亲车还保留着部分传统婚礼的核心内容，如"拜堂"环节一直沿用至今，虽然由于社会大环境的改变，不能复制传统"拜堂"的完整内容，但还是彰显了中国传统婚礼的主要文化。

其次，是西方婚礼文化与中式传统婚礼的结合。这一时期的婚礼基本上可以算是对中国传统婚礼中一些繁文缛节的简化，西方婚礼的因素更多的是表现在服饰方面，比如婚纱与西装在婚礼中的应用。婚礼举行的方式也变化多样，有的新人依旧按照传统的中式婚礼举行，有的新人则选择用西式婚礼，还有的以"中西合璧"的方式进行自己的婚礼。为了同时兼顾长辈和年轻一辈，往往同时采用中西婚仪，比如沿用传统的踩炕坐床、迎亲以及三日回门等婚嫁仪式。这些仪式的交融，满足了现实生活中长辈与晚辈的不同需求，既保持了中国传统婚嫁特色，又融入世界发展的潮流中了。

进入21世纪以来，传统的婚俗悄然发生着变化，以往被人们忌讳的晚间婚礼正逐渐被部分年轻人所接受。有些新人追求浪漫，在婚宴现场布置烛光。很多新人认为结婚是自己的事情，没必要被一些传统的观念束缚，较之时间和形式，婚礼的内涵更为重要。和其他婚礼不同的是，夜间婚礼不需要车队、礼炮，现场也没有过多装饰，而是以创意性、个性化见长，既文明又节约。此外，还出现了网上婚礼、酒吧婚礼、水下婚礼、古典婚礼、田园婚礼、空中婚礼、漂流婚礼、雪山婚礼、冰上婚礼、公园婚礼、集体婚礼等多样化的婚礼形式。

---

① 沈阳市人民政府地方志编纂办公室编：《沈阳市志》，沈阳：沈阳出版社，1994年版，第230页。

第二节 首府篇

沈阳是辽宁省省会，是中国东北地区经济、文化、交通和商贸中心，它在长期的历史发展中，逐渐形成了以汉族为主体、由多民族组成的聚居区。本节包含了沈阳的汉族婚礼，与满族婚俗兼容并蓄的"汉满婚礼"，以及多种地域文化交融的婚礼。

一、婚前礼

清代，沈阳婚礼遵循古代纳采、问名、纳吉、纳征、请期、亲迎这六礼。[1]汉族是自沈阳建城以来就开始定居沈阳的世居民族，少数民族人数较多的是满族、朝鲜族、回族、锡伯族和蒙古族。在东北地区，满族传统风俗具有强有力的影响，"当地汉族也不断受到满族婚俗的影响，以至于在清末这些地方的婚俗除个别仪式之外，已经难以区别孰满孰汉了"[2]。

这一时期，沈阳地区民俗婚礼多沿古俗。男子和女子成年后，就通过媒人说媒。双方先议婚，通过媒人互换两家庚帖，各自请人占卜吉凶，俗称"合婚"。双方同意，婚事商定后，男方家将簪子、玉石、布帛等礼品送给女方，即纳采与纳吉之礼，俗称"放定"，也称"下小茶"。婚礼前，在龙凤柬书上写下男女年庚和结婚日期，与羊、猪、鹅、酒、服饰之类的聘礼一同送到女方家，俗称"过礼"，又称"通信"或"下大茶"。

民国时期，沈阳地区汉族的婚礼包括合婚、过小礼、下大礼、迎娶、拜天地、坐福、闹房和回门等。按古制应由父母替子女选定配偶，年幼就订婚，即"合婚"。"过小礼"即在距离婚期还远时，男方家就纳币一次；到结婚前，男方家再交聘金，是为"下大礼"，这样婚约才算成立。婚娶前一天，新郎需着盛服披红挂彩，骑在马上，并有品貌相当的男客数人骑马相陪做前导，轿夫抬着花轿随行，队伍在大道上绕一圈，称为"晾轿"。[3]

沈阳大东一带男女婚事遵从父母包办，双方父母相约"指腹为亲"，若你生女，我生男，长大就婚配一对。有的在儿女幼时就由父母订婚，称"娃娃亲"。有的把男方招到女方家叫"倒插门"，有的从小把女孩儿送到男方家叫"童养媳"，到了成人再成婚叫"上头"（从姑娘装束改为妇女打扮）。婚前订婚形式也多种多样，双方认为"门当户对"，便通过媒人向女方求婚，由男方家择日设宴，招待女方家长和媒人。席间互相谈及男女年龄、属相、

---

[1] 白云珊：《近代沈阳城市居民社会生活方式变迁研究（1905—1931）》，东北师范大学硕士学位论文，2017年，第42页。
[2] 张佳生主编：《中国满族通论》，沈阳：辽宁民族出版社，2005年版，第214页。
[3] 白云珊：《近代沈阳城市居民社会生活方式变迁研究（1905—1931）》，东北师范大学硕士学位论文，2017年，第43页。

生辰八字，然后"换盅"，意味着两家"定亲"了，从此，两家互以"亲家"相称。此时，男女来到桌上与未来的岳父母、公婆见面。老人赠定亲礼物，同时在媒人主持下将衣物、首饰、钱款等送给女方家。从此婚姻大事已定，只差选日子办喜事了。①

中华人民共和国成立之后，沈阳皇姑一带男女婚姻自主，自由恋爱，或经人介绍，互相了解。在结婚登记前，有的拍结婚照留念，有的吃订婚饭，一般是女方家人到男方家吃饭。有的在吃订婚饭时，男方家长给女方嫁妆钱。②

进入20世纪90年代后，沈阳地区农村依然延续着中国传统婚俗中的重要礼仪，如纳采请期、问名相亲、纳采订婚、纳征下聘、请期择日、迎亲"六礼"，但在形式与细节上发生了很多变化。婚前礼主要包含"提亲""相亲""纳征"等主要程序。

1. 提亲。沈阳地区青年男女大多通过自由恋爱成婚，婚姻形式呈现出半自主的特点。在结婚礼仪中仍保留"纳采"，即请媒人到女方家去提亲。通常青年男女到二十三四岁时，就会有人上门提亲。随着青年人择偶观念的逐步转变，女青年不再将"一干二工三教员"作为择偶的理想标准，而是以男方的经济条件作为择偶标准之一。20世纪90年代后，虽然青年男女的交往空间与社交范围扩大，但大多建立在自由恋爱基础上的婚姻，依然要依靠媒人介绍。父母意见在婚姻中仍发挥一定的作用。

2. 相亲。虽然"问名"被当作迷信活动，已不复存在，但婚前很多男女双方仍是通过"相亲"相识的。相亲这一天，双方由各自父母带领，经介绍人牵线相见。如果双方对彼此印象不错，女方就上男方家去进一步了解，主要是去看看对方的家庭情况、健康情况与经济收入等，这也是双方家长最关心的事。这是女方对男方家境的一次实地考察，内容包括住房条件、经济状况、公婆人缘等，是成婚过程中关键的一步。女方对男方家境如果满意的话，便留下来吃顿饭，表示这门亲事就定下来了。如果不满意的话不吃饭便走，男方家也就明白婚事告吹了。

3. 纳征。这是男方向女方家下聘礼，在沈阳地区农村叫"过大礼"，以证明婚约成立，在婚礼中是较为正式的一个环节，一般在婚前择吉日吉时举行。男方把聘金和众多的礼品送往女方家。礼金通常分两部分。一部分是聘金，给新娘办嫁妆用。20世纪80年代后期，一般男方要给女方2000～5000元，90年代以后就增加到5000～10000元，到了21世纪就要20000～50000元了。另一部分是"三金"，即给女方准备的金戒指、金项链、金耳环。彩礼在不同地区，根据男方的家庭经济状况而体现出很大差异。一般情况是男方家里

---

① 沈阳市大东区人民政府地方志编纂办公室编纂：《大东区志：1896—1995》，沈阳：辽宁民族出版社，1999年版，第676页。
② 沈阳市皇姑区人民政府地方志编纂委员会办公室编：《皇姑区志》，沈阳：辽宁大学出版社，1993年版，第374页。

条件好的彩礼要得少，经济状况差的反而要得多。①

二、正婚礼

清代，沈阳地区正婚礼当天情况如下。到婚礼这天，男方家安排侍从和赶车人，准备好轿车、烛马、鼓乐迎接新娘，称为"娶亲"。女方家亲戚、女傧相等送亲。到了男方家，在彩幕神案前行礼，称为"拜天地"。新郎越过门槛揭下新娘的盖头，称为"揭盖头"。进了房间，新娘抱着宝瓶向吉方端坐，称为"坐帐"。女方家设宴席款待新郎，称为"管饭"。到了晚上，夫妇对坐饮"交杯酒"，行合卺礼。

沈阳大东一带的婚礼形式，有的大摆喜宴三天，有的一天就完成，成亲正日子这天，由男方组织车辆去女方家迎娶新娘，谓之"娶亲"。娶亲的交通工具是车，上面搭席棚，前后搭上红布，俗称"小车子"或"骄车子"，有乐队陪同喜车。新娘上车后头上蒙红绸子，叫"盖头"，由人搀扶上喜车。现在是新郎抱新娘上轿车。婆家一方，对娘家客人（长辈）都要高看，以优礼相待。新娘到了男方家，由女喜傧搀扶下车，撒红绿、金色花瓣儿。以往，要大放鞭炮、双响子，以示隆重，鼓乐喇叭声大作。旧时新郎、新娘立于天地桌前行跪拜礼，谓"拜天地"，随后双方拜父母，最后夫妻相拜。结婚仪式上家长、来宾、介绍人和新郎、新娘都要做简短讲演。亲朋好友向主家贺喜，递红包，随礼，由记账先生记于账簿上。上礼完毕，吃喜糖，抽喜烟，主持人张罗"放席"，请来宾一一入席，叫作"喝喜酒"，有八碟八碗，其中四喜丸子、红烧肉等是必有之菜。席间，娘家客人给厨师赏钱，男方家给女方家来宾带来的孩子赠纪念钱，并为岳母带"离娘肉"。新婚夫妻的卧室是"新房""洞房"。由嫂子辈或子女双全的人给铺床，边铺边说"被边搭被边，儿子长大当大官儿""东一扫，西一扫，扫得胖小可炕跑"，并随手往被窝里撒红枣、栗子、花生，隐喻"早立子"。参与闹洞房的人大都是平辈年轻人，和新郎、新娘开玩笑。②

中华人民共和国成立之后，沈阳地区男女正婚礼当天，即为"迎娶"。男方到女方家去迎娶新娘，举办结婚仪式。新娘出嫁的前夜，由家长挑选"全福人"为其整理嫁妆，并召集亲属为出嫁女"添箱"。旧时沿袭下来的"添箱"以衣物及日用品为主，现在已演变为以现金为主，百元至千元不等。20世纪80年代至90年代，沈阳地区农村通常在男方家院子里摆酒席，结婚前一天，男方家的亲戚都要来吃晚饭，被称为"落桌"。进入21世纪后，

---

① 郭莲纯：《近二十年城乡居民婚俗礼仪习俗的嬗变——以沈阳及其所辖郊区县为例》，《辽东学院学报》2008年第4期。
② 沈阳市大东区人民政府地方志编纂办公室编纂：《大东区志：1896—1995》，沈阳：辽宁民族出版社，1999年版，第677页。

农村婚礼酒席大多在饭店举办，"落桌"这一习俗也就自然消失了。婚礼的菜肴随着经济生活的变化而变化，20世纪80年代是"六六碗"，即六碟凉菜、六小碗汤、六大碗汤；90年代是"八中碗"，即八盘炒菜、三个件（一盘鸡、一盘鱼、一盘扣肉）、一大碗汤；21世纪以来，婚宴每桌十六盘炒菜，逐渐与城市的婚礼宴席趋于一致。迎亲车队由几辆到十几辆组成，以双数为佳。娶亲车到新郎家门时，燃放鞭炮，新郎的母亲接过新娘的红色洗脸盆，新娘改口叫"妈"，正式成为新郎家的人。新娘到新郎家后，双方的嫂子把新郎和新娘的被褥交替叠好，并往衣柜里放入硬币，这一环节被称为"装箱"。接下来由新娘的弟弟把钟挂上，并把指针拨到12时，娘家人在12时之前离开新郎家。和平一带结婚这天，新娘下车要端个脸盆（象征"聚宝盆"），递给婆婆叫声"妈"，婆婆要当即给媳妇一个红包，称为"认娘钱"。

20世纪90年代末至21世纪初，沈阳地区婚礼当天从"喜车"出发开始迎亲仪式，新郎与长辈、童男、童女等相关接亲人员乘车出发，一般来说，去时人员是单数，回来则是双数。当喜车到达新娘家后，首先敲头道门，进门后，向女方父母鞠躬、改口、佩戴胸花。然后再敲二道门，此时新娘的同学和朋友可堵门逗趣，进二道门后，向新娘献手捧花（也可摆出单膝跪地造型），新人互相佩戴胸花（一般双方都将胸花佩戴至对方左侧胸前）。之后，新郎、新娘吃"喜面"（一碗面条、两双筷子、两个荷包蛋），接着，新郎、新娘与女方父母及亲属合影留念，新郎抱起新娘上"喜车"，在"喜车"上，新郎给新娘穿"踩堂"鞋。"喜车"返回新房的途中，"喜车"在前，新娘的父母、亲属、宾客按顺序坐随后的车，沿另一条行车路线开往新房。新郎、新娘下"喜车"后，会燃放礼宾花、踩响球等，新郎母亲将新娘手中的鲜花或"喜盆"接过（俗称"聚宝盆"），新娘向男方父母鞠躬、改口、佩戴胸花，新郎、新娘在"喜车"前与双方父母合影。随后，新人参观新房。进入新房后，新郎、新娘喝红糖水，新娘坐在"喜床"上，俗称"坐福"，新郎、新娘在"喜床"上合影，邀请双方亲属、朋友参观新房，并与新郎、新娘合影留念。其后，"喜车"抵达酒店。新郎亲朋在酒店门前迎候，再次放礼宾花、踩响球等。新郎、新娘在宴厅门前迎宾。主持人选择吉时主持典礼。随后进行拜席及送彩礼。新郎、新娘在拜席时按照先娘家席、后婆家席，先亲属，再领导，再同志，再邻居，后同学、朋友的顺序进行敬烟或献花，敬娘家烟时，由新娘持烟，新郎点火，新娘要加以介绍，给婆家献花敬烟时，新人角色互换。新郎父母或兄长在新郎、新娘拜席一段时间后，向客人敬酒，顺序同上。宴席中，有客人离开时，新郎、新娘相送至酒店门口。男方父母适时给女方来宾中的小孩子赏钱。如果酒店给老丈人桌加菜时，新娘父亲要给厨师赏钱，新娘父母要离开时，新郎父母应为其送上四彩礼，即离娘肉一块（要带皮、带两根肋骨）、鱼品一份、粉条一把、大葱数根，并用红丝线系活结。婚礼最后的仪式为团圆饭，新郎父母和家人接受新郎、新娘的敬酒，并对他们的婚姻表示祝福。

三、婚后礼

《沈阳县志》中记载，清初沈阳婚礼后"逾数日，妇宁母家，婿随往，宴飨如仪，谓之'回酒'。期月后，偕诣妇家，再期而归，谓之'住对月'"。婚礼后第二天，新娘与族中亲友见面。婚后第三天，新婚夫妻携带礼品去女方家"回门"。有的地方婚礼后第三天，新婚夫妇要在男方父亲带领下上坟祭祀，称为"拜祖"。第九天，新婚夫妇去女方娘家省亲，谓之"回九"。满月后，新娘回娘家"住对月"。

第三节　市级篇

辽宁省除省会沈阳之外，还有大连、鞍山、抚顺、本溪、丹东、锦州、营口、阜新、辽阳、铁岭、朝阳、盘锦、葫芦岛 13 个地级市，本节重点介绍这些地级市中的汉族婚礼习俗，包括从古代婚礼沿袭下来的纳采、问名、纳吉、纳征、请期、亲迎，以及它们在当代婚礼发展中的变化。

一、婚前礼

（一）清代婚前礼

丹东一带汉族婚礼，多沿古制而流于简陋。两姓初议婚，必先通媒妁之言。女方家议聘金，俗称"彩礼"，又议布几对、衣服几件、首饰几副及猪、米等，聘金多寡，视女方家贫富来定，或数十元至数百元不等，也有富绅及好礼之家不议聘金，仅议衣饰数事即许可结亲。许可后，男方家择吉日由媒妁同男方父母或舅姑戚友等一起去女方家，女方家向来宾次第行装烟礼或献茶礼，来宾各出银圆若干给女方，俗称"装烟钱"。自此婚约始定，俗称"定亲"，又称"看媳妇"。定亲后不拘年月，由男方家择吉日，备妥前议聘金、衣饰等，并购婚书一套，将男女姓名、年龄、籍贯、往上三代和主婚人、媒人均书于上，由媒人同男方家亲属送到女方家，即古纳采、问名之意，俗称"下婚柬"，又称为"过礼"。女方家接受后，回以同式婚书一套，并赠女婿冠带腰褡等物及宽条切面一匣，称为"宽心面"。婚娶之年，男方家选择嫁娶吉日书于红帖，称为"婚单"。先期一月备好簪珥、布帛，由媒人送到女方家，俗称"送日子"，即古纳征、请期之意。女将出阁，亲人送银钱或妆奁等物，俗称"添箱"。

鞍山一带婚嫁仪式较为烦琐。婚前礼包括相亲、合婚、订婚、过礼等。婚前仪礼主要过程是，先由媒人提亲，由双方父母相看对方子女，名为"相亲"，经双方相看互相同意之后，再交换庚帖，庚帖上写明男女属相、生辰，俗称"换帖"，然后求卜是否合婚，如果不合婚就此罢了，如果合婚，男方父母和媒人携聘礼到女方家行定聘礼，席间双方主婚人易杯而饮，俗称"换盅"，又叫"会亲"或"订婚"。娶亲前男方择吉日，并将选定的吉期通知女方，如女方没有异议，男方家备酒肉、服饰等礼物送女方家，谓之"过礼"。①

本溪一带的男女议婚一般在幼年时完成，还有娃娃亲或指腹为亲的。一般子女长到16岁至20岁就由父母给定亲，定亲前先考虑是否门当户对，即男女双方家庭在政治、经济、社会地位上要相当。在此基础上，通过媒人保媒，经女方父母应允后，互换子女庚帖，然后，请算命先生合婚，在生辰八字不相克的情况下可订婚，订婚又称"拉单子""过彩礼"。在选定日期后，男女双方邀请各自的主要亲友，共同商议聘礼等事宜，其中包括给女方聘金、首饰、衣服、被褥数量等细节。由女方设宴款待双方亲友，男女双方亲家换杯而饮后，亲事就定下来了，民间把定亲称为"会亲家"。婚前，男方要准备服装、钱、物等送至女方家，称作"过彩礼"，女方备酒招待双方宾客。在农村，女方家要向男方家要一笔钱，称为"养钱"（养姑娘钱），钱数必有"9"。②

抚顺一带在婚礼前，男方家需行"下定礼"，俗称"装烟"。迎娶前，要到女方家"过大礼"，当天双方家长举行欢宴，换杯畅饮，俗称"换盅"，又称"会亲"或"放定"。婚书旧时用龙凤柬，后来通用官制婚书。婚期前一日，女方家将准备好的嫁妆送到男方家，男方家准备好酒在门前欢迎。嫁妆安放在新娘房内，称为"安柜箱"。男方设宴款待，称为"嫁妆酒"。③

（二）民国时期婚前礼

民国时期，大连地区以举行传统婚礼为主，婚前礼主要包含以下主要程序。

1. 说媒。该地区媒人多为邻里、友人，他们出于热心，根据社会地位、年龄、长相、品行等撮合未婚男女。偶尔也有以敛财为目的的职业媒人（多为老年女性），称"媒婆"。

---

① 鞍山市人民政府地方志办公室编：《鞍山市志》（社会卷），沈阳：沈阳出版社，1993年版，第180页。
② 本溪市党史地方志办公室编：《本溪市志》（第四卷），沈阳：辽海出版社，2004年版，第511页。
③ [清] 赵尔撰：《抚顺县志略》，清宣统三年石印本，卷二十二。

媒人不仅要熟悉男女双方及其家庭的基本情况，力求门当户对，而且要基本准确地向男女双方及其父母介绍对方的情况，还要尽可能隐恶扬善，使双方充分认识对方的长处，从而乐于达成嫁娶的协议。媒人从开始为男女双方牵线搭桥之日起，就经常往来于男女两家之间，交流情况，传达彼此的愿望和要求，防止发生意外的变故。习惯上男女两家都有义务招待媒人，称作"媒百餐"。媒人在旧式婚礼中是一个重要角色，在男女两家对婚事取得基本一致的意见之后，他要引导男方去相亲，代双方送换庚帖，带领男方过礼订婚，选择成亲吉日。引导男方接亲，协办拜堂成亲事宜，一直到新人进了房，方大功告成，故有"媳妇娶进房，媒人冲南墙"之说。媒说得好，双方都满意，以后常来常往，成为故旧；媒说得不好，双方不满意，往往归咎于媒人，从此视为路人。说成一桩媒，媒人可以得到一些钱财，称为"谢媒礼"。这笔钱一般由男方支付，如果是男方到女家，则由女方支付，在成亲的前一天，与送给媒人的鸡、鸭、肘子、鞋袜、布料一起送到媒人家。媒人第二天一定要去引导接亲，称为"圆媒"或"启媒""发媒"。谢媒钱的多少，视主家经济状况自行决定，但无论多寡，均需用红纸封好，称为"红包"或"包封"。红包上习惯写上"包封签子"。谢媒包封签子用语：

  柯仪 鹊桥之敬 巧谐连理 义和秦晋

  桥仪 月老之敬 巧系红线 丝罗之敬

  冰仪 执柯之敬 恩铭二姓

贺嫁包封签子用语：

  粉仪 于归之敬 出阁之敬

  脂仪 出闺之敬 宜室宜家

  2. 年庚合婚。议婚男女年庚一般由媒人作为中介议定，即按生辰"八字"看是否合婚，此俗涵盖面很大。

  3. 看亲。经媒人说合后，男方多提出婚前相看要求。这种由男方在媒人的带领下到女方家做初次访问之举，称为"看亲"，雅称"相亲"。相亲的日子由媒人预先定好并通知男女双方。男方根据女方父母的爱好，准备礼物，除表示男方心意之外，更重要的是为打动女方父母的心。女方要洒扫庭院，准备接待客人。男女都要收拾打扮一番，以便给对方一个好的第一印象。看亲是婚姻能否成功的关键环节，男方尤其重视。

4. 过礼。看亲之后，要履行订婚手续，俗称"过礼"。"过礼"的第一步，是由媒人把男方的生辰八字送到女方，女方的生辰八字送到男方，有些迷信的父母，自认为是对儿女的婚事负责，往往在接到红帖之后要请算命先生推算一下，看双方的"生辰八字"是否相合，如果不合，婚事就要重新考虑。

"换帖""合八字"之后，媒人要选个好日子，带男方去"过礼"订婚。"过礼"是婚前大事，一般嫁娶的主动者无论男女要向另一方送一份彩礼，男方给女方多少钱、给什么订婚礼物，一般都在事先由媒人同双方分别协商好，不能由男方或女方给多少算多少。彩礼一般多为布料、被褥、棉絮、现金，富户则为绸缎、金饰等高档物品；贫困者亦有折为银钱的，实为变相买卖婚姻，女方亦有回赠，俗称"下定礼"，大连北部地区称"换盅"。"过礼"之后，男女双方即可商定日期举行婚礼。

5. 择吉。按照传统的做法，嫁娶的主动者一方，其父母应选择迎娶的良辰吉日，并由媒人通知对方，准备迎娶，称为"择吉"和"送日子"。旧时择吉一般请教星象学者或算命先生办理，也可以自己择日子。一般认为，只要"六合"相应，就是好日子，如"甲子年，己丑月，丙寅日"等。择吉已定，双方确定了结婚日期后，发出婚宴请柬，请亲朋好友参加婚礼。婚宴请柬根据对象不同内容各异。

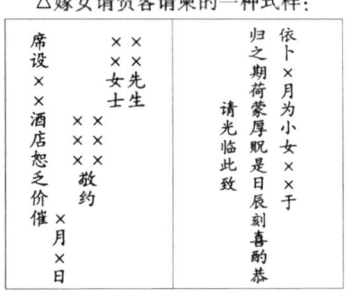

图 3-1 请柬

请柬一般由嫁娶者或其父母亲自送达亲友手中。亲友们接到赴喜宴的请柬后，除特殊情况只送礼不去人外，多要登门道贺，参加婚礼都要准备礼金。礼物的多寡视各人与主方关系亲疏、交谊的深浅和本人的经济条件而定。送男方的一般都付现金，用红纸打包封。包封签上一般写上一句表示祝贺的话，多是"缔结良缘""成家之始""喜缔鸳鸯""缘定三生""姻缘相配""白首成约""鸳鸯璧合""誓约同心""终身之盟""盟结良缘""许订终身"等。包封里装着现金，钞票要正面朝上，一张张叠放整齐。钞票最下层用红纸写上"某某贺"或"某某、某某同贺"等字，谓之"挂里（礼）"，便于账房登记。送给女方的礼物多是实物，也有用红包替代的，称为"助嫁"。实物多是箱、柜、床、被、餐具、衣料之类。送女方的礼物往往是亲友们听到婚讯即主动送去，以便女方安排嫁妆。女方家也好按此安排"出嫁酒"的规模。

6. 妆奁。妆奁为女方家父母给女儿的陪嫁物品，富家多以给女儿优厚嫁妆为荣耀，中下层人家一般陪送一套柜箱及衣物等。富家多陪送，穷家少陪送，并无定规。20世纪30年代，城市已有自由婚姻萌芽，但彩礼仍不可缺少，只是多少不同。女方多以彩礼置嫁妆，有的还有剩余，故一般女方家虽置嫁妆，但实际并无破费，负担都转嫁到男方家了。① 这些为该地区婚前礼中具有共性的几个重要阶段。

锦西一带举办婚礼之前，先由媒妁介绍，分别接洽，称为"提媒"。既议定，女方家将嫁者生辰写在红柬上，由媒妁送到男方家，名为"具庚帖"。男方家按男女命运卜其吉凶，称"合婚"。合婚后，两家约定日期互相相看，名为"相门户"，又称"会亲"。再由男方家将聘娶日时、娶亲俗忌等逐项请人占卜，称为"择日"。之后，由冰人送到女方家，称为"通信"。男方家需提前备好簪珥等物品，用匣子装好，称为"装匣子"。媒妁折中评定猪、酒、银、帛，由男方家送到女方家，以双数计，称为"小折礼"。男方家根据定下的吉日，邀请亲属与女方家亲属，称为"过小礼"，俗称"换盅"。迎亲日前一个月，男方家将妆奁等物送到女方家，称为"大折礼"，这一天，女方家用猪、酒祭祖，盛宴亲友，称为"吃大礼筵席"。亲友各以财物助嫁，称为"聘仪"，俗称"添箱"。男方家送喜帖告知亲友，称为"办红事"。娶亲之前，新房内张贴喜画，门上粘贴喜联，贴喜字窗花，门柱上都挂着彩绸，院子里搭喜棚，招待前来贺喜的宾客，称为"造水桌"。这一天，女方家送衣饰、器具到男方家，称为"陪送"，又称"安嫁妆"。② 这些都是婚前礼仪。

铁岭一带婚前礼包含问名、纳吉、纳采、请期、纳征。婚前先由媒人介绍男女两家情况，传达两家意思，而后两家就门第、家风、贫富有所选择，同意了便可议婚。问名后达成协议，便邀请"阴阳先生"写出男女庚帖及其属相合命，按五行相生相克之说，进行合

---

① 大连市史志办公室编：《大连市志·民俗志》，北京：方志出版社，2004年版，第62~64页。
② 张鉴唐、刘焕文修，郭逵等纂：《锦西县志》，民国十八年铅印本，卷六。

婚。婚事议妥，男方家长准备衣物首饰，邀请亲友、媒人前往女方"会亲"，也叫"下定礼"。女方家长让自己的姑娘与男方家长、亲友见面，行"装烟礼"。男方家长及长辈、亲友都要给"姑娘"装烟钱，女方家设宴款待，请亲友作陪。男女双方的家长在酒宴上，互换酒杯而饮，俗称"换盅"，即后来的下媒束。男方家选定"吉期"后，用红笺写上男女"年庚"，俗叫"婚书"，在结婚的前一个月送到女方家，以便做好嫁女准备，也叫"过礼"。由男方家向女方家送猪、酒及衣服、首饰等，女方家则设宴招待。女方亲友、家族长辈都要拿钱或送礼物祝贺，叫"纳征"，俗称"添箱"。①

（三）中华人民共和国成立后的婚前礼

中华人民共和国成立后，人民政府号召"婚姻自主，恋爱自由"，不准包办婚姻，传统的"父母之命，媒妁之言"的婚姻形式被彻底打破。大连地区城市和大部分农村青年男女都采用新式"文明婚礼"。婚前礼主要包含了"相识""恋爱""定婚期"等主要内容。

1. 相识。现代青年男女，就业机会多，社会交往多，为婚恋创造了宽松的环境。但因个体的差异和社会地位、职业、学历、家庭政治经济条件的不同，男女相识的途径可谓千差万别，大体有"青梅竹马""一见钟情""信息媒介""经人说合"四种形式。

第一种是"青梅竹马"。大多男女双方在本乡本土出生成长，从小在一起玩耍，一起读书，长大以后由于志趣相投而产生感情，自愿结合，自由恋爱，不必经人介绍，用不上"媒人"。也有一部分男女已经相处很久，但为了显示郑重，会在父母的操持下，请一"介绍人"走一个过场。第二种是"一见钟情"。男女双方本来素昧平生，只是在偶然的场合下相遇，由于彼此都给了对方最佳的"第一印象"，因而双方心目中立即认定对方就是自己托付终生的伴侣，于是立即互通姓名，通信，约会。第三种是"信息媒介"。有的单身男女或因性格或因工作环境等诸多因素制约，总找不到称心如意的配偶，于是借助报纸、杂志、电台、电视台发出征婚广告，或者到婚姻介绍所登记，通过现代信息媒体，确定交友对象，建立通信联系或主动同对方约会，达到相识的目的。第四种是"经人说合"。这种形式实质就是传统婚礼中的"说媒"，只不过媒人称作"介绍人"，"媒人"与"介绍人"的主要区别是"媒人"以游说男女双方父母为主，而"介绍人"则是直接为未婚男女自身做推介。

新式婚姻中的介绍人多由长者、长辈、老师、师傅、哥哥、姐姐、亲戚、朋友、同事、同学各种角色充当。随着改革开放潮流的涌现，近年来还出现了儿女给丧偶的父母做介绍人，弟妹给兄姐做介绍人的现象，成为当时的一种新的社会风尚。

---

① 铁岭县地方志编纂委员会编：《铁岭县志》，沈阳：辽沈书社，1993年版，第635页。

2.恋爱。现代婚姻以感情为基础,而恋爱则是建立感情、由相识走向结合的桥梁。男女双方相互认识之后,一般是通过"约会"和"写情书"来彼此沟通,抒发感情,这个过程就叫作"恋爱"。青年男女谈情说爱多是无师自通且各有特色。不论城市和乡村,绝大多数男女青年能以审慎的态度对待婚恋,即便自由恋爱也一般会征得父母的同意,不会轻易以身相许,草率同居。

3.定婚期。婚礼日期的选定,无论男方或女方均视为大事,常选择有纪念意义的日子结婚,如"五一""国庆节""元旦"。一般情况下,会选择农闲季节或节假日举行婚礼,使备婚男女有时间和精力做婚前准备,另一方面便于亲友参加婚礼。

20世纪70年代以前,农村青年结婚时均乘坐牛马车,车用苇席扎成彩篷,将新娘和嫁妆一并拉到夫家。城市青年结婚多是用自行车或乘公共汽车把女方的嫁妆送到新郎家。也有的坐小客车,但为数不多。婚礼日期由男女双方商定之后,通知双方亲友即可进行,一般不依旧式婚礼的繁文缛节去办。20世纪90年代以后,政府提倡男女结婚之前进行婚前体检,此举被多数青年男女接受,对提高和改善婚姻质量大有好处。发放请柬是婚礼之前的重要举动,发放的对象有亲属、朋友、战友、学友、同事、邻里等。一般平日有礼尚往来者均请到。[①]

二、正婚礼

(一)清朝末期、民国时期正婚礼

清代至民国时期,本溪一带结婚仪式经历了一个由繁到简的过程,该地中等生活水平的人家,结婚均要大操大办,礼仪浩繁,形式复杂。结婚前一天,两家相距较远者,男方要替女方选好落脚之处,称为"打下处",女方家亲友、女眷陪同新娘抵达下处,并将妆奁送到男方家。结婚那天清晨,新郎披红戴花,在伴郎陪同下,鼓乐吹奏,坐轿(或骑马)带领迎娶新娘的彩轿去女方家下处迎新。新娘的胞兄将包以棉被的新娘抱上彩轿,起轿后抵达男方家门前停轿。庭院中设有供奉天地牌位的桌子,新人在天地桌前对牌位跪拜,称为"拜天地"。接着拜公婆,夫妻对拜。进门时,新郎手持秤杆,将新娘的盖头挑起插入檐下。新娘入洞房后,要坐福。午间酒宴,以女方家客人为尊,称为"上亲客"。新郎与其父母要出面寒暄,新郎要敬酒谢亲。新郎、新娘依桌向来宾敬酒、拜席。饭后,新娘要为新

---

① 大连市史志办公室编:《大连市志·民俗志》,北京:方志出版社,2004年版,第68～70页。

郎家至亲装烟、点烟（火），亲友须回赠装烟钱。与新郎平辈的男女，有闹洞房的习俗，同新郎和新娘吃、闹、耍、笑直至深夜。①

民国时期，安东一带的汉族结婚当天早晨，女方家把两床新被重叠铺在一起，让男女左右并排而坐。新郎吃八个水饺，新娘吃米饭，之后，女傧相扶新娘上轿，有的地方请叔舅长辈抱新娘上轿，俗名"抱轿"。新郎的彩轿先到家，到家后下轿进屋等候。新娘的彩轿到门口后，面向吉方停下，奏乐，女傧相为新娘简单梳妆，并递宝瓶。女傧相手持炭盆，扶新娘下轿。新娘从红毡走到香案前，香案上放有供品、斗秤、弓箭，主婚者焚香叩拜，新郎接着叩拜，新娘在案前站立，称为"拜天地"。拜完后，新人入室，新娘跨马鞍进房，新郎用秤杆揭去新娘的盖头，称为"揭盖头"。新娘入洞房后，抱宝瓶面向吉方坐下，称为"坐床"，又称"坐福"，后与新郎饮交杯酒，行合卺礼。女傧相斟酒两杯，用红线拴在酒杯两端，在杯中放置钱币一枚，两人交饮，俗名"合婚酒"。新人入洞房，来宾向主人致贺，并送贺仪，俗称"上礼钱"，城里富裕的家庭也有的送喜帐。主人开筵宴客，新娘出门见日光，俗称"踏红"。傍晚，厨师备好佳肴，新人面对面坐着吃饭。吃完后，新郎、新娘相对展衣襟，幼女把宝瓶拿走，意为祝福吉语。②

盘锦一带民间结婚当日，男方家门前鼓乐喧天，将红喜联、红双喜字贴于大门、堂屋和其他门窗、器物、喜车之上，将烟花爆竹置于房前和大门外。这天清晨，男方早起便去迎亲，民间认为新娘在日出后到家最吉利，讲究抢在同路娶亲者之前。迎亲队伍出发前，要打发人去女方家报信。出发时，须放三响花炮与鞭炮，之后，鼓乐班子齐奏音乐。新郎披红戴花，手提四彩礼（离娘肉一块、带根大葱两根、粉条两斤、绵白糖两包，以示骨肉相连、婚姻甜蜜长远），由数名男女迎客相陪，乘轿或车出村。迎新娘的轿或车内坐两个新郎侄辈的压轿或压车。一路上逢村、过桥都要放鞭炮，如今过桥要扔几枚硬币。两家相距近的会故意绕远路，以显示荣耀。这一过程"六礼"中叫"亲迎"。迎亲队伍到女方家附近，放三响花炮报信，女方家要出人到大门外迎接。众人下轿或车后，新郎手提礼物走在前面，至房门前改口叫"妈，开门"，须叫数声，岳母方开门，称为"憋性子"。岳母先递给女婿改口红包，接过礼物，然后让宾客到客厅等候，以烟茶糖果招待，并由媒人介绍亲属关系。在迎亲宾客进屋的同时，女方家便为待嫁女梳妆。新娘身穿嫁衣，头蒙红盖头，怀抱由红布包裹的洗脸盆，俗称"聚宝盆"，由兄弟背上轿或车，今由新郎抱至车中，由女迎客给新娘换上"踩堂鞋"后，在鞭炮声中起程。新娘的亲属相随送客，一般由舅、叔、伯、兄弟、姑、姨、嫂等人送至婆家。一路上鼓乐在前，轿或车居中，送客在后，忌走重

---

① 本溪市党史地方志办公室编：《本溪市志》（第四卷），沈阳：辽海出版社，2004年版，第512页。
② ［清］金元烺、［清］吴昆田纂修：《安东县志》，民国二十年铅印本，卷十五。安东，辽宁省丹东市的旧称。

道。如有两家迎亲队伍相遇，需互换红花、红喜字或放鞭炮相庆。轿或车行至新郎家门前，燃放鞭炮后，由女迎客掀开轿帘或打开车门，搀扶新娘下轿或车。新郎伴着新娘在铺有红毡的地上缓缓前行，新娘须迈过设置在道上的马鞍或盛子（织布机上的经轴）以避邪。一对新人行至天地桌前，举行拜堂仪式，又叫"拜天地"。新郎居右，新娘在左，执事人高喊"一拜天地，二拜高堂，夫妻对拜，共入洞房"，之后，新娘要行"坐帐礼"，也叫"坐福"。新娘弟弟开始挂门帘，摆挂钟。一个时辰后，新郎掀掉新娘头上的盖头，女傧相给新娘上头，开脸。新娘下地装烟，行礼，分大小。拜完天地后，新郎家要设宴招待来宾。宴间，女方家来客要赠红包给厨师，俗称"下厨礼"。男方家则要回赠女方送客和送嫁妆的人红包。宴毕，送客由陪客相陪会见新娘公婆，双方互致问候，并商定新娘回门事宜等，然后告辞。晚上，新郎、新娘要饮"交杯酒"，这是古俗合卺礼在民间的延续。喝完交杯酒，吃"合喜面"，即一碗饺子，一碗面条。然后同辈人开始闹洞房，至深夜。

鞍山一带结婚当天一早，由男方以彩轿或彩车到女方家迎娶，鼓乐先导，新郎及迎亲人相随，到女方家，新郎拜新娘父母，名为"谢亲"。娶亲至家，等待吉时下轿，新娘头蒙红盖头，脚踩红毡走到仪桌前，由司仪主持仪式，先拜天地，后拜父母，然后新郎、新娘互拜。仪式结束后，新娘到新房内"坐福"。中午设宴招待前来祝贺的亲朋好友，名叫"坐席"。席前"随礼"，礼钱由专人用红纸记入礼账，礼钱多少由关系亲疏和贫富而定。席后客人陆续散去，主人相送。入夜，新郎、新娘共吃"喜面"，然后入"洞房"，多有闹洞房的习惯。[①]

抚顺一带举行结婚仪式这天，男方家要备喜车和鼓乐班子到女方家迎娶。新郎穿着一新，披红戴花，骑马或坐轿前往女方家迎亲。新郎入门要拜见岳父、岳母，改口称呼爸爸、妈妈。新娘子穿着大红衣裤、上车鞋，头上蒙着红布盖头，吉时一到，由父母叮嘱几句以后，由伴娘搀扶上花轿。此时鼓乐齐鸣，新郎车马在前，喜车随后，女方父亲及亲友随车送亲，女方母亲在家。双方各自找的娶亲奶奶、送亲奶奶（两名全命妇女）也一同送亲。喜车路过庙宇、坟墓、枯树、水井、碾子时，要以红毡遮住，谓之避邪。喜车或花轿到男方家门前时，男方家先关上门，要由鼓乐班子三吹三打后才开门进入院内，俗称"憋性子"。进门后由娶亲奶奶和送亲奶奶搀扶新娘子下车或轿拜堂。这时鞭炮、鼓乐齐鸣，新郎、新娘按男左女右走过铺在地上的红毡或苇席来到"天地桌"前，桌上摆满了香炉、供果。新郎、新娘同拜天地，拜父母，夫妻对拜。之后由新郎导引，伴娘扶新娘入洞房。有的将马鞍、瓶子放在洞房门口，让新郎、新娘跨过去，寓意平平安安。此时送亲奶奶和女方亲友要到洞房内叠被子，被子里放上红枣、花生、栗子等，意为早生贵子。一般将男方

---

① 鞍山市人民政府地方志办公室编：《鞍山市志》（社会卷），沈阳：沈阳出版社，1993年版，第181页。

的被子叠在下面，女方的被子叠在上面，意为女主内，早当家。接着挂幔帐，由女方的哥哥或弟弟挂。新郎揭去新娘的红盖头，新娘发式由姑娘发式改成妇女发式，也叫"上头"，上完头要在炕上盘腿背北面南端坐一会儿，也叫"坐福"。接着新娘下地认亲，男方设宴款待宾朋。酒席间新郎、新娘一起给亲戚朋友敬酒、敬烟，并向新娘一一介绍来宾。参加婚宴的亲友送些礼钱表示祝贺。一般少则3～5元，多则百余元。宴席上女方来的亲朋为"上宾"，男方要格外关照。厨师要给娘家客多加两个菜，叫"加菜"，娘家要给厨师赏钱。婆家还要给娘家带来的小孩子赏红包，娘家客人要在12点前撤席，娘家人临走时，婆家要送给新娘的母亲一桌酒席，还有四色礼，其中有一块猪肉叫"离娘肉"。当天晚上，新郎、新娘吃合喜面，饮交杯酒。全家人在一起吃团圆饭。①

大连地区传统婚礼的正婚礼主要由"迎娶""拜堂""喜宴""闹房"等环节构成。

1. 迎娶。佳期在即，男女两家都要杀猪宰羊，准备喜宴，还要请好厨师、傧相、伴娘、轿夫、账房、师爷及其他帮助办事的勤杂人员。如果嫁妆较多，则于迎娶前一天送嫁妆，并到主家开始筹备，做好迎亲摆宴的准备。传统婚礼一般是女方家早晨做"出嫁酒"，男方家中午摆喜筵。如果是纳费（招郎——男方到女方家）则反之。一切准备就绪后，男方家鸣炮奏乐，发轿迎亲。媒人先导，接着是新郎、伴娘、迎亲婆、花轿、乐队、礼盒队。迎亲婆须夫妻儿女齐全。女方家在花轿到来之前，要准备好喜筵。姑娘要由母亲或姐姐梳好头，用丝线去脸上的绒毛，化好妆，谓之"开脸"，然后戴上凤冠霞帔，蒙上红布盖头，等待迎亲的花轿。穷人嫁女则从简。花轿一到，女方家奏乐鸣炮相迎。花轿落好，新郎叩拜岳父、岳母，并呈上以其父名义写好的大红迎亲柬帖。接着是女方家奏乐开筵。席间，媒人和新郎要小心谨慎一些，因为中国民间有不成文的习俗，在新婚的三天里，亲戚朋友中的平辈和晚辈青少年可以别出心裁地在媒人和新郎身上编演几出小小的喜剧，称为"洗媒"和"挂红"（乡下俗称"贺新客"）。新娘的嫂子说不定会在盛给新郎的饭碗下层埋半碗辣椒面；新娘的妹妹会在斟酒时特别给姐夫哥另斟一杯浓醋；新娘的大侄子会偷偷走到媒人身后，往其脸上抹一把锅底灰，这些能增加欢乐气氛的小闹剧，媒人和新郎均要容忍，绝不能生气、发火，不能同主客吵闹、扭打。

早宴之后，新郎、新娘在媒人的引导下向新娘的祖宗牌位和长辈行过礼之后，伴娘就可以搀着新娘上花轿了。上轿前，新娘一般哭几声，叫"哭嫁"，以示对父母家人的依恋。上轿时，新娘由舅舅或兄长抱上花轿或喜车。新娘上轿后，即奏乐鸣炮，启轿发亲。乐队在前，乐队后面是新郎，有条件的要骑马，接着是花轿和其他送亲人员。新娘在启轿时，

---

① 抚顺市社会科学院编：《抚顺市志》（6～8卷），沈阳：辽宁民族出版社，2000年版，第978页。

往往要塞个红包给轿夫,以免花轿摇摆得过于厉害。娶亲的归途,必须走与来时不同的另一条路,称"不走回头路"。迎亲路线是经双方事先周密策划拟定好的。接亲的队伍将要到达新郎家门口时,男方家要鸣炮奏乐相迎,并由男方家长者往轿子上扣筛子,称"避天煞"。男方家请的伴娘要上前掀起轿帘,将新娘搀下轿来,宾客向新郎、新娘身上撒红、黄各色的纸花,将婚礼推向高潮。有些富户或比较讲究的人家,在新娘下轿后,用席子铺道,称"避地煞"。新娘要踏着席子进入洞房。有的用红地毯铺道,贫困人家也有用红纸铺道的。

2. 拜堂。拜堂是旧式婚礼的高潮阶段。迎娶之日,男方家发轿之后,就要在男方正房布置好拜堂的场所。当花轿停在大门前,男方请的伴娘站在花轿前时,仪式即开始。香案上,香烟缭绕,红烛高照,亲戚朋友、职司人员各就各位。有两个人分别以"引赞"和"通赞"的身份出现,开始赞礼。新郎、新娘按引赞和通赞的赞礼开始拜堂。

拜堂仪式大体按如下程序进行:

引赞:"新赞莅位(伫立于轿前)。"

通赞:"启轿,新人起。"

引赞:"新郎搭躬。"(拱手延请新娘。)

引赞:"新郎、新娘花堂前。"

引赞:"新郎、新娘就位。"(至香案前。)

奏乐鸣炮。

通赞:"新郎、新娘。"(向神位和祖宗牌位。)

进香烛。

引赞:"跪,献香烛。明烛,燃香,上香,俯伏,兴,平身复位。"

通赞:"跪,叩首,再叩首,三叩首,兴。"

然后是传统的"从拜":一拜天地,二拜双亲,三夫妻对拜。拜堂仪式至此结束。夫妇相拜之后,新婚夫妇进入洞房,新娘坐于炕上的斧头之上。种种繁文俗礼过后,由迎送亲客捧两盅合卺酒,新郎、新娘各饮一口,谓之"交杯酒"。洞房被褥多由大姑姐(新郎姐姐或嫂子)负责放置,并于褥下放置枣、栗、花生等干果,预示早生贵子。

3. 喜宴。喜宴要按来客的尊卑长幼排定座位,称为"请客"。排座的原则是上尊下卑,右尊左卑,客人按其长幼和身份、地位,从高到低排座次。主席摆在正房上方正中,请"大亲"(又称"上亲""高亲",即新娘的伯父、父亲、叔父)坐上首右边席位,新郎父亲的舅父坐上首左边席位作陪,其余按尊卑长幼对号入座。除正席外,次一席摆在新房中,请新娘的母亲坐首位，由新郎的母亲或舅母作陪。其他各席的座位一般也要按尊卑次序排定。座位排定后，傧相宣布奏乐鸣炮开宴，新郎要先到首席斟酒敬酒，说些表示感谢和祝福的话，然后，厨房上第一道菜，把婚宴推向高潮。各席的酒菜一般一个样，唯"男大亲"和"女大亲"所在的席位，通例必须有清蒸的猪肘子一个。而且，新郎要时刻守候在桌边，为"上亲"斟酒、盛饭、送热毛巾等，以示尊敬。喜筵结束前，媒人早已溜走，谓之"逃席"。倘若不走，"洗媒"的人会将其脸抹成黑锅底。

喜筵结束后，"上亲"先到厢房休息，吃些点心，由男方尊长陪着说些客套话。待勤杂人员把席面撤去，扫了地，大亲就该起身告辞了。临走时，男方家要"打发"衣料、鞋袜之类，讲究的还有红包。"送大亲"是又一个热闹场面，男方家所有体面的人都要送到门口，还要鸣炮奏乐，以示敬意。婚礼的晚餐有"吃八大碗"的习俗，多是设在新房里，主要是自家人员参与，新娘、新郎作陪。

4. 闹房。"闹房"即"闹洞房"，是传统婚礼中必不可缺的一个环节。大连地区城乡都有闹洞房的习俗。闹洞房表面是为了逗乐，其内在含义是驱邪。据说洞房中常有狐仙、鬼魅作祟，闹洞房能驱逐邪灵的阴气，因此有俗语："人不闹鬼闹"。在现实的意义上也有其道理：闹洞房可以算作婚礼的高潮。通过"闹"，使新郎和新娘除却陌生、戒备的心理，为他们的新生活开好头。另外，通过闹洞房还能使亲友彼此熟悉，显示家庭的兴旺，增进亲友间的感情。传统闹洞房的过程是这样的：

闹房队伍一般在天黑时进场，一听锣鼓响，主家就要立即燃起鞭炮迎接。闹房者一般先到堂屋"跳加官"，唱一段"福禄寿三星到凡间庆祝新婚"的入场戏，然后正式闹房。闹房一般是坐着清唱，也有搭起台来，粉墨登场正式演戏的。闹房的班子入场时，主家要送红包一个；闹房进行到一定阶段，主家要招待晚宴；闹房进行的过程中，新娘要坐在新房炕沿上。闹房过程中一定要有《三星送子》的节目，当饰演"三星使者"的演员抱着布娃娃送到新娘面前时，新娘要高高兴兴地接过来，还要随即赏给演员一个"送子包封"。闹房活动进行到一定阶段，新郎要到洞房来，领着新娘"作揖认亲"。凡是男方家的尊长，都要在赞礼声中一个个进来让新郎、新娘拜见，而且要赏一个红包给新娘做见面礼，称为"作揖包封"。与此同时，长者要拱手回个"半礼"。新郎的父亲俗称"家爷佬子"，要在新娘"作揖认亲"之后陪闹房的人吃饭。闹房时，新婚家人不能生气，因为闹房是"三天不分大小"，大家都可以说说笑笑、打打闹闹。闹洞房的活动一般在午夜时分结束，主家在送走客人之后，即熄灯休息。[①] 至此，正婚礼阶段的主要过程全部结束。

---

① 大连市史志办公室编：《大连市志·民俗志》，北京：方志出版社，2004年版，第65～67页。

辽阳一带婚礼皆在上午。男方家备彩轿，烛马、鼓乐前导，新郎同喜傧（通常四人或二人，多者六人或八人，贫富繁简不同），俗名"娶亲客""娶亲娘"，至女方家亲迎，取男先于女之义。新郎登堂拜女方父母，俗名"谢亲"，即奠雁。女方家赠新郎多金，并以酒肴款待新郎后，新郎坐轿或骑马前行；新娘以红巾蒙首，由弟妹搀扶上轿。女方家也用喜傧（人数与男方家同）护送，喜傧俗名"送亲客""送亲娘"。路过井、墓、庙宇，用红毡遮住避邪。及至男方家，新娘等候吉时下轿。红毡铺地，新娘被带着踏行其上，至堂前设喜桌，称"天地桌"，新人交拜后，新郎引新娘入室，至门阈揭去蒙首红巾。新娘携宝瓶入洞房，向吉方端坐，名称"坐帐"，又称"坐福"。喜娘为新娘加髻，俗呼"上头"，女方家用男方家酒肴肆筵款待女婿，俗谓"管小饭"，即管甥遗意。这一天中午，男方家开盛筵，来宾戚友各出银钱赠新郎家，称"喜仪"。到晚上，新郎与新娘饮交杯酒，吃合喜面，即合卺礼。①

阜新一带男方家如果家中富裕，迎亲常备三顶轿：一顶给新郎乘坐，一顶给娶亲客乘坐，一顶给新娘乘坐。当日，新郎披红插花，有八人或四人做陪客，都骑马，锣夫在最前面引导，鼓乐随后，旗牌又随其后，一直到新娘家，住宿一晚。次日清晨，新郎拜别女方父母长辈，骑马先回去，与古代告庙礼相似。等新娘到家后，由娶亲、送亲人搀扶新娘到天地桌前，新娘蒙着盖头站在西边，新郎站在东边，新郎行三叩首礼。随后，新郎走在前面，新娘随后，一同进入房内。新郎用秤杆揭去新娘的盖头，新娘上床梳发髻，新郎到外面款待宾客。道贺的亲友向主婚人和新郎作揖或者鞠躬，宾客出钱给男方家并记在账簿上，称为"喜仪"，女方家里出钱给男方家并记在账簿上，称为"拜仪"。由男方家设席酬谢亲友。宴席结束后，宾客散去，女方家人也返回。到晚上，比新郎小的客人准备酒食，进入新房闹新郎、新娘，俗称"闹酒"。

到了迎娶之日，锦西一带男方家用喜车或彩轿迎娶新娘，这是由古代迎亲礼演变而来的。途中遇到庙宇、水井，要用红毡遮住，以辟邪。到了吉时，新娘下车，胸前挂铜镜，盖红头巾，称为"蒙头红"，身穿喜衣，俗称"拉草衣"。两个女童在新娘两侧放宝瓶壶，两个男童将红毡铺在地上，娶亲人扶新娘踩在上面走到香案前，新郎行跪拜礼，俗称"拜天地"。接着，新娘到洞房门口，由新郎揭开新娘的盖头巾，入室后，新娘面向吉方"坐福"。喜娘为新娘梳发髻，插簪子，称为"上头"。此时鼓乐齐响，鞭炮同鸣，亲友前来道贺，称为"道喜"。男方家设宴款待来帮忙的邻居、宾客等，称为"坐席"。宴席结束，新郎、新娘一起拜祖、拜灶，这是古代的庙见之礼。接着拜公婆、族长。亲友都赠送新人财物，称为"喜仪"。当晚，新郎、新娘同吃子孙饽饽、长寿面，喝交杯酒，行古礼中的合卺礼。

---

① 裴焕星、王煜斌修，白永贞等纂：《辽阳县志》，民国十七年排印本，卷四十。

铁岭一带，结婚这天男方家备轿或彩车迎娶，女方家有送亲客、送亲娘护送。新娘轿车到男方家时，先不下车，而是停车片刻，俗称"憋性"。新娘下轿，面蒙红帕，由女傧相搀扶着踩红毡前行。堂前设天地桌，摆着香烛纸马，新郎、新娘行交拜礼，俗称"拜天地"。接着男前女后，缓缓走向新房。新郎为新娘揭去蒙面红帕，俗谓"揭盖头"。新娘入门，按阴阳先生指定的方位，上炕端坐，俗称"坐福"。新郎或男童一人将新娘的衣服、包裹和其他嫁妆，由箱内取出，当众逐件验看，俗称"亮箱"，亦叫"翻箱"。女方家借用男方家酒饭招待新郎，新娘之弟作陪，俗称"管饭"。入席后，新郎由人引导，出面拜席，先拜女方送亲客，后拜一般贺客，表示感谢。送亲客、贺客都要拿贺仪，送礼物，也有送喜帐、喜联的。晚间入洞房，一些男女青年动员新郎、新娘喝"合欢酒"，吃"长寿面"，闹洞房。①

（二）中华人民共和国成立后的正婚礼

大连地区新式婚礼中的正婚礼主要包含了结婚典礼和仪礼程序，通常在喜筵开始之前举行新式结婚典礼。其一般程序如下：

在婚宴厅堂悬挂横幅，上书：

xxx 先生

　　　结婚典礼

xxx 女士

1. 宾仪宣布结婚典礼开始；

2. 来宾入席就位；

3. 主婚人、证婚人、介绍人就位；

4. 新郎、新娘就位，鸣炮、奏乐、撒花；

5. 证婚人宣读结婚证书；

6. 主婚人致辞；

7. 介绍人讲话；

8. 来宾代表讲话；

9. 新郎、新娘向双方父母三鞠躬，向主婚人、证婚人、介绍人及来宾三鞠躬；

10. 新郎、新娘相对鞠躬；

11. 新郎、新娘交换结婚礼物；

---

① 铁岭县地方志编纂委员会编：《铁岭县志》，沈阳：辽沈书社，1993年版，第635页。

12. 新郎、新娘向宾客简述恋爱经过;

13. 新郎、新娘表演节目或发表即席感言;

14. 新郎、新娘表演节目;

15. 礼毕开宴;

16. 宴席间,新郎、新娘要逐桌敬酒、点烟;

17. 席散送客。

辽阳一带,男女双方情投意合,达到结婚条件,履行法定手续,即可结婚,别人不得干涉。20世纪70年代初,男女青年多找媒人,以示"明媒正娶"。20世纪70年代后期,男女双方不用中间人"搭桥"而结为伉俪的也不少见。20世纪80年代后,喜事新办,婚庆从简。为方便工作,婚礼多在节假日举行。县工会、团委、妇联在县人民政府餐厅为新婚夫妇举行集体婚礼,大多乡、镇在节假日也为部分新婚夫妇举行集体婚礼。

三、婚后礼

本溪一带婚后三天,有回门之俗,新婚夫妇带着酒、糖、鱼、粉条等礼物去娘家回拜。盘锦一带新人婚后第三天或第七天,新娘要偕新郎回娘家,俗称"回门"或"回酒"。这是新女婿第一次正式到岳父家做客,宴饮时新郎要坐在首席,受到一生中最为隆重的招待,由女方家的近亲好友陪席。居住天数不等。新婚一个月,新娘要回娘家探视,称"归宁"。第一个春节,新郎要备礼物偕妻去拜岳父母,俗称"拜新年"。一般选在正月初二至初六日之内。新娘有几门族亲,新郎就得备几份礼品拜望,凡受礼之家,都要设宴作答。中华人民共和国成立后,国家颁布《婚姻法》,破除了封建礼教的各种束缚,履行法定手续,便可结婚,且结婚仪式从简。民间有用大车、自行车、汽车接新娘的,新房布置为时兴衣物和箱柜。

大连地区新人婚后礼,主要体现为"回门"。"回门"一般在新婚的第三天,女方家长辈前往探望。婚后七日,新婚夫妇同去娘家,俗称"四七"或"占七",次日归来,俗称"占七回八,两家必发"。新郎要陪着新娘从婆家回到娘家。女方家要隆重地做"回门酒"。席间,新娘要引新郎拜见本家亲友,一般是从最年长、最尊贵的认起。被拜见者或点头,或起座相搀,或还半礼,同样要赏新郎一个红包。[①] 至此,传统的婚礼才算结束。

辽阳一带婚礼后第二天早晨,新娘拜先祖及舅姑,之后,依次拜宗族前辈,俗谓"分

---

① 大连市史志办公室编:《大连市志·民俗志》,北京:方志出版社,2004年版,第67页。

大小",即见舅姑礼。戚友、族党各赠新娘以资或饰物,称"拜仪"。四日或七日,女方家接女儿及女婿,俗谓"回酒",即反马。逾月,新娘归宁,谓之"住对月"。海城一带新娘早起梳妆毕,与新郎相向对坐,衣襟相接,两少女将宝瓶中的米倒于襟上,谓之"倒宝瓶"。新娘拜祖先及舅姑,之后,依次拜宗族前辈,俗谓"分大小"。新娘将女红献给舅姑(即枕头顶、腰裙、荷包之类),舅姑分赠戚友,谓之"散箱"。铁岭地区新人正婚礼后第一天早晨,新夫妇对跪于祖先堂前,倒宝瓶,然后拜祖,即庙见之礼。之后,拜见翁姑,并依次拜见家族中尊长,称"分大小",亲友中交情深的,赠给新娘钱,称"拜钱"。新娘将在闺中自制的针黹物品遍赠亲友中拜钱的人,称"散箱"。当女方家送亲的人返回时,必预定归宁之期,新娘或五日,或九日与新郎偕归。五日的,当日返,九日的,隔宿返,称"回门",也称"回九",即返马之义。一月后,新娘归宁,也以一个月为期,称"住对月"。[①]营口一带正婚礼第二天早晨,新娘拜祖先及舅姑、尊长,依次拜见宗族戚党,谓之"分大小"。长者以银或物赠新娘,称"拜仪"。其先,新娘家戚族至新郎家,于新娘坐帐时,请厨师代为置办酒筵款待女婿及女儿,称"管饭",犹古管甥之意。过七日,新娘归母家,新郎与她一起去,宴飨如仪。也可以在第九日行此礼,谓之"回九",也谓之"回门"。[②]

第四节　县级篇

辽宁省所辖县的汉族与满族、蒙古族、朝鲜族等少数民族相互融合,婚礼各异。本节介绍以汉族为主的婚礼,如各地婚礼过程中的行茶、相门户、添箱、抱轿、上头、翻箱、散箱等从古代婚礼发展而来且具有鲜明地域特色的婚礼文化。

一、婚前礼

(一)清代婚前礼

清代,西丰一带一直延续六礼(纳采、问名、纳吉、纳征、请期、亲迎)。[③]民国时期,西丰一带的男婚女嫁,实行的是听从父母之命,媒妁之言的封建包办买卖婚姻制度,青年

[①] 黄世芳修,陈德懿纂:《铁岭县志》,民国二十年铅印本,卷二十。
[②] 杨晋源修,王庆云纂:《营口县志》,民国二十二年石印本。
[③] 萧德润修,张恩书纂,曹肇元补修,希廉等补纂:《西丰县志》,民国二十七年铅印本,卷二十四。

男女不仅没有自己选择配偶的权利，就是对个人终身大事发表一点儿意见也不准许。两家结亲时，男女不见面，全凭媒人在中间撮合，双方父母同意后，由女方下庚帖，写上生辰八字，男方找"卜筮"人给合婚，认为男女命不相克，又门当户对时，便准备聘金和礼品，同媒人去女方家订婚，写彩礼单（俗称"换盅""过小礼"）。结婚前，由男方再找"卜筮"人选择吉日良辰，用红柬写男女年龄、结婚日期、禁忌属相等，由媒人送到女方家，谓之通信请期，临近聘期男方备猪、酒、服饰等物送到女方家，谓之"过大礼"，同时女方亲属备礼添箱。结婚前一日，女方将陪嫁物品送到男方家，称为"安嫁妆"。①

昌图一带，男女初婚年龄较小，男子十四五即娶，女子十八九始嫁，女长于男四五岁不等。议婚之前，由媒人介绍，男方家先往女方家相看，如果双方见面奉上烟，则婚事可议，否则就此作罢。② 其余程序与其他地区大致相同。

开原一带，婚礼前由男方家偕同亲友往女方家求婚，如果双方商定好了就可以行"订婚礼"。亲迎前一个月，择吉日，请媒人递柬书到女方家。亲迎前一至两日，女方送妆奁等物到男方家，称为"安嫁妆"。③

辽中一带，订婚前两家意见相同，就开始索要男女庚帖，请人推算，俗称"合婚"。合婚之后，男方选择吉日将备好的布帛、簪珥之类的物品，同媒人一起送到女方家，行"定聘礼"，俗称"换盅"，又称"放定"。由男方家先商定婚期，邀算命者选定吉日，用红柬写下男女年庚、嫁娶日子，并在纳聘前两个月，请媒人到女方家"通信"。届时，男方家准备好猪、酒、服饰等物品送至女方家，俗称"过礼"，也称"行茶"。这一天，男方家邀请亲友、族人设宴款待，亲戚朋友赠送银钱、首饰以表祝贺，称为"助妆"，俗称"添箱"。亲迎前一天，送妆奁等物到男方家，称为"安嫁妆"。

新宾汉族婚俗多沿旧习。男子十六至三十岁，女子十四至二十岁，是约定俗成的结婚年龄，不足或超过这个年龄限度，均为"非礼"。特别是女子，年逾二十而嫁，会被人们认为"悖理"而受到歧视。儿子长大后，父母就要留意给他定亲了。男方父母对女方家庭及本人进行选择，以"门当户对，铢两悉称"为原则，权衡决定之后，请媒人去女方家说亲，女方父母同意后，始换庚帖（红柬写上男女生辰八字，互相交换）。议亲期间，两家都请术士以五行相生、属相相合卜算，谓之"合婚"。订婚之后，男方偕同媒人到女方家，由女方家设宴款待，以红柬开列礼品（结婚用品），叫"开单"或"拉单"。然后是看女婿，即女方家挑好日子同媒人、近亲好友，备吉礼到男方家，男方家备酒席款待，并预备一块红布，

---

① 西丰县地方志办公室编：《西丰县志》，沈阳：沈阳出版社，1995年版，第561页。
② ［清］洪汝冲纂修：《昌图府志》（六章），清宣统二年铅印本。
③ 李毅纂修：《开原县志》，民国十九年铅印本，卷八。

叫"见面红"。同时邀请姑、兄、嫂、大姐等人，各备私礼（装烟钱），齐到女方家，女方家设宴款待。席间，亲家互相易杯畅饮，俗称"换盅"，今称"会亲家"，古称"纳采"。婚书初用龙凤柬，后通用官制婚书。男方准备结婚时，先择日子，用红纸写明男女年庚时日及纳聘日期，这叫"年命帖"。男方家托媒人持帖通知女方家，这叫"送年命帖"，又叫"通信"，古称"请期"。在距吉日两个月时，男方家备齐礼单所开列的结婚用品，请属相相合、儿女双全的女性执剪裁衣，俗称"裁衣服"，也叫"过礼"。结婚所需之资，一般由父母筹办。①

建平地区有"撞婚"习俗。成年男女因两家门户相当、年庚相合，就由男女亲长做保亲人，不用合婚，称为"撞婚"。也有不用婚书庚帖，仅凭媒妁之言就订婚的。其余婚仪大致相同。

清末，庄河一带汉族结婚前的纳征、请期等仪礼，统称"过礼送婚单"。这一天，男方家率新郎和冰人，带着送新娘的簪珥、钱财等物到女方家，第二天返回。婚期前一天，男方家准备彩轿和鼓乐，去迎娶新娘，称为"走轿"。到了女方家，女方家请家中懂礼节之人迎新婿下轿。新郎在轿上饮酒三杯，然后下轿。②

海城一带的婚礼大多沿用旧制，婚前礼有问名、纳采、请期、纳征等。男女婚嫁先由媒人介绍，双方父母同意后，男方家先求女方家庚帖（即所生年、月、日、时），这是古礼中的"问名"，俗称"合婚"。议定婚事后，选择吉日，男方家备布帛簪琪，偕同媒人到女方家行定聘礼，两家亲属欢宴，举行换盅礼，又叫"会亲"和"订婚"。婚期由术士选定，在两个月前择吉日，通知女方家，俗称"通信"。结婚前男方家按术士选定的吉日，备好羊、酒、服饰等彩礼去女方家，俗称"过礼"，又叫"行茶"。这天女方家祭告祖先，亲友欢宴，出银钱、首饰赠女方家，名叫"助奁"，俗称"添箱"。③

（二）民国时期婚前礼

民国初期，新民一带男女一般几岁、十几岁就开始议婚、提亲。媒人分别到男女家中介绍各自的经济情况、人品相貌、脾气秉性、功名学业等情况。有些媒人为得到一些好处撮合亲事，常常隐恶扬善。经媒人传达两家情况，双方同意后，便由媒人同双方家长分别到对方家中看姑娘、小子，叫作"相看"。双方家长相看满意后，请术士按男女双方出生年、月、日、时辰推算，叫作"合婚"。经过合婚，彼此不"犯相"，就可放定礼，也就是

---

① 房守志主编：《新宾满族自治县志》，沈阳：辽沈书社，1993年版，第687页。
② 廖彭、李绍阳修，宋抡元等纂：《庄河县志》，民国十年铅印本，卷十二。
③ 海城市地方志编纂委员会办公室编：《海城县志》，内部发行，1987年版，第559页。

男方家给女方家的订婚钱。男方家设酒席招待女方家家长和亲友，这就算正式订婚了。婚前一两个月，男方择吉日并通知女方家，叫作"通信"。通信后，男方家送猪、酒、衣服、首饰给女方家，叫作"过礼"。女方家得知婚期后，亲戚朋友各出金钱、首饰、衣物相赠，叫作"添箱"，也叫"助奁"。迎娶前一天，女方家送嫁妆给男方家，叫作"安嫁妆"，也叫"安箱柜"。[①]

台安一带婚礼之前，进行相门户、换盅、下小茶、通信、过大礼、助妆、安嫁妆等烦琐的程序。中华人民共和国成立之前，台安县和其他地区一样，由于旧传统观念的束缚，一直实行封建包办的婚姻制度。男女婚姻大事都由"父母之命，媒妁之言"来决定。婚前一般的做法是，先请媒人到女方家"说亲"，如经商定，女方家人可先到男方家去认亲，俗称"相门户"。互相串门之后，还要"下茶"，即男方家到女方家过完全部彩礼，之后，才能结婚。

桓仁一带男女婚嫁，多凭父母之命，媒妁之言。中产以上人家，子女议婚，多在幼年，甚至由双方父母指腹为婚。贫困人家，议婚较晚。订婚的第一道程序是提婚，多为男方托媒，媒人有半职业性的媒婆和非职业性的双方亲友之分。经过提亲，如无异议，即互换生辰八字，找算命先生推算是否合婚，有无相克，再正式定亲。订婚，俗称"拉单子"，在选定的日期，男方邀请女方家长及主要亲友，共同议定聘礼，写成礼单，聘礼包括彩礼钱若干、首饰几件、衣服几套、被褥多少等，由男方家设宴款待。个别也有在女方家订婚的。[②]

锦县一带青年婚嫁一般在17至20岁。婚姻讲究门当户对，听从父母之命，媒妁之言，青年男女个人没有选择自由。结婚之前，男女双方一般不能见面。富家子弟的婚姻讲究女大于男，贫家子弟的婚姻往往男大于女。富豪之家一夫多妻，贫家之男不能娶妻者随处可见。男女订婚，先由媒人从中撮合。待双方父母同意后，由媒人把写有女方生年、月、日、时的"庚帖"送至男方家。一般男方家要请算命先生按男女出生时间占卜吉凶，看双方生肖是否相合，俗称"合婚"。合婚妥当后，媒人与男女双方父母议定"彩礼"，接着，男方家备酒席招待女方家父母，称"相门户"。之后，男方家再去女方家，称"相媳妇"。"彩礼"一般在迎娶前由男方家分两次送到女方家，第一次称"过小礼"，迎娶前一次称"过大礼"。也有迎娶前一次送的。过大礼时，女方家备酒席款待两方来宾，女方家亲友送钱币、首饰等给女方，俗称"添箱"。[③]

朝阳一带男女婚事须择吉日。婚前，男方家长将写在红纸上的有男女双方姓名、属相、

[①] 新民县县志编纂办公室编：《新民县志》，沈阳：沈阳出版社，1992年版，第820页。
[②] 桓仁县地方志编纂委员会编：《桓仁县志》，北京：方志出版社，1996年版，第794页。
[③] 锦县地方志编纂委员会编：《锦县志》，沈阳：沈阳出版社，1990年版，第532页。

生辰的"嫁娶帖",连同女方所需的衣服、布匹等,经媒人送到女方家。然后男方开始准备婚礼。新娘室内陈设,如女方家富裕,便由女方家送到男方家;如女方家贫穷,则由男方负担。男方在结婚前一天,要着新装、祭祖坟、拜邻舍,一般富家雇有鼓乐伴奏。在正日子这天,女方的亲友、邻里、同族人等陆续登门,为出嫁女送财物,赠首饰,女方家用酒席招待,俗称"添箱"(即送嫁妆、新房摆设)。①

兴城一带婚前将男女的生辰八字装入拌匣,由媒人送至对方家,叫"互换草庚"。接到草庚后双方都要请算命先生推命合算,俗称"合婚"。如无"冲克",则媒人将写有女方生辰八字的"婚帖"送往男方家。三天后,男方家诸事平安,将婚帖取出,换上簪珥,由媒人将原匣送还女方家,俗称"送婚帖"。再选择吉日,男方家准备衣饰、布帛之类和媒人一起送到女方家,俗称"压婚"。结婚日期选于压婚后的百日之内,男方家用红纸束写上男女年庚及迎娶日期,由媒人通知女方家,俗称"通信柬"。通信后男方家准备衣饰、猪酒等物送到女方家,俗称"下礼"。女方家也要备衣饰、家具等物送到男方家,俗称"安嫁妆"。②

绥中一带有早婚的习惯。一般男女10岁以上开始订婚,贫家女子婚配更早,六七岁就往外聘,借以换取彩礼,接济家庭生活。男女订婚讲究"门当户对"。双方父母同意后,媒人将女方的"生辰八字"拿到男方家,请算命先生"合婚",如果不"犯相",便可订婚。先由女方家长出庚帖,由媒人交给男方家。男方再给女方送些金钱、衣物等,就算订婚了。男女双方本人见不着面,对方的相貌、性格、品行都不得而知,没有选择的自由。男女年龄到十五六岁时结婚。婚前男方给女方"过大礼",并请算命先生看"好日子",择定结婚日期,由媒人通知女方。③

义县、宽甸、盖平一带婚前礼仪大致相同。普通人家男婚女嫁均举行订婚、结婚仪式。订婚,要经过议婚阶段,经一方托媒人说媒,双方同意,各写庚帖(用红纸写上生辰),由媒人互换,双方都请术士"合婚"(卜算吉凶)。如有冲克,不得成婚,无冲克时,通过"相门户",议彩礼,双方无异议后,选择吉日,进行订婚。男方家置办酒席,请亲友,并给女方家彩礼、簪饰、布帛等物,称为"压婚",表示婚姻定妥。④

建昌一带男女订婚要靠"父母之命,媒妁之言",讲究"门当户对",青年男女自己没有选择对象的自由。订婚之前,经过媒人"提媒",男女双方父母同意,再由媒人将女方"生辰八字"送交男方请算命先生"合婚",如果不"犯相",就可"订婚",还要"纳采"

---

① 朝阳县地方志编纂委员会编:《朝阳县志》,沈阳:辽宁民族出版社,2003年版,第731页。
② 兴城市地方志编纂委员会编:《兴城县志》,沈阳:辽宁大学出版社,1990年版,第626页。
③ 绥中县地方志编纂委员会编:《绥中县志》,沈阳:辽宁人民出版社,1988年版,第560页。
④ 辽宁省义县人民政府地方志办公室编:《义县志》,沈阳:沈阳出版社,1992年版,第688页。

和"相看"。到结婚之前男方请算命先生选择吉日,由媒人通知女方,叫"通信",再由男方给女方送去衣料、首饰等物,叫"下大礼",也叫"过彩礼"。①

盘山一带青年男女婚姻必须听从"父母之命,媒妁之言",本人没有选择终身伴侣的自由。辛亥革命后,民风渐进,旧礼渐革。男女婚姻先由媒人介绍,经双方父母同意,方能求庚卜吉,俗称"合婚",议定婚事,选择吉日,男方家备布帛、簪珥,偕同媒人到女方家行定聘礼。两家亲属欢宴,易杯而饮,称为"换盅"。然后择定婚期,在两个月前通知女方家,俗称"通信""下礼"。结婚前,男方选定吉日,备布、酒、服饰等彩礼去女方家,名曰"过礼"。这天女方家亲友欢宴,赠银钱、首饰于女方家,叫"助奁""添箱"。②

彰武一带男女结婚前先进行提媒,男女到十五六岁时,父母即请亲友为媒,选门当户对之家,介绍双方家庭以及个人情况,媒人往来,尽力撮合。多数媒人是帮忙,也有少数媒婆趁机捞取一把。双方同意后,再行合婚。合婚即请"阴阳先生"按男女双方生年属相、五行定命,相生则吉,即可订婚,相克则凶,即行告吹。婚事议妥,就要会亲。首先由男方家属邀请亲友、媒妁携带准备好的衣物、首饰、金钱到女方家"相门户"并下"头茬礼"。女方家长让自己的姑娘梳妆打扮,与男方家长、亲友会面,并装烟,行见面礼。男方家长和长亲要给姑娘"装烟钱"。女方家设宴款待,在酒宴上双方家长互相换酒盅而饮,谓之"换盅"。此后女方家也要到男方家"串门",并送上"四合礼",男方家也盛宴相待,易杯而饮,婚事就算定下了。婚书亦称"下婚帖",即男方选好"吉期"后,用红笔写上男女年庚,于结婚前一个月送于女方家,以便女方做好嫁女准备。过礼,为"二茬礼",即男方家再按议定的数目给女方家的钱、物、猪、酒、衣布。如衣物不好置办,也可折合钱、粮。女方亲友也给姑娘送礼祝贺,俗称"添箱"。③

(三)中华人民共和国成立后的婚前礼

中华人民共和国成立后,婚姻制度发生了根本的变革。国家公布《婚姻法》,规定一夫一妻制,婚姻自主,反对包办、买卖婚姻。无论城镇还是乡村的青年,经过互相了解,产生爱慕,就可自由相处,并到双方家里互相看望,进一步了解情况,感情成熟,本人或父母找所信任的亲友为介绍人,沟通两方意思。农村多数由介绍人介绍双方认识,互相了解,没意见就互相"串门",以烟、酒、糖、茶相待(也有备宴款待的)。以后就由男方家置办结婚安家的生活用具,如阜新市彰武地区打箱柜、做被褥等,到法定年龄,男女双方到乡

---

① 建昌县志编纂委员会办公室编:《建昌县志》,沈阳:辽宁大学出版社,1992年版,第687页。
② 盘山县地方志编纂委员会办公室编:《盘山县志》,沈阳:沈阳出版社,1996年版,第613页。
③ 彰武县志编纂委员会办公室编:《彰武县志》,内部发行,1988年版,第394页。

（镇）政府婚姻登记部门登记，领取结婚证。按习俗选一个双日子，举行结婚仪式。

二、正婚礼

（一）清代末期正婚礼

清末，锦县一带正婚礼当天的仪式较为烦琐。男方家准备"喜轿"，鼓吹迎娶。女方身着红衣裙，用红头巾蒙住头，在鼓乐声中登轿。双方各请一位女眷，在喜轿前后随行。新娘到男方家门口出轿时，新郎家的两名女童递给新娘宝瓶，瓶中盛米，放少许金银，用红绳相连，新娘接到后左右两边抱着。庭前备好香烛，摆设天地位，有的地方新郎与新娘同拜，有的地方新郎拜而新娘站在身后。拜完后，新郎先入房，新娘跟随。新娘需跨马鞍才能进入房中，取平安之意。入房后新人站立在床前，新郎揭开红盖头，新娘向吉方"坐帐"。接着，新娘更换衣服，梳妆加笄，称为"上头"。亲戚朋友前来道贺，主人设筵款待。这天清晨，女方家用面裹糖做成水饺送给男方家，称为"送小饭"。婚礼的晚上，用女方家所送水饺和面条一起烹煮，平辈人都会劝新郎、新娘一起吃，为合卺之意。

庄河一带汉族结婚当日，都由铺户赁取轿架及彩车，新郎所乘的车上蒙着洋毯或彩绸。这一天，新郎穿袍褂，上身披红绸或红布，作十字花，新娘身穿红布棉袄及红布棉裤，上轿时用红绸或红布蒙首，俗称"盖头"。宴席通常以猪肉配菜蔬，由于靠海边，因此经常有鱼虾，以十二碟、八碗为通行办法。三套碗之筵，城市间或为之，乡村罕见。①

（二）民国时期正婚礼

民国初期，新民一带娶亲当天，男方家为新郎、新娘准备好了"装新服饰"，让他们在结婚当天穿上。结婚当天清晨，男方家门上悬挂"彩子"，张贴喜联；门窗上贴着"前"字。吉辰一到，便用轿子或车去娶亲。随行人群手持红毡、彩绸……分两列簇拥其后，轿子（喜车）到了女方家门口，娶亲婆给新娘梳头，叫作"上头"。新娘子穿好红棉袄，头顶盖头，背胸各挂一面铜镜。新娘由于头顶盖头，就要有人搀扶上轿或车，而更多的是被抱上轿或车的。抱车人一般是新娘的叔叔、大爷或舅舅，因所谓"哥哥抱车，穷得乱哆嗦"，忌用哥哥。轿子或喜车行至途中如遇到庙宇、寺院或水井时，便用红毡遮蔽，以防"冲犯"。彩轿或车到了男方家不许进入，要闭门片刻，叫作"憋性"，使新娘驯服易制。新娘下车后，当门放炭火一盆，新娘作烤火式，取其"发旺"的意思。接着用红毡铺地，新娘

---

① 廖彭、李绍阳修，宋抡元等纂：《庄河县志》，民国十年铅印本，卷十二。

履于其上，徐徐前行，到天地桌前停下。新郎、新娘男左女右并立天地桌前行跪拜礼，叫作"拜天地"。这时鼓乐交作，鞭炮齐鸣。拜毕，新郎先行，至门槛等待新娘进门。新郎、新娘进门时，把新娘头上蒙的盖头揭去，叫作"揭盖头"。在揭盖头的一刹那，新郎、新娘心情最紧张，因为双方各自美丑，至此才得一观。新娘入门，必须从预先放置的马鞍上跨过，取"步步平安"的意思。然后由女童二人各递宝瓶于新娘，新娘抱瓶入室，按照指定的方向，在炕上规规矩矩坐好，叫作"坐帐"。坐帐的同时由女方家包席一桌，招待新郎，叫作"管饭"。管饭期间唢呐齐奏喜歌。席间，新郎拜谢女方家来宾，俗称"谢亲"，也叫"拜席"。男方家亲友花钱祝贺，叫作"上礼"，新娘盛装下地，俗称"立规矩"。入夜，全家吃消夜酒，给新娘吃"宽心面"，然后便可入洞房。也有闹洞房的，是同辈青年男女与新郎、新娘逗趣，借以度过欢乐的夜晚。①

民国中期，庄河一带结婚仪式，贫富繁简不一。结婚当天，待新娘轿车来时，用红布包裹一把斧子和马鞍放在轿车旁，新娘经过时，必须双脚踏上，寓意平安有福，叫"下轿"。用毛毡铺地，也有用苇席铺地的，两个妇女挽扶新娘，行至院中，设香案，面向南方，新郎与新娘分男东女西，焚香叩拜，叫"拜天地"。女方家来的亲朋客人，叫"送亲客"。在中午宴席时，吹鼓手奏乐，执事人带领新郎逐桌鞠躬敬礼，向所来宾客表示谢意，叫"拜广席"。这些婚嫁习俗，在庄河一带民间广为流行。②

桓仁一带中等生活水平、农村中农以上人家，结婚均大操大办。礼仪浩繁，形式复杂。结婚当天清晨，新郎披红戴花，在伴郎陪同下，鼓乐吹奏，乘轿或骑马带领迎娶新娘的彩轿或彩车，去女方家或"下处"迎亲。由新娘的胞兄将包以棉被的新娘，抱入彩轿或车。轿或车到男方家门前停，庭院中设有供奉天地牌位的桌子。新人在天地桌前对牌位跪拜，一拜天地，二拜公婆，夫妻对拜，称为"拜天地"。进门时，新郎手持秤杆，将新娘"盖头巾"挑起插入檐上。新娘入洞房后，要"坐福"。午间酒宴，以女方家客人为尊，他们被称为"上亲客"。新郎与其父母要出面寒暄，新郎要敬酒谢亲。新郎、新娘依桌向来宾敬酒、拜席。饭后，新娘要为新郎家至亲"装烟"，即点烟火，亲友须回赠"装烟钱"。晚间，二人依次向新郎平辈男女亲友敬酒。

西丰一带到了结婚的良辰吉日，男方备彩轿或彩车，新郎由娶亲客、娶亲娘陪同到女方家迎亲，谓之"谢亲"。男女两家如果相距很远，新娘和送亲的在前一天到男方家附近的人家打下处。男女双方行至中途女方换成男方的彩轿或彩车，新娘穿红衣、头蒙红布，由弟弟或妹妹扶上彩轿或彩车。到男方家，新娘从彩轿或彩车上下来时，由送亲娘挽扶在红

---

① 新民县县志编纂办公室编：《新民县志》，沈阳：沈阳出版社，1992年版，第822页。
② 《庄河县志》编纂委员会办公室编：《庄河县志》，北京：新华出版社，1996年版，第220页。

毡上步行一起到天地桌前，男女一起拜天地。家长烧红纸，亲友祝贺，谓之"烧喜纸"。然后，由新郎引新娘入室。走到房门口，新郎揭去新娘蒙头的红巾，新娘携宝瓶入洞房，面向吉方端坐，谓之"坐福"。娶亲娘给新娘梳髻，谓之"上头"。女方家用男方家酒肴招待女婿，谓之"管小饭"，也有不迎亲的。新娘进门开脸后，穿新衣出帐下床，由男方家妇女引见亲属，依次递烟叩拜，受拜亲属赠以金钱或钗环等物，谓之"装烟钱"。结婚吉日，男方家盛筵待客，亲友来宾赠以金钱，谓之"随礼"。席间，新郎挨桌叩谢，谓之"拜席"。傍晚，新郎、新娘饮交杯酒，吃合卺面。

正日子这天，黑山一带女方亲友、邻里、同族人等陆续登门，为出嫁女送财物、赠首饰，女方家用酒席招待，俗称"添箱"（即送嫁妆、新房摆设）。迎娶日，新郎及随从鼓乐队，由媒人率领到女方家迎新娘，古称"亲迎"，新郎坐红轿，新娘坐蓝轿。如男方贫困，新郎也可不亲自去迎亲，由媒人率轿娶亲；更贫者用车马迎亲。迎亲者要在次晨回到男方家，新郎、新娘须于"天地牌位"前双双跪拜，然后拜祖宗牌位，俗称"拜天地""拜祖宗"。这种仪式是结婚的重要标志。之后，乡邻及亲友登门给男方家长"道喜"，赠送喜礼钱，男方家用酒筵招待。①

兴城一带结婚吉日，男方家张灯结彩，备丰盛的筵席款待宾客，并备喜轿到女方家迎娶。喜轿到女方家，鞭炮齐鸣，灯烛辉煌。新娘以红帕（称"蒙头红"）蒙面，由送亲女眷扶上轿至男方家。喜轿到男方家门口，新娘下轿，燃鞭放炮，鼓乐大作。同时由两个幼童铺红毡，使新娘足不着地走到喜桌前，面向北立于桌左边，新郎立于桌右边，男女双双下拜，叫作"拜天地"。拜后入喜房时，新郎在前，新娘随之；门槛上要放马鞍，铺上红毡，使新娘跨马鞍入高房，俗为"步步平安"的意思。入喜房后立于炕前，新郎为新娘揭红帕，新娘面向吉方（即算命先生所指定的方向而坐），俗称"坐福"。送亲女为新娘梳妆改髻，俗称"上头"。然后由"执客"引导新娘到堂前拜公婆尊长及亲属，俗称"分大小"。晚上，新郎、新娘入喜房互饮交杯酒，俗称"合卺"。合卺在婚礼中具有象征意义，是婚姻的代称，然后吃水饺（意为婚后生男孩儿）、吃面条（意为偕老百年）。②

锦县一带婚期早晨，新娘用线绞脸上的汗毛，俗称"开脸"，然后用红布蒙头，身穿红袄绿裤到男方家。结婚仪式开始，新郎、新娘对天地牌位行三叩首礼，俗称"拜天地"。之后，拜男方父母，新郎、新娘对拜。如新郎生病，或因其他原因不能参加婚礼，则由新郎之妹怀抱雄鸡与新娘"拜天地"。结婚仪式完毕，新娘被扶入室内，新郎为其揭去盖头的红布后，面向吉方端坐，称为"坐福"。女喜傧为新娘绾发髻，称为"上头"。当日，男方家

---

① 黑山县地方志编纂委员会编：《黑山县志》，沈阳：辽宁大学出版社，1992年版，第554页。
② 兴城市地方志编纂委员会编：《兴城县志》，沈阳：辽宁大学出版社，1990年版，第627页。

摆宴席，招待街坊邻里、亲戚朋友。参加宴席者视关系亲疏，向男方家送钱币若干，称为"上礼"。入夜，新郎、新娘共进合卺面、喝交杯酒，之后入洞房。[①]

绥中一带男女结婚日这天，男方抬着花轿，伴着鼓乐去接新娘。新娘穿"上轿裤子""上轿袄"，头蒙红布，由舅舅用大被包裹抱上轿去。花轿到了男方家，新娘下轿，新郎、新娘首先要拜天地，然后新娘上炕坐福。新郎招待亲友，送走亲友后入洞房。招待亲友需摆酒席，并设账房收礼钱。

义县一带结婚仪式，更为烦琐。要提前选择吉日，邀请亲友，置办酒席，张灯结彩，请鼓乐队，备车、备轿准备迎亲。女方家置办嫁妆，前一日送至男方家。结婚之日，男方家用车或轿迎亲，晨昏之际到女方家，有的地方女方媒人前一天送亲到"下处"。女方给新娘穿嫁衣，戴蒙头红布，由迎亲婆和送亲婆陪着乘车或轿到男方家。女方进大门前，男方要先闭门，俗称"憋性"，进院后，红毡铺地，新郎、新娘到庭前拜天地，进屋跨"马鞍子"，上炕坐"福"。还有认亲友、吃团圆饭等。父母把子女婚姻当作大事办理，有的人家积蓄多年，追求繁文缛节以博人夸耀。

北镇一带婚嫁礼仪复杂，包括纳采、问名、纳吉、纳征、请期、亲迎，俗称"六礼"。新人正婚礼日清晨，北镇一带男方家备彩轿或彩舆，鼓乐导前，"新婿同喜傧四人、娶亲娘一人同至女方家亲迎。新婿登堂拜女父母，俗名'谢亲'，即古奠雁之义。女方家肆筵款婿，有古管甥遗意，皆借男方家酒肴以行。是日，男方家设筵以款贺客，戚友各出银钱赠男方家，称'喜仪'，赠新妇称'拜仪'。是夕，新婿新妇对坐交杯饮酒，即古合卺之礼。第二天清晨，新夫妇同拜先祖及舅姑，以次拜宗族前辈，俗谓'分大小'，即古庙见舅姑之礼。长者赠新妇以资，称'拜钱'"[②]。传统婚制沿袭时间较长，各时期大同小异。因贫富不同，奢俭不等。男女婚姻无自由，听从父母之命，媒妁之言，以钱财为信物，合婚占卜犯"忌讳"便不能成婚。

新宾一带女方家离得近，喜车就在正日子这天直接到女方家迎娶。若离得过远，就须在前一天送来，新娘和送亲的人在男方家附近打下处，住一宿。正日子那天，新郎用花轿迎娶新娘。新娘盛装，穿大红袄、上车鞋，胸前后挂古铜镜两块，头蒙红布盖头。出家门时，父亲、母亲先后训诫。祖母、姑嫂、姐妹送新娘到中门，为之整理裙衫。新婿入门，两拜岳丈，将新娘送入花轿，执策并乘马在前，新娘花轿在后。婆家要找一名属相无忌讳、八字相生、儿女双全的老太太做娶亲客，俗称"娶亲奶奶"，随迎亲人去新娘家。新娘家也要找同样的送亲奶奶，一同随新娘喜车去婆家，喜车路过古坟、庙宇、孤树、枯井、

---

① 锦县地方志编纂委员会编：《锦县志》，沈阳：沈阳出版社，1990年版，第533页。
② 王文璞修，吕中清纂，杨焕文续修，刘振翮续纂：《北镇县志》，民国二十二年石印本，卷六。

碾子等，均以红毡或红布遮盖。喜车到夫家门前，先关上门，待三吹三打后开门放入，称为"憋性"。车入院卸牲口，绳套、马具均摘掉，以免新娘跨套。车辕落地，车内坐一年龄十二三岁的男孩儿，叫"压车小"，故意不放新人下轿。新人要掏零钱给"压车小"，才可下轿。这时鼓乐齐响，鞭炮齐鸣。娶亲奶奶和送亲奶奶左右搀扶新娘，经铺地红毡到天地桌前（天地桌摆在院中央）。桌上备有香斗、供果，还有一杆秤。此时，满斗焚香，烛影辉煌，新郎着长袍短褂，满身披红，立于天地桌前。两人跪拜天地，拜高堂，夫妻交拜，遂成大礼。至此，新郎方可提起秤杆，挑起新娘头上的红盖头。然后，二人同时跨越放在门前的瓶子、马鞍子（意为平安），同入新房。新娘坐在指定位置的一把斧子上，俗称"坐福"。新房窗台上要点燃两支红蜡烛，意为过日子红火；放两个酒壶，蒙上红布，意为宝葫芦。此时新人要改发式，叫"上头"，随后"开脸"，还要叠被格，挂幔帐。幔杆子由女方弟弟或哥哥来挂。吹鼓手在外边三吹三打。巳时左右，新人由小叔子打一巴掌后下地，由嫂嫂或同辈年长的妇女领着，到院外先抱柴火，俗称"抱财"。结婚吉日，男方家要收礼记账，设宴招待来宾。席间，新郎要逐桌拜席（今则新郎、新娘同时拜席）。新娘家拿钱叫"上拜"，厨师给娘家客格外加做两个菜，叫"插花菜"，娘家要给厨师赏钱。有些地方姑娘出嫁要陪送，从梳妆用品到摆设品，无所不有。娘家妈和姐夫一般不送新娘。

盖平一带靠近县城的地方，到了正婚礼这一天，新郎亲自去女方家迎亲，一般用二乘轿子，富有的乡绅常用四乘轿子和牌伞仪仗。新娘身穿红衣，蒙着红盖头，有的穿有蟒袍凤冠花纹的衣服，乘坐彩轿，一路上鼓乐齐奏，旗锣开道。彩轿到男方家大门口时，燃放鞭炮，四个少女走到轿前，先递宝瓶壶，然后用熨斗热炭烘烤新娘的手，接着由两家的娶亲人、送亲人扶新娘下轿。新娘顺着红色地毯走到院中香案前，与新郎一同拜天地。多数是新郎跪拜，新娘侍立。接着新娘朝喜神方向端坐，称为"坐帐"。这一天，亲友都送来贺礼，有的人会送挂彩绸的匾额贺喜。到了中午，开设喜宴，主人依次敬酒，新郎出席前，先拜谢宾客。宴席结束，主人送宾客离开。夜晚，在洞房摆喜筵，新郎坐在正中，本族弟侄辈陪坐，吃子孙饽饽、宽心面等食物，外姓人不能吃，只能喝酒吃菜。

正婚礼这一天，大连复县一带新郎准备衣帽、车马行亲迎礼。新娘迎娶到家后，在天井中设供案，向南行礼，俗称"拜天地"。礼仪完毕，新娘进房坐床，名为"坐帐"。来贺喜的亲戚朋友，各自赠送银钱，即为"喜仪"。男方家在这一天设宴请客。①

凤城一带到了迎亲这一天，骑马人在前面，衣冠齐楚，有四人或八人不等，排成"对

---

① 大连复县，今大连瓦房店市。

子马"。到女方家后稍停一会儿，等待新娘换装。换好后，娶亲婆扶新娘上彩轿。路上遇到井、石、庙、墓，都用红毡遮蔽。男方家中须悬挂彩灯，贴红喜联。庭院台阶前，放香烛、供品、斗秤、弓箭等，名为"天地桌"。新娘下轿进入男方家时，头盖红巾，胸前悬挂铜镜，脚踏红毡，在天地桌前与新郎同拜。接着进洞房，新房门槛上放置马鞍、火盆等物品，有人扶新娘跨过，之后，新郎用秤杆揭去新娘的头巾。新娘上床面向吉方正坐，俗称"坐福"。到申时，出门见日光，又称"踏红"。

建昌一带男女结婚时，男方备花轿到女方家去接，叫"娶亲"，也叫"娶媳妇"。女方家叫"聘姑娘"，要备酒席招待亲友，亲友送来礼品或钱叫"添箱"。请亲友当"送门客"，将新娘连同嫁妆送到男方家，叫"送亲"。女方上轿（车）要抱上轿。新娘要穿福衣、蒙盖头、戴铜镜。新娘下轿后要走红毡，新郎、新娘拜天地。然后，新娘"坐福""上头""分大小""拜坟祭祖"。男方备酒席招待亲友，并设账房收礼钱。晚上新郎、新娘入洞房，小叔和小姑闹洞房，新郎、新娘吃子孙饺子、长寿面，点长命灯。新娘要咬花生、栗子、枣，取早生贵子之意。①

盘山一带结婚礼仪如下。官绅大户，结婚前一日，女方家送嫁妆等物到男方家，叫"送嫁妆"。结婚典礼多在吉日上午举行，男方家备彩轿或彩车，去女方家接新娘，俗称"娶亲"。女方家以车马载男女亲眷相送，称为"送亲"。富有人家娶亲，鼓乐沿街前奏，车马挂红，喜傧相迎。喜车到家，鞭炮齐鸣，红毡铺地。新娘由人搀扶到天地桌前，同新郎共拜天地，拜父母，共入洞房。新娘坐帐、上头，再下地装烟、礼拜，分大小。然后大宴亲朋故友。当晚，新郎、新娘饮交杯酒，吃"合喜面"。②

彰武一带的婚礼讲究尤多。婚礼多于太阳未出时举行。届时，新郎着盛装，宾客亲友陪同，鼓乐齐奏，彩灯前导，前去迎亲。新娘按规定的吉时，坐上喜车，在吹打声中起程。到夫婿家时，婆家闭门片刻，俗称"憋性"。门打开后，车马进入，喜车上有新娘的弟弟压车。请压车的下车，需给压车钱。送亲婆扶新娘下车。新娘头盖红帕，胸前、背后各系一块铜镜，男方家找两个小姑娘将宝瓶（其中装入金银、五谷之类）拿给新娘，然后新娘手捧宝瓶，缓步走在已铺好的红毡上，行至天地桌前，这时，奏鼓乐，放鞭炮，新郎、新娘一起向神案礼拜，名为"拜天地"，三拜后，新郎引新娘入新房，替新娘揭去红头帕，叫"揭盖头"。然后，新郎、新娘按吉利的方向端坐炕上，称为"坐福"。此后安排人给新娘上头、开脸。男方家设盛宴款待亲友及新亲。宴中，新郎拜女方家来宾叫"拜席"。男方家亲友在宴前出钱相赠，叫"上礼"，交账房先生，写在礼单上。宴毕，女方来宾饮茶叙谈后，

---

① 建昌县志编纂委员会办公室编：《建昌县志》，沈阳：辽宁大学出版社，1992年版，第687页。
② 盘山县地方志编纂委员会办公室编：《盘山县志》，沈阳：沈阳出版社，1996年版，第614页。

辞谢回家，新郎拜送。这时，新娘着盛装，下地在一角站立，叫作"立规矩"。之后，夫妇对坐饮交杯酒，吃"子孙饺子"。新郎的弟、嫂等人，将枣、栗子藏入新人被里，取夫妇和睦、早立子之意。接着，小叔、小姑及邻里同辈好友来闹洞房，直至深夜。至此，婚礼结束。①

长海一带新人结婚前一天，新郎乘花轿带乐队去女方家过宿，此谓"亲迎"。第二天，新娘着盛装，头蒙遮羞布，亦称"蒙脸红"，由其兄长抱进花轿，民间谓之"抱轿"。到男方家下轿时，由新郎之父或叔伯，以筛子遮住新娘头，新郎在前，新娘在后，到天井香案前"拜天地"，于正堂拜祖先。拜毕，新娘执扫帚扫地三下，旁人代念喜歌："一扫金，二扫银，三扫骡马成了群。"然后，始入洞房坐床。坐床时，新娘不卸妆，不吃喝，戒便溺，否则被人视为不祥之兆。②

民国中后期，受新文化运动的影响，"文明结婚"在新民一带悄然兴起，通常邀请有权位者做证婚人，另有介绍人、男女傧相。结婚仪式大致如下。1.男女主婚人、介绍人、证婚人、来宾等入席。2.新郎、新娘举行婚礼，此刻新郎在前，新娘在后，各有傧相一人陪伴，在红毡上慢慢前行。新娘头戴花冠，蒙以面纱，身着礼服，由妇女二人在后拉新娘衣襟，这时来宾们纷纷用彩纸向新娘撒去，表示祝贺。行至礼台前，新郎、新娘相向而立，行鞠躬礼。再转向礼台，由证婚人宣读结婚证书，新郎、新娘交换饰物。3.主婚人、介绍人、来宾分别致贺词，新郎、新娘致答谢词，然后新郎、新娘分别向证婚人、介绍人、主婚人以及来宾行礼致谢，礼成退席。4.摄影，举行宴会。

民国末年，各地婚礼略有变化。营口一带有些地方开始进行新式文明结婚。男方家用彩舆将新娘迎到礼堂；中设一案，由赞礼者先请证婚人入席，再请介绍人、主婚人依次入席，最后请两家男女宾客分左右入席。之后，引新郎、新娘立于前，证婚人宣读婚书。读毕，证婚人、介绍人、新郎、新娘各盖小印，新郎、新娘交换饰物，互行三鞠躬礼，堂下奏风琴或西乐。来宾致颂词，尊长致训词。主人答词后，新郎、新娘谢证婚人、介绍人、男女来宾，均一鞠躬礼。礼毕，入洞房。没有参拜天地、祖宗及父母的旧礼。新郎服饰，中西听便，无定制，新娘穿红、紫，面蒙白纱，有长至丈余的。埠内士绅富家多效仿。③乡村很少举行文明婚礼，多数仍沿袭传统婚礼。

宽甸一带结婚由男方家选择良辰吉日，操办筵席。正日这天，新郎骑马戴花，后随两人陪新郎，两人打灯笼，两人抱红毡，两面铜锣开路，鼓乐手吹喇叭，引导娶亲轿或车到

---

① 彰武县志编纂委员会办公室编:《彰武县志》，内部发行，1988年版，第395页。
② 中共长海县委员会、长海县人民政府、《长海县志》编纂委员会编:《长海县志》，内部发行，1984年版，第688页。
③ 杨晋源修，王庆云纂:《营口县志》，民国二十二年石印本。

女方家或"下处",迎娶新娘,并送女方家一块里脊肉,称"离娘肉"。新娘上轿前绞去脸上的汗毛,称"开脸"。绾发髻、戴首饰,称"上头"。新娘身穿大红袄裤,由姑舅哥或两姨哥抱上轿。男方家院中摆放香案,在傧相主持下,夫妻跪拜天地,而后入洞房。新娘褥下放斧子,俗称"坐福",取其吉利。亲朋贺礼,喜筵排开,多为"三八"席(八种凉菜、八个大碗菜、八个大盘菜)。厨师额外为娘家上宾做两个"席头菜",娘家给厨师赐赏钱。新婚之夜,新郎、新娘吃"五大碗",同辈亲友在新房跟新婚夫妇嬉闹,主要的戏弄对象是新娘子,称为"闹洞房",夜深方散。①

此外,宽甸一带还有些婚礼习俗较为独特。娶亲的花轿回到男方家门口时,如果下轿的时辰还没到,新娘必须在轿内坐等"时辰",如某家的孩子到了长牙的年龄不长牙,或牙掉了很久而不长新牙时,可以趁此时刻,请新娘从轿里伸出手来,摸摸牙床,就可很快长出牙来。在新娘下轿前,把一双鞋放在盘子里,由一幼童送到轿前,请新娘伸手把鞋倒转过来,即调换一个方向,使鞋尖对着婆家的门,表示新娘过门后,一切都"向"着婆家。新婚之日,在晚宴之后,第一个节目就是新夫妇对坐在新房的炕上,俩人把前衣襟平举相接,由一位长辈拿一个装满高粱米的酒瓶子,在米里放一块金片,然后在俩人的衣襟上,倒来倒去地倒数次,看看金属片掉在谁的衣襟里,谁就有好运气,此举姑且以"卜财运"命名。轿子也有很多种,无论是内轿还是外轿,都有绣花帖子,上边绣的图案是"龙凤呈祥",轿子多用当地土法制成,用一张木制方桌翻过来,使它四角朝天,然后把四只桌腿用柳条编织成壁,做成轿身,另用秸秆扎成轿顶,再用红布把轿身围起来,代表喜气。把新娘娶过来之后,就把花轿拆掉,但一定要把轿顶子扔到房顶上去,在村里看见某家房顶上置有轿顶子时,就知道这家刚刚娶过媳妇。②

海城一带结婚仪礼更为烦琐。结婚典礼在"吉日"上午举行。男方家备彩轿或彩车,去女方家接新娘,俗称"娶亲"。女方家去车马,由男女亲眷相送,俗称"送亲"。娶亲、送亲的规模,因贫富而有别。富有人家娶亲,鼓乐前导,喜傧相迎。人着新装,车马挂红。喜车到家,候"吉时"下车,红毡铺地,新娘蒙"盖头"踏行其上。新郎、新娘同拜天地,共入洞房,新娘"坐帐""上头",装烟行礼分大小。晚上,新郎、新娘饮交杯酒,俗称"吃合喜面"。民国时期,有的官绅人家举行文明结婚典礼,只是拜堂等项礼俗有所变通,但其他礼仪仍袭旧制。结婚日,男方家大宴宾朋,亲友出钱赠男方家,称"喜仪钱",大操大办,炫耀富有。办喜事的规模,因贫富而异。在战乱、荒年,由一两位亲友把新娘领来,

---

① 宽甸县志编纂委员会编:《宽甸县志》,沈阳:辽宁科学技术出版社,1993年版,第730页。
② 马之骕:《中国的婚俗》,长沙:岳麓书社,1988年版,第220页。

在"灶君"牌前叩头,亦即成婚。①

(三) 中华人民共和国成立后的正婚礼

中华人民共和国成立后,国家颁布《婚姻法》,废除封建买办婚姻制度,实行一夫一妻、男女平等、婚姻自主的新婚姻制度,对结婚、离婚、教育子女、扶养老人、计划生育,以及保护儿童的合法权益等做了明确规定。西丰一带结婚时,男女双方持单位或街、村的介绍信到乡、镇政府婚姻登记部门登记,购置日常用的服装、被褥、家具。然后利用节假日或星期天,举行简单的结婚仪式。亲友来祝贺,喝茶水、吃喜糖、抽喜烟,谈笑一番之后即结束。结婚仪式有单独举行的,也有几对或十几对新人集体举行的。还有的男女双方去外地旅游,或去远方亲属家,称为旅行结婚。回来时,买些喜糖、喜烟分送给亲友或同志,表示拜谢。②

绥中一带男女婚姻受到法律保护,父母不得包办。到规定的结婚年龄男女双方持介绍信和户口簿到乡镇人民政府婚姻登记部门登记,就是合法夫妻了。结婚仪式也有很多创新。一种是比较文明的结婚仪式。结婚之日举行婚礼,地点可以在机关礼堂,也可以在男方家中。摆设桌案,两侧有主婚人、证婚人、介绍人、新郎、新娘、来宾的席位。典礼开始由司仪请上述人入席,由伴郎、伴娘陪同新郎、新娘到案前,向主婚人、证婚人、来宾敬礼,新郎、新娘互赠礼物,然后退回席位;接着主婚人、证婚人、介绍人讲话;最后转入余兴,好闹的青年可以向新郎、新娘提出一些要求,如唱一支歌、跳双人舞、介绍恋爱经过等。对客人的招待也很简单,只准备一些烟、茶、糖果、瓜子、花生等。不摆酒席,不收礼金。至亲好友可以送些简单的礼品。另一种是简单的婚礼形式,准备几桌普通的酒席招待新亲和至亲近友。不搞迷信活动,也不铺张浪费。更为简便的是旅行结婚。新郎、新娘登记后,到就近的城市游览一趟就算结婚。家中不做任何准备,也不收任何人的礼物。③

新民一带结婚日早晨,新郎到女方家迎亲,随同新娘和女方家长、亲友一同列队或乘汽车来到男方家。队伍行至男方家门前,一阵鞭炮响过,新娘给婆母戴花。然后新郎、新娘、女方家亲友进入新房,互相介绍男女双方亲友,依次点烟,倒茶,送糖果。最后是宴席,席间新郎给女方家亲友敬酒,新娘给男方家亲友敬酒,有的新郎、新娘共同给双方客人敬酒。餐后大家各自散去。④

---

① 海城市地方志编纂委员会办公室编:《海城县志》,内部发行,1987年版,第558页。
② 西丰县地方志办公室编:《西丰县志》,沈阳:沈阳出版社,1995年版,第562页。
③ 绥中县地方志编纂委员会编:《绥中县志》,沈阳:辽宁人民出版社,1988年版,第561页。
④ 新民县县志编纂办公室编:《新民县志》,沈阳:沈阳出版社,1992年版,第824页。

兴城一带父母不得干涉儿女的婚姻，取消一夫多妻和童养媳等婚姻制度，严禁对寡妇改嫁进行刁难。男女双方一般都要经过一段时间的了解和熟悉，到法定年龄去政府婚姻登记部门领取结婚证书，取得法律保护。当地大力提倡订婚不收聘礼，结婚不铺张浪费。结婚仪式也较为简单，有的在机关单位举行婚礼，也有旅行结婚或参加集体婚礼的。当然有些地方旧俗还没彻底根除，仍存在认门、要彩礼等旧俗。[1]

义县一带只要男女双方自愿，经人介绍，通过交往，彼此了解，就可订婚与结婚。结婚程序也大有改进。男女双方议定结婚时，先到政府婚姻登记部门登记，领得结婚证书，经过简单的仪式，即为结婚。男方将女方来客奉为上宾，热情招待。[2]

开原一带结婚，有介绍人出面介绍，男女青年经过一段时间的相处，认为合适，便和父母商定，取得父母同意后，即可去民政部门登记，领取结婚证，即可结婚。一般婚事从简，有的举行结婚仪式，有的不举行，简单设几桌酒席招待一下来宾、亲友即可，也有大操大办的。在农村，经过介绍，双方家长和本人同意即可，也有认亲串门之举。结婚多在农闲季节，以免影响农时。结婚时女方送亲到男方家，一般不举行什么仪式，间有雇用鼓乐的，一般使用小唢呐，吹奏欢快的民间小曲或流行歌曲，一早即演奏，到娘家客人走后结束。[3]

北镇一带提倡婚姻自主，新事新办，逐渐摈弃婚嫁中的陋俗。男女双方经亲朋或同志介绍相识，相处一段时间，到《婚姻法》规定的年龄后，持单位介绍信，到乡镇政府婚姻登记部门登记，领取结婚证书。结婚日，女方家亲朋坐车或骑自行车到男方家送姑娘。男方家贴双喜字，放鞭炮，备糖果、酒席款待前来祝贺的亲朋好友。新郎、新娘为亲友点烟、敬酒。还有"端聚宝盆""坐福""挂门帘""吃合巹面、水饺"等习俗。近些年，结婚日多定在"元旦""春节""五一""十一"或星期日举行。昔日"请先生择吉日"之俗已逐渐不兴。旅行结婚逐渐增多，既简便又节省。[4]

新宾婚俗有许多改变。城镇结婚多在节假日举行，而不择"吉日"。迎送亲也多是轿车，一般是当天迎送。男女双方住在一地的，结婚时间多在日出卯时，而结婚典礼多在办公室、会议室、新房举行。近年来增加的新内容是证婚人宣读结婚证书，结婚时鸣鞭放炮、播放歌曲。此外，还有旅行结婚的。宴席，农村多是"八碟八碗"席，城镇则是"六凉六热四汤"席。席间，新郎、新娘逐席敬酒，代替了过去的拜席之仪。城镇结婚的宴席多在

---

[1] 兴城市地方志编纂委员会编：《兴城县志》，沈阳：辽宁大学出版社，1990年版，第627页。
[2] 辽宁省义县人民政府地方志办公室编：《义县县志》，沈阳：沈阳出版社，1992年版，第689页。
[3] 开原市地方志办公室编：《开原县志》，沈阳：辽宁人民出版社，1995年版，第591页。
[4] 北镇满族自治县地方志编纂委员会编：《北镇县志》，沈阳：辽宁人民出版社，1990年版，第623页。

饭店或机关食堂举办。①

台安一带大力宣传贯彻新《婚姻法》，实行男女婚姻自由，禁止买卖婚姻，不准任何人包办干涉。凡要结婚的男女双方，一般都经过事前了解熟悉的过程。结婚前要到乡（镇）政府婚姻登记部门进行登记，领取证书，结婚仪式比中华人民共和国成立前大大简化。

锦县一带婚姻习俗也随时代改变，实行一夫一妻制。男女结婚需达到法定结婚年龄，然后到主管部门登记，领取结婚证书。男女婚姻已不重门户、彩礼，而重人品、感情。结婚仪式一切从简。婚期，男女亲友齐集男方家，结婚仪式上由主婚人、证婚人讲话，新郎、新娘介绍恋爱过程，新郎、新娘穿新衣，戴红花，面对毛泽东主席画像行鞠躬礼，之后互相敬礼，并交换纪念物品。仪式之后亲朋共同祝贺，进餐之后，婚礼也就结束了。

宽甸地区各族人民按《婚姻法》规定，废除了封建的包办、买卖、纳妾、娃娃亲、童养媳，寡妇不准再婚等陋习，实行一夫一妻制，男女平等，婚姻自由。男女在当地政府婚姻登记部门登记，领取结婚证书，依法确定夫妻关系。婚礼一般选择双日或节假日举行。聘礼多寡依男方经济条件而定，20世纪50年代至60年代，多为时兴衣物和箱柜，少数为缝纫机；20世纪70年代为缝纫机、手表、自行车、收音机，称为"四大件"，迎亲要用拖拉机、吉普车；20世纪80年代，随着收入逐步增长，城乡人民生活日渐富裕，彩礼逐步升级，婚礼更为讲究，男方要置办全套时兴家具，购买洗衣机、电视机、收录机等，富裕人家还购买彩电、冰箱等家用电器。举行婚礼之日，用轿车、客车迎亲。旧时礼俗如闹洞房、坐福、占九、农历正月十五躲灯等仍有沿袭。

海城一带实行婚姻自主、一夫一妻、男女平等的婚姻制度。男女青年自由恋爱，婚姻自主，破旧俗，立新风，喜事新办。男女双方到法定婚龄，持本人户口和所在单位介绍信到政府机关履行登记手续，即可成婚。结婚仪式也较简单，有的旅行结婚，男女双方登记后，持结婚证书去大城市或风景区游览；有的举行集体婚礼，由乡、村或机关、厂矿，组织多对结婚男女，采取聚会形式举行结婚典礼。婚礼当天，新郎、新娘披红戴花，互赠纪念品，领导到会祝贺，鼓励新婚青年努力工作，祝福他们家庭和睦。新婚夫妇代表讲话，抒发感情，表达决心。有的举行家庭婚礼，等到结婚之日，由男方率众人骑自行车或坐汽车到女方家接新娘，女方也由多人陪送，行至男方家门时，要放鞭炮以示庆贺。婚礼有证婚人、主婚人、介绍人和来宾参加，证婚人宣读结婚证书，新郎、新娘向证婚人、主婚人、介绍人敬礼，新郎、新娘相互行礼，向来宾行礼，然后以烟茶、糖果招待宾朋，也有摆酒设宴大会宾朋的。近年来，男方到女方家的日渐增多，一种崭新的社会新风逐步形成。

---

① 房守志主编：《新宾满族自治县志》，沈阳：辽沈书社，1993年版，第688页。

朝阳一带一改旧俗，城乡居民的婚事，均照《婚姻法》办理。男女青年结婚条件成熟后，到政府婚姻登记部门登记，领取结婚证书，双方商量后选日期，举行结婚仪式。20世纪80年代以后随着人民生活水平的提高，结婚要添置衣柜、彩电、洗衣机、电冰箱等设备。女方也有自带上述部分生活用品的。婚期多选定在星期天或节假日。结婚当天，男方也同样盛情款待前来祝贺的亲朋好友。近年来，婚礼日益隆重，由轿车组成的迎亲车队会鸣礼炮、吹唢呐等。城市婚礼基本在大酒店举行。

20世纪60年代后期至70年代，提倡"破旧俗，立新风"，锦县一带婚事更简化。到结婚这一天，女方或骑自行车，或步行，带上极简单的嫁妆，由男方接到男方家。男方家预备烟、茶、糖果，招待客人。婚礼仪式基本省略。20世纪70年代后期，婚礼习俗基本没变，只是操办之风兴起。进入80年代，这种风气更甚。宴席讲究，礼物更厚。城镇迎亲一般都用汽车，有的组成车队。无论城乡，男女举行婚礼那天，男方家争相早接新娘，似乎谁家接得早，谁家吉利。20世纪80年代兴起集体婚礼，多由机关单位主办，几对订婚男女集体举行婚礼，仪式既热烈隆重又简朴。也有青年男女旅行结婚的，新婚夫妇由男方出资去外地旅游一次，即完成婚礼。[1]

进入20世纪90年代以来，清源一带婚礼都请专门从事婚礼主持的人主持，婚礼的程序也基本形成固定模式：证婚人宣读结婚登记证书，新郎、新娘向双方父母三鞠躬，夫妻对拜，饮交杯酒，互赠礼物，双方父母讲话，来宾致辞等。在城镇，婚礼一般都在饭店举行，婚宴由饭店包办。[2]

三、婚后礼

（一）清代婚后礼

清代，新民一带女方家送亲者临返时，约定归宁日期，五、七、九日不等。至期，新夫妇同去女方家串门，叫作"回门"或"回九"。一个月后，新娘归宁一个月，叫作"住对月"，也叫"住娘家"。[3]黑山一带婚后九日，由女方将新娘接回娘家，俗称"回门"或"住九"，如新郎同去住三五日同归；如新郎不同去，则三五日后，新郎以车马将新娘接回。兴城一带婚后第三天或第九天，新郎、新娘备礼物送往女方家，俗称"回门"。男方家还须宴

---

[1] 锦县地方志编纂委员会编：《锦县志》，沈阳：沈阳出版社，1990年版，第533页。
[2] 清源满族自治县志编纂委员会办公室编：《清源满族自治县志》，武汉：长江出版社，2007年版，第938页。
[3] 新民县县志编纂办公室编：《新民县志》，沈阳：沈阳出版社，1992年版，第824页。

请女方家父母，俗称"会亲"。以上这些礼节是较普遍的。辽中一带，婚礼第二天，新人晨起拜神祖位及舅姑、宗族前辈，俗称"分大小"。婚后四日或七日，女方家接女儿及女婿，俗谓"回酒"。一个月后，新娘归宁，俗称"住对月"。铁岭地区开原一带婚礼第二天，新婚夫妇晨起拜祖神位，拜翁姑，拜伯叔及至近亲戚，俗称"分大小"。夫妇并跪倒壶，俗称"倒宝瓶"。三日拜祖坟，俗称"庙见礼"。婚后九日新娘家接夫妇归宁，俗称"住九"。遇到元宵节，新娘回男方家，不看娘家灯，俗称"躲灯"。遇清明时，新娘家将新娘接到女方家，俗称"躲清明"。新人第一次做衣，先做男裤，俗称"宝库"。第一次做鞋，按照男方尊卑做，俗称"遍家鞋"，意为和谐。①

庄河一带在婚后第三天，男方设宴席招待女方的亲属数十人，宴后举行翻箱的仪式，俗称"开箱"。同时新娘把自己预先置备好的鞋或衣物献给公婆，叫"散箱"。双城多于亲迎次日行散箱之俗。亲迎第二日早晨，新夫妇向四方而拜，称"拜四方"。相向而拜，即交拜。然后，拜见公婆家人。男方再次设宴招待亲戚，新娘依次拜见，以装烟为礼，俗称"分大小"。亲友各以红纸裹钱钞或饰物赠新娘，谓之"拜仪"，俗称"装烟钱"。西丰、吉林于亲迎当日开脸后即行此礼，也有于第三日办的。不管哪天，履行了这一礼仪后，便开始确立新娘在家庭中的地位了。

（二）民国时期婚后礼

民国时期，开原一带在举行正婚礼后，新郎偕新娘先拜家堂及翁姑，再挨次拜宗族、亲党，谓之"分大小"，有赠新妇饰物或钱币的，谓之"上拜"。过此七日或九日，女方家设席邀女婿及女儿，谓之"回酒"。一月后，新娘归宁，谓之"住对月"。②庄河一带结婚后第三天，新娘到祠堂祭拜，行"庙见礼"。婚后第九天，新人一起回女方家，留宿几天，俗称"占九"。桓仁一带结婚次日，新婚夫妇盛服拜祖先及翁姑，戚族中的尊长也皆受拜，各出簪环等物，以答新娘，俗称"上拜"。娶亲三日内，或有鼓乐不止的，俗称"吹三朝"。过七八天后，新婚夫妇同往岳家，俗称"回九"。台安一带婚礼后新人要"回门"，或十日，或八日，男方家用车载新娘往岳父家拜谒，当日即返。正婚礼后第二天，建平一带夫妇同拜祖茔，是重本之意。有的第三日女方家亲眷一起到男方家迎新夫妇至女方家，称"回门"，也有九日的，称"回九"，十八日的，称"回双九"，一月的，称"住对月"。③西丰一带婚后次日，新人梳洗后，新郎偕新娘拜祖先、翁姑及家族尊长，谓之"分大小""见舅姑

---

① 李毅纂修：《开原县志》，民国十九年铅印本，卷八。
② 同上。
③ [清]卫廷璞纂修：《建平县志》，影抄清雍正九年刻本，卷二十二。

礼"。七日或九日，新婚夫妻去岳父家串门，谓之"回九"。过一个月后，新娘回娘家，称"住对月"。①建昌一带婚后第三天"回门"。婚后第一个正月，新郎、新娘要回女方家"拜新年"。长海一带新人结婚三天后，夫妻同回女方家，俗谓"瞻舅"（回门）。为趋吉避凶，在女方家停留的时间，以回日确定，一般都回避一、四、七、十和二、五、八，多选择三、六、九。如逢一"瞻舅"，须在女方家至少住两宿，逢三才能回来。俗曰："'瞻舅'回三，养儿做官。"如逢九"瞻舅"，一般都当天回来。俗曰："'瞻舅'回九，两家都有。"②

婚礼后第一天，大连复县一带"夫妇同拜先祖，次拜父母及尊长，次拜亲戚朋友之长者，各赠新妇以银钱，名称'拜仪'。此盖沿古三日庙见之遗意。本日婿至妇家，帖请女眷赴筵，女之姊妹、婶姨、姑嫂来与宴会，名称'吃三日'"③。婚礼后三日，凤城一带新郎、新娘一同去拜祖茔，坟头压红纸，俗称"上喜坟"。第七日或第八日，新娘回母家，谓之"回门"。距离远的，就在寓所吃一顿饭便归。④正婚礼之后第七日或第九日，北镇一带女方家接女儿及女婿至家，俗称"回酒"。逾月新娘归宁，谓之"住对月"。⑤黑山一带新娘拜先祖及舅姑，次拜宗族戚友，俗谓"分大小"，即古礼见舅姑。宗族戚友赠新娘以钱或饰物，称"拜仪"。第六日或第十日，女方家接女儿及女婿，俗称"回门"。⑥有些地区新人常常选择第四日或第六日。

（三）中华人民共和国成立后的婚后礼

中华人民共和国成立后，将出嫁的闺女第一次接回娘家称作"住对月"，有的是在第二天或第三天接闺女。20世纪80年代之前，很多地区还有"住对月"和"回门"的风俗，后来人们都不再那么遵守老礼了，仅把回门的习俗保留了下来。如果男女两家距离太远，拜完天地后一对新人不可能往返于娘家和婆家之间，但要从男方家出来到附近女方亲戚家或就近旅社住下，表示已"回门"。

现代婚礼中的"回门"算是婚事的一个总结式的结尾，男方要借此机会认识女方家里的亲戚朋友，方便以后亲戚的往来，也意味着婚礼结束后，新郎、新娘两家人关系的延续。

---

① 西丰县地方志办公室编：《西丰县志》，沈阳：沈阳出版社，1995年版，第561页。
② 中共长海县委员会、长海县人民政府、《长海县志》编纂委员会编：《长海县志》，内部发行，1984年版，第689页。
③ 程廷恒修，张素纂：《复县志略》，民国九年石印本，不分卷。
④ 马龙潭、沈国冕等修，蒋龄益等纂：《凤城县志》（复印本），民国十年石印本，卷十六。凤城，今丹东市凤城市。
⑤ 王文璞修，吕中清纂，杨焕文续修，刘振翩续纂：《北镇县志》，民国二十二年石印本，卷六。
⑥ 梁学贵修，庞尚士、朱尚弼纂：《黑山县志》，民国三十年铅印本，卷十四。

第五节　民族篇

辽宁省是全国少数民族人口较多的省份之一。全省除汉族以外，还有满族、蒙古族、回族、朝鲜族、锡伯族等少数民族，现有8个少数民族自治县，其中6个满族自治县、2个蒙古族自治县。辽宁少数民族婚礼涵盖了不同时期和地区的满族、蒙古族、朝鲜族、锡伯族、回族等少数民族的婚前礼、正婚礼和婚后礼，其中，满族婚礼中的"跨马鞍""阿察布蜜歌"、锡伯族婚礼中的"行肯萨林"凸显出该地特有的少数民族婚礼特色。

一、婚前礼

（一）满族婚前礼

清军入关后，满族男女青年自己没有恋爱结婚的自由，婚姻都是父母包办的，即所谓"包办婚姻"。青年男女在结婚前，彼此是不能见面的，更不能有什么往来。如果有男青年到女青年家去，女青年家要用一块红布把烟囱盖上。经过媒人撮合，女方家如果同意这门亲事，便向男方家索要"彩礼"，也叫"财礼"。订婚时，男方要拿出许多钱财、物品给女方。家里越穷，男方兄弟越多，女方彩礼要得越多，有的为说媳妇甚至倾家荡产，有的欠下许多债，甚至半辈子也还不清。所以，有不少穷苦青年，一辈子说不上媳妇，只好"打光棍儿"。女人结婚之后，丈夫死了，可以改嫁，公婆也要向对方索要钱财。索要多少要根据男方的经济状况而定，有钱多要，没钱少要。①

满族历史悠久，分布很广，因此各地民间婚俗差别较大。沈阳一带子女成年，男女方父母首先要给儿女对照八字，若合婚妥当，双方父母才能由媒人带领"相看"，也叫"相亲"，俗称"看门户"。如双方相看中意才能定亲。订婚时，男方家要以头环首饰等为定礼，送至女方家，称"放定"，又称"过小礼"。这一天，女方姑娘要盛装出见男方家长，给男方尊长装烟、倒茶，男方家给装烟钱、倒茶钱若干，也称"斟盅"。订婚即古代所谓的"纳采"，当时沈阳满族又叫"下茶"，即如清代缪润绂《沈阳百咏》的《下茶》所咏"采趁良辰会亲家，衣裳钗钏要鲜华。百圆馒首双坛酒，妥帖安排到下茶"。他具体解释说，"俗谓'纳采'称'下茶'。纳采之日，预办馒首百圆、酒双坛，并衣裳钗钏等物，俱以新鲜为上，无则转借。女方家是日则宰猪款待诸亲，谓之'接茶酒'。灯彩辉煌饶吹沸，前锣听响十三开"。诗人另有小注详解此俗，"俗例于婚娶前一日预请娶亲男客数人，衣冠骑马前导，后

---

① 富伟主编：《辽宁少数民族婚丧风情》，沈阳：辽宁人民出版社，1994年版，第1页。

列鼓吹灯笼，极后抬大红官轿一乘，诸事俱比照迎娶体例，名之称'晾轿'。宗室娶妇，及娶宗室女，用八人昇舆，余概用四轿。锣响十三开，则达官显宦家也"①。娶亲由男方选两个结婚日子，由媒人送给女方，叫"送喜日子"。男方在结婚前几天择吉日将聘礼（老酒一坛三十斤、猪一口；或成衣四件，皮、棉、夹、单）送至女方家，叫"过大礼"，俗称"下大茶"。纳聘日，男方家长偕儿子至女方家，拜见岳父母，俗称"磕头"。女方家长赏以钱、针绣等物。女方家将聘礼陈列到案桌上，两家亲翁跪在案下酌酒，互相交递酒杯祭酒在地上，俗称"换盅"。接着是"开剪"，用男方送的彩布给女方做衣服，同时，女改辫发为盘髻，俗称"练习"。

一般结婚，男方要操办三天。第一天叫"响棚"。这一天婆婆、婶婆去请老亲少友。此外，还要动鼓乐、搭灶、劈柴。第二天叫"晾轿"。迎娶前一天，男方乘轿或车至女方家迎接嫁妆和新娘。女方送嫁妆和新娘上车，新娘要离家到男方借好的寓所住宿，俗称"打下处"。女方只把嫁妆送到男方家，列于门前案桌上，俗称"过箱柜"。男方设迎风酒迎接女方送嫁妆的人，俗称"下马杯"。

锦州一带的满族，实行一夫一妻制，男子在十六七岁，女子在十四五岁时经媒妁订婚，由父母主婚，讲究门当户对，个别的四五岁就订婚，即"娃娃亲"，一般的男大于女两三岁，个别的是女大于男的。男在十八九岁，女在十七八岁结婚，结婚时女方到男方家举行婚礼。

桓仁一带满族新人婚礼皆由父母主婚，无父母的则由尊长主婚，无亲族而不得不自己主婚的也有。先用媒妁之言，订合两姓之好，再以牒书书写男女年庚，互相验算，名为"合婚"。婚约既成，由媒人议定聘礼，男方家择吉日，备物品，邀戚友，偕媒人送往女方家，女方家内眷偕女出见，设筵款待。收到男方的聘礼呼为"下定"，也称"过小礼"，即古纳采、问名之意。以前以龙凤柬为结婚的依据，现在都改为官制婚书了。迎娶前五六月或二三月间，由男方家择吉日，将衣服、簪环、猪酒各物及聘礼送到女方家，名为"过大礼"，即古纳征之意。聘礼多以金钱为主，丰俭不等，也有无聘礼的。至于衣服、首饰等，已于定亲时由女方家开单，经媒人两边商榷斟酌后定好了。婚期将近，媒人送庚帖于女方家，俗称"年命帖"。用红柬开明行礼时日与属相的忌避，梳头、坐帐方位，赞以吉语，并以面食相馈，取日进蒸腾之意，与古礼请期之意相符。婚期前一日，新郎盛服祭墓拜祖并拜尊长后，披红乘马，宾客数人也乘马伴行，鼓乐旗锣为前导，彩轿随行，遍绕街市，俗称"走轿"。乡村无彩轿，以车代之，饰以红布帷。

---

① [清]缪润绂、东麟（太素生）著，雅俗轩校订：《沈阳百咏》（下），《文化学刊》2006年第2期。

（二）锡伯族婚前礼

在隋唐以前，锡伯族人结婚"以车马为聘"，唐代鲜卑族多是贫苦人家，于是又有了"婚嫁之法，男先就女舍，三年役力，固得亲迎其妇，役日已满，女方家分其财物，夫妇载车，鼓舞共归"。就是用三年的劳役代替车马为聘。明清以来又以珠宝、金帛为聘了。

辽宁锡伯族明媒正娶的传统婚礼，分为说亲、定亲、迎亲三个阶段。锡伯族男女，到十七八岁时，就由父母做主，请媒人向另一方去说亲。也有媒人认为男女双方合适，主动为双方撮合的。经双方协商认为条件都满意后，便进行定亲。定亲又叫"许亲"，日期由女方决定。这一天，男方在女方家办一个丰盛的筵席，邀请女方亲属参加，席间女方家长郑重宣布许亲，男方家长跪着举杯敬酒，感谢许亲之意。同时女婿和女方亲属相认并敬酒，从此亲家结成。男方将带去的礼物献给女方，俗称"纳小礼"，锡伯族为"行肯萨林"，便算是订婚了。之后，男方积极筹办喜事，等条件成熟，择吉日成亲。由媒人将吉期通知女方家长，男方还要将厚礼（衣物、布料、钱）通过媒人送往女方家，俗称"纳大礼"。彩礼必须是双数的。锡伯族姑娘结婚前，要用丝线拔净脸上的乳毛，把四鬓修齐，俗称"开脸"，新郎也要刮脸剪发，把发辫修得光滑齐整。[1]

迁至沈阳地区后的锡伯族仍然沿袭着抢婚之俗，20世纪初已经演变为一种仪式性的活动。也就是说，后来的抢婚之俗已只是名义上的"抢"。锡伯族的婚姻一般是一夫一妻制的明媒正娶，少有纳妾的。清代因受"旗民不通婚"禁令的约束，锡伯族不与其他民族通婚，一般都是本族通婚。同一家庭之内绝对禁婚。姑舅表亲可通婚，但只准舅家女嫁给姑家男而不准姑家女再嫁回舅家，否则便属于婚姻禁忌的"骨血倒流"。五服之外不限通婚，姨表亲通婚也无禁忌。一般男女均在十七八岁结婚，也有招赘和童养媳现象，偶有指腹婚。可以离婚，但不提倡。寡妇可再婚，但要等丈夫死后三年。男子再娶，不受限制，但至少也要等到妻子死后一年。

沈阳地区锡伯族婚前礼包含说亲和定亲两个主要阶段。说亲是指普通定亲。当儿子长到十五岁左右时，其父母或近亲朋友开始在本村或外村物色年纪相当、品貌皆佳的姑娘。之后，男方请媒人向女方提亲，介绍男方家庭成员、男方本人及家庭经济情况等。双方家长认为就可以定下亲事。民国以后受新思想的影响，才逐渐允许本人相亲，即双方家长同意后，男方家长就带领男青年去相看姑娘，姑娘在母亲或婶母、嫂嫂带领下，与男方见面。这种"一面之缘"，就叫作"对相对看"或"对面相看"。相看完了，双方父母征求子女意

---

[1] 中国人民政治协商会议辽宁省锦州市委员会、文史资料委员会编：《锦州文史资料》第十一辑，内部发行，1993年版，第78页。

见后决定是否可以定下亲事，认为可行，便准备定亲了。定亲先是经媒人转达女方索要的彩礼，早期多是用牛、马、羊、猪作为彩礼，以牲畜数量的多少，作为确定婚姻等级的标准。有时将议定的牲畜头数折价计算。彩礼因人而异，要依男女两家的财产、地位及双方子女的相貌、本领而定。有的贫穷人家彩礼可以讲清分期付给，有的甚至到儿女都长大了还没付清彩礼。男方的定亲礼物为生猪两头，后又改为一头，要黑色的，白酒两坛，白面馒头一百个，每个半斤重，后来又增加了金银首饰、衣物布匹、聘金等。男方家把彩礼送给女方家叫"过礼"，"过礼"之后，男女双方父母商量定亲的日期，由男方准备酒席，宴请媒人、女方父亲及其亲族长者，并由男方族中长者及姑父、姑母陪宴。从此双方正式成为亲家，然后选择良辰吉日结婚。女方向婆家要的猪，名为"开锁猪"，猪不给，姑娘是不能给人家的。猪要黑的，供在"喜利妈妈"前，猪腿朝外，并供红糖、水饺，燃香并敬三杯酒后，为喜利妈妈"领牲"，即将酒用火点燃烧热后，倒入猪耳内，猪叫，就算"领牲"了（保佑人丁兴旺的神灵领到了姑娘出嫁祭祀的牲畜）。这时将"喜利妈妈"上的红布条摘下（表示姑娘出嫁）。[①] 大家道喜，祝婚后吉利，白头到老。这时迎亲举行婚礼的条件才算完全具备。

丹东地区锡伯族的婚前礼，一般分两个阶段完成，即说亲、定亲。首先是说亲。说亲者认为男女双方相配或受一方家长之托，去说亲，待双方老人同意后，女方到男方家看人，男方到女方家看姑娘，然后媒人分别征求双方家长及男女青年的意见，都认可时，媒人到女方家问话，定下定亲时间。

其次是定亲。先是媒人转达女方索要的彩礼。彩礼要看男女两家的经济条件，一次或分期付给。定亲礼物有猪、聘金（彩礼钱）、数套衣服、金银首饰等。男女双方都同意后，协商定亲日期，由男方准备酒席，宴请媒人、女方父亲及其亲族长者，并由男方族中长者陪宴。从此，双方正式成为亲家，选择良辰吉日结婚。

定亲后，选择良辰吉日，媒人到姑娘家问话，确定"开剪"时间，"开剪"通常在结婚前一个月进行，正式通知择好的吉日，把给媳妇买的衣料送来，男方的家长在衣料上剪一下，就叫"开剪"，意即从此姑娘开始做嫁妆，主要做衣服、被褥、鞋、布袜和枕头等。

定亲时女方向婆家要一头猪，猪要纯黑毛的，大小不限，在"开剪"时带来，供在西屋"锁头妈妈"（即"喜利妈妈"）前，而后将"喜利妈妈"打开，并拉到屋内东南角或房门绑好，让"喜利妈妈"领牲。接着将白酒倒在碗内点燃烧热后，倒入猪耳朵内，

---

① 沈阳市民委民族志编纂办公室编：《沈阳锡伯族志》，沈阳：辽宁民族出版社，1988年版，第94～95页。

这时猪叫，就算"领牲"了，即保佑人丁兴旺的神灵领到了姑娘出嫁祭祀的牲畜。然后将姑娘出生时在"喜利妈妈"上绑的红布条取下，交给姑娘保存，此时姑娘向"喜利妈妈"磕头。①

（三）朝鲜族婚前礼

丹东一带朝鲜族婚前礼以议婚为主，议婚分为定亲和会亲。青年男女经人介绍或自由恋爱，双方心中有意时，男方在其父亲或叔父、兄长、姐夫的陪同下，带些酒、饼干、糖果等礼物，到女方家提亲，若女方父母表示同意，男方当即给女方父母磕头致谢，俗称"定亲"。定亲后，男方在父亲或叔父、兄长、姐夫的陪同下，带着彩礼（自行车、手表、缝纫机、电视机等财物，可根据自己的经济状况准备）和酒肉等食品（多以钱替代）到女方家，以酒肉招待女方的亲朋好友及邻里。与此同时，双方父母共商婚期，婚期一般选为双日。②

（四）蒙古族婚前礼

锦州一带的蒙古族订婚时，男方一般要带哈达五块、布匹若干、酒五斤、羊两对到姑娘家办酒席，吃订婚饭。出席这种酒宴的必须是成双成对的夫妇，媒人也要按规定出席四至六人。男方来的媒人被女方家称为"胡达"。男方在这种酒宴上对女方的亲戚都要照顾周到，要送些小礼物。如果女方有的亲属未能出席也要送一块哈达，这是礼节。该地区蒙古族结婚年龄，一般女为17至21岁，男为18至25岁，很注重男大于女。任何一方想联姻时，必须找个提亲的中间人，也就是媒人。对找谁当媒人合适也非常重视。媒人必须是个"全人"，即必须是结过婚、儿女双全的人才有资格当媒人。儿女不全，或是喇嘛、尼姑等都不可当媒人。为男方说亲时，必须选个良辰吉日，由媒人到姑娘家提亲。如果姑娘家爷爷、奶奶健在，必须先向姑娘的爷爷、奶奶提出，得到认可后，再正式向姑娘的父母提亲。如果双方老人都愿意，还要看看属相是否相克，五行相克也不能结亲。蒙古人娶亲必须办三次酒宴才能把媳妇娶到家。第一次要喝姑娘的喜酒；第二次双方商定彩礼，第三次才是迎娶。

阜新一带蒙古族婚前礼包括说亲、会亲两大程序。蒙古族家庭以父系为主，同一血缘的男女不能结婚。结婚前，男女婚姻大事都由父母包办。男女到十六七岁即开始议婚。先由男方请媒人前去女方家提亲；女方家同意这门婚事，算是婚事定准。于是，男方携礼品

---

① 丹东市民族宗教事务委员会民族志编纂委员会编：《丹东锡伯族志》，沈阳：辽宁民族出版社，1998年版，第152页。
② 丹东市民族宗教事务委员会民族志编纂委员会编：《丹东朝鲜族志》，沈阳：辽宁民族出版社，2000年版，第63页。

到女方家，为火池奠酒，献哈达，赠礼品，以示吉祥。之后，择一吉日"会亲家"，也称"换盅"，即男方家准备几桌酒席请直系亲属公布此婚事，同时女方家也派直系亲属，到男方家喝酒。席间新亲互见，双方家族相互认亲，并由女方家拿出红纸礼单，再由媒人转交男方，议定聘礼财物，酒肉数目，承认订婚。男方选定结婚日期后，由媒人通知女方家，男方家请祝颂人与新郎赴女方家送聘礼，也称"纳聘"。[1]

喀喇沁一带蒙古族男方父母看中女方身材、容貌、人品，便请媒人带领儿子和酒去女方家求婚。如果女方父母同意，就设宴款待。席间双方初步商定成亲事宜和下哈达的日子。下哈达就是正式定亲，男方到女方家，带上四合礼（白酒4斤、白面4斤、猪肉4斤、粉条4斤）向长辈敬献哈达，给女方戴坠子和镯子，送一套订婚新衣服等。之后，交换庚帖，定吉日即可迎娶。接亲前要过"猪酒"，女方要准备陪嫁衣物。[2]

（五）回族婚前礼

在传统社会中，回族由于长期同汉族杂居，在婚姻礼仪习俗上与汉族大同小异，锦州地区婚姻一般由亲友介绍，或是自由相识，如经介绍，双方表示同意，有"相门户"之俗。当男女双方同意时，初步定下亲来，由女方将索要的聘礼列出物品红单，即过礼单，经介绍人送给男方，如男方没有异议，即定下亲事。过礼单要选择吉日，一般在"主麻日"（即清真寺每礼拜五的聚礼日），双方家长互相结识，男方要持茶叶、糕点、糖果等四彩礼送给女方。女方将这些礼品分送给亲友，以示女儿亲事已定。经过一段时间，男方按礼单将聘礼的大部分送给女方，除衣物外还有馒头、月饼等物，谓之"下礼"。在结婚之前，男方家长持茶叶等礼品到女方家商议结婚日期，叫"通信"。在结婚前夕，要过嫁妆，男方组织一些青年男女去女方家取嫁妆，并带去馒头和牛羊肉，这叫"催堂包子离娘肉"，女方将馒头和肉回送给男方一小部分。

铁岭一带的回族，经媒人介绍，男女两家同意后行定亲礼。男方家带布料、首饰或四彩礼到女方家定亲。女方家长让姑娘与男方家长见面，行端水礼（即敬茶之意）。双方亲家拿把手（互相贴击手掌）为誓，经商定，开好礼单，列出布、月饼、茶叶若干。男方家按定亲时所列礼单，向女方家赠送礼物，俗称"过礼"。回族把每周星期五视为吉日，因此一般结婚会选定两个日子，都在星期五。日子选定后，送往女方家，如前一个星期五没筹备好，便在下一个星期五结婚，亦为不失信。[3]

---

[1] 阜新蒙古族自治县地方志编纂委员会编：《阜新蒙古族自治县志》，沈阳：辽宁民族出版社，1998年版，第787页。
[2] 《喀喇沁左翼蒙古族自治县志》编委会编：《喀喇沁左翼蒙古族自治县志》，沈阳：辽宁人民出版社，1998年版，第670页。
[3] 铁岭县地方志编纂委员会编：《铁岭县志》，沈阳：辽沈书社，1993年版，第636页。

二、正婚礼

（一）满族正婚礼

沈阳地区满族结婚当天，在日出之前，男方用轿子把女方接到男方家。新娘穿大红袍，头蒙红布，由女方哥哥或叔叔抱上轿。到男方家时，大门关闭，喇叭鼓乐齐奏，等到一刻钟左右，再将大门打开，俗称"劝性"。轿进院中时，鞭炮、鼓乐齐鸣。新娘由两名少女搀扶下轿，走在红毡铺地的路上。院中摆一张天地桌，桌上摆放供品，点上蜡烛，在香炉焚香。新郎、新娘来到天地桌前，一起向天地桌三叩头，俗称"拜天地"。然后，新娘仍由两名少女搀扶走到新房门口，在房内等候的新郎用秤杆把新娘的红盖头揭下，意为"称心如意，夫妻合好"。门槛上放一马鞍子，新娘跨过马鞍子进房，意为"缅怀先祖骑猎生活"。在新娘进入新房时，人们用五谷杂粮向新娘打去，意为"不要把鬼神带进屋内"。新娘进入新房后，先拿棍子搅猪食缸，意为"今年养猪肥大"，然后拿棍子捅捅灶炕，意为"以后灶好烧，不灌倒风"。之后，新娘面向南坐在炕上，俗称"坐福"。坐福后，新娘梳洗更衣，临下地时由新郎的弟弟拉一把，意为"小叔拉一把，又有骡子又有马，往后日子富贵荣华"。新娘下地后，拜见亲友宾客，向长者敬烟。宾客饮宴时，新娘由婆婆领着，到宾客酒席前，向宾客鞠躬敬酒。在宾客未走之前，新娘不得随意谈笑，要垂手站立于宾客之旁。当晚，青年人在洞房里围住新婚夫妻，尽情地说笑玩闹，俗称"闹洞房"。也有的在屋外，一人或数人唱喜歌"拉空齐"，直至深夜方才罢休。

桓仁一带的满族迎亲当日，鼓乐引导于前，并要有娶亲女客一人，新郎乘轿到岳父家。到门口，女方的兄弟来到轿前，新郎要答揖，接着，相随至客房休息。过一会儿，引新郎拜祖先及岳父母并外姻尊属，之后到别的房间招待他。这时，送亲女傧相给新娘吃梗米饭，新娘含一会儿。随后用红帕盖住新娘的脸，新娘叔伯或兄弟将其抱送轿中，诸亲戚送至新郎家。新郎于新娘上轿后即乘马先归。男方家设香案于院中，等到彩轿入门，两名少女送上宝瓶，放到新娘腋下，取金宝平安之意。女傧相扶新娘出轿，踏着红毡走到香案前，新郎行九叩礼，俗称"拜天地"，也有男女一起拜的。礼毕，新郎前导，由女傧相扶新娘入室，凡经过的门槛都盖上马鞍，新娘迈过进入房内。进屋后，新郎用秤杆挑去新娘头上的红帕，放到屋上。预先在床前放袋装的红粮，上面横放一把斧子，新娘要坐在上面。斧，与福字同音，用斧是为了借吉言。新娘上床，与新郎一起面向吉方坐，俗称"坐帐"。约一个时辰后，新郎下床外出，招待宾客。诸女眷为新娘整妆完后，新娘才下床。等到晚上宾客散去后，在洞房中高烧红烛，置酒与肴，新婚夫妇一起进餐，即古合卺之意，俗称"吃五大碗"。这一天亲友都送礼祝贺，俗称"赶礼"或"上礼"。主人设酒筵款待，新郎当筵叩谢，俗称"拜席"。

丹东一带满族结婚时，新娘需身穿红衣红裤，头顶红盖头，前胸后背各挂一块铜镜。根据约定的时间，男方的迎亲车和女方的送亲车同时出发，两车行至中途相遇，车厢靠车厢，新娘兄长将新娘从送亲车抱到迎亲车上，俗称"插车"。车到男方大门口时，哪怕是寒冬数九，新娘都要在车里坐上一会儿，俗称"劝性"。新娘下车，顺着红毡走到天地桌前，新郎、新娘面北而拜，俗称"拜北斗"。之后，在院中临时搭的帐篷前，新郎用马鞭或秤杆将新娘头上的红盖头挑下，放到帐篷顶上，新娘则入帐坐福，新郎站在帐外相陪，俗称"坐帐篷"。正午时，院内设神桌，供奉猪肘肉一方，碟一个，酒三盅，尖刀一把，新郎朝向桌子，面南跪下，左边一人，衣帽整齐，单膝跪在神桌前，手擎托碟，用满语高声念阿察布蜜歌。阿察布蜜歌分三节，每念完一节，用刀切肉一片掷向空中，向地面浇酒一盅。此时围观者欢笑喜庆，婚礼达到高潮。

当晚，新婚夫妇住在帐篷中。临睡前，新郎身上背包，绕帐篷三圈，问："留不留宿啊？"新娘在内答："留宿。"新郎方能进帐内。

在满族婚礼中，插车可能是原始部落抢亲的遗俗，拜北斗是因为民族的发祥地在北方，有祭神桌是因为女真族信奉萨满教，认为这是天地有灵的反映。住帐篷和跨马鞍子是缅怀祖先时代的生活，坟上装烟则是祭祖。

到了20世纪初，沈阳满族时兴所谓"文明婚礼"。婚娶多在上午，男女方家长及亲属会聚一堂，请德高望重之士为证婚人，男女方家长为主婚人，同司仪主持婚礼，新郎、新娘交换戒指为纪念物，行鞠躬礼，证婚人、主婚人及来宾分别讲祝词，摆酒席庆贺，至此礼成。农村在婚约既成后，男女可相互串门，一般多为女方到男方家，叫"小接媳妇"。[①]商定婚期后，女方家按期由阿玛（父亲）陪姑娘到男方家，在灶台神鬼前拜天地，拜祖宗，跪拜娘家阿玛和婆家父母，宴请来贺的族人亲友，至此婚礼结束。

在以上具有满族特点的婚礼仪式中，如今仅存插车习俗。与过去相比，如今的插车仪式稍有变化，具体表现在：结婚这一天，女方用不带篷的送亲车送姑娘，新郎及陪姑爷骑自行车率不带篷的迎亲车迎接。两车行到途中相遇，车厢靠车厢，女方换乘男方的车，并由陪姑爷将女方的嫁妆搬至男方车上。另外也有采用接鞭仪式的。所谓接鞭，即遇到新娘送亲车后，新郎所带车老板接过新娘方车老板的鞭杆，将车继续赶到新郎家门口。此种仪

---

① 沈阳市人民政府地方志编纂办公室编：《沈阳市志》第十六卷，沈阳：沈阳出版社，1994年版，第230页。

式也是插车的变异。①

20世纪三四十年代，辽宁有的地方的满族还保留着一种习俗，即新娘在送亲人的陪同下到达男方家，下车或下轿后，婆婆走上前去，新媳妇手端洗脸盆下车，上前先给公公婆婆鞠一躬，问声："阿玛（爹爹）、额娘（妈妈）好！"边问边把手中的洗脸盆交给婆婆，洗脸盆不能空着，要装上红枣和馒头等喜庆的东西。婆婆接过脸盆后，递给新娘一个红包，红包里装钱，钱多少，要看男方家的经济状况。这种习俗现在在城市和农村都很盛行。②

（二）锡伯族正婚礼

丹东锡伯族正婚礼即迎亲。女方家长要请一位儿女双全的"送亲妈"陪伴姑娘去婆家，送亲者也叫"上亲客"，通常不超过12人，要老少三代，由娘家出车送行。男方家也要请一位"娶亲婆"，她也是和送亲婆条件相同的长辈妇女。在新郎、新娘拜完天地后，新郎的双亲便承担"送亲妈"的责任，负责照顾好新娘。

娶亲的时间是事先定好的时辰，新郎骑马，在对子马的陪同下，前往下处娶亲，新娘的叔父或兄长将姑娘抱上喜车启程。途中遇到水井、庙宇等，帮忙人要用红毡遮挡新娘的喜车，以示吉祥如意。

喜车到男方家大门口时，迎亲人把红毡铺在新娘下车的前方，新娘头盖蒙脸红布，由伴娘扶着和新郎并肩脚踏红毡慢步前进，随着新郎、新娘的脚步向前"捣红毡"，直到供桌前。供桌上放供品、燃香烛，新郎、新娘行礼拜天地，然后进洞房，当新娘走到帐篷门前时，新郎用秤杆将蒙脸红布挑起置帐篷或房门顶上，然后递给新娘一把锡壶，壶口处凸起，外包红布，新娘抱之入洞房去"坐帐"。新娘上炕时，要脚蹬着装满红高粱的口袋，取其"步步登高，步步走红运"的吉祥之意。新娘坐的褥子下面放一把斧子，叫"坐福"。然后开脸，即用线扯去脸上的汗毛。新娘换上新衣服下地，先拜公、婆、姑、舅、兄、嫂，点烟行礼，叫"认亲"。午宴后，送娘家客，要给离娘肉一块、肋骨两根，男方走到大门口，娘家人洒酒三杯，叫"拦马酒"，并将新筷子两双插在大门两旁，表示请留步，不远送。

晚上"换盅""抢肘子"与"闹洞房"，这是婚礼仪式中的高潮。掌灯时，在新房炕上摆上桌子，新郎、新娘分坐在两边，置白酒两盅，用红线拴在酒盅底座上，一头拴一个，桌上摆猪肘子一个、馒头若干。来闹洞房的人，都是族里亲戚中的平辈或小辈以及朋友等，

---

① 丹东市民族事务委员会等：《丹东民族研究——民俗资料专辑》，内部资料，1981年版，第33页。
② 富伟主编：《辽宁少数民族婚丧风情》，沈阳：辽宁人民出版社，1994年版，第12页。

围观新郎、新娘"换盅"。新郎、新娘把斟满酒的酒盅互送至对方面前，夫妻双双举杯共饮，饮毕，礼成。这时闹洞房的人，争先恐后动手抢桌上的肘子、馒头；抢着的就往外跑，未抢着的就在后面追，争抢追逐取乐。人散后夫妇才共度花烛夜。①

同一地区的婚礼，细微之处也不尽相同。岫岩一带锡伯族青年结婚时，新娘进门后，老婆婆准备一碗凉水，全家每人喝一口，剩下的不论剩多少都给新媳妇喝。晚上新郎、新娘吃哈拉巴肉（猪前腿根肉两片），用竹签插上，用一米长的一条红线两头拴在竹签上，男女双方互相交换咬吃一口，剩下的肉插在两屋的西北房第三根椽上。接着"换盅"，用两盅酒，一米长的红线一条，红线两端各拴上一个铜钱，把铜钱放在酒盅里，男女双方互换酒盅喝完后把红线和大钱放在炕席底下。可见，同一个地区的做法也不尽相同。②

锦州一带的锡伯族结婚时，双方各自请有声望、有办事能力、善于辞令、儿女双全，并和新人属相不相克的男女各一人为奥父、奥母，主持迎亲、送亲事宜，俗称男女"知宾"。新郎在破晓前就到女方家迎亲。新娘梳洗打扮整齐，戴上喜帕（俗称"盖头"），拜别父母，并哭泣着表示不愿离开父母，大家唱着"劝嫁歌"，在歌声中由哥哥或叔叔将新娘抱上喜车，这时新郎跪请岳父母到家中赴宴，然后由众"丁巴汉"将二老扶上披红的大马。喜篷车前挂大铜镜，后挂八卦图，上挂大红布彩结，使人一望便知是喜车。喜车行走途中见了当官的轿子也不让路，因为新郎结婚被称为"小登科"，像中了状元在游街一样高贵。如迎面来了另一辆喜篷车，则双方各让一轮而过。

喜车到新郎家门口，婆家故意不开大门，让喜车在外停一会儿，意思是憋一憋新娘的性子，过门后没脾气、能听话。新郎父母早备好了喜酒迎候亲家，见面后双方互相道喜祝贺，男方家长向亲家敬双杯酒，女方家长都要一饮而尽。接着，新娘头蒙喜帕，由伴娘挽着下喜车，踩着红毡走到屋前摆好的天地桌前，同新郎拜天地，然后新郎在门内，新娘在门外，双方对跪，新郎用马鞭挑去新娘头上的喜帕，这时众亲友都来争看新娘的容貌。之后，在门槛里洒酒点火（也有用火盆的），让新娘迈过进门，其意思是新娘进门日子越过越红火。新郎、新娘对跪在灶前，用哈达将羊尾油片投入火中七次，宣白头偕老誓言，然后新娘进入新房开始坐帐，直到晚上饮合卺酒才能下地。男方家这一天要热情招待新亲客人，奥父唱"萨林舞春"（婚礼歌），每唱一句大家都用"哲！哲！"的声音来附和。新郎、新娘要为客人敬双杯酒，为了活跃气氛，客人往往"无事生非"地挑起"事端"，新郎要千方百计地满足对方的要求，才能平安无事。新亲赴完宴席还要偷去一些宴席上的碗筷等，据说使用这种碗筷的老年人可以长寿，小孩儿可以免灾无病。

---

① 丹东市民族宗教事务委员会民族志编纂委员会编：《丹东锡伯族志》，沈阳：辽宁民族出版社，1998年版，第153页。
② 同上注，第155页。

送走娘家客人后,晚上要饮合卺酒、抢肘子、闹洞房。新郎、新娘分坐桌子两边,桌上摆着饺子、栗子、红枣、花生和羊肘子,取其谐音,意思是早早立子,并且男女花生。两把酒壶,一个装水,一个装酒,用一条红绳拴在两头,放在新郎、新娘面前,奥母站在桌前,让新郎、新娘交换对饮两次,表示互敬互爱,然后吃羊肘子。但往往不等新郎、新娘动手去拿,抢肘子的人就蜂拥而上了,这时屋外鞭炮齐鸣,屋内抢肘子的人滚成一团,笑声震耳,谁要抢到羊肘子谁就能万事如意。[①]

(三)朝鲜族正婚礼

丹东一带朝鲜族到婚期这一天,新郎在叔父或姐夫等人的陪同下,带婚函(精制的小木箱,今多以小皮箱替代,内装赠新娘的各种礼物,如彩线、布料、床单等)前往女方家迎娶,过去新郎多骑马,新娘多坐轿,今多以汽车代替。新郎一行到达新娘家后,由岳母或新娘的嫂子接婚函,先放在米缸上,后拿进缸内,请新娘家的女眷们观赏其中的礼物。新郎和伴郎则被安排在一间屋中,在新娘家陪客的陪同下接受宴请,俗称"受大桌"或"受大席"。桌上除各种美味佳肴之外,还有两样东西必备:一样是叼着红辣椒或红枣的熟整鸡;另一样是埋有三个鸡蛋的米饭或冷面,新郎必须吃掉两个鸡蛋,另一个留给新娘吃。桌上的食品在新郎、伴郎及陪客共享之前,每种食品都要留出一些单独包装送给新郎的父母亲眷,使他们知道新娘家款待新郎的情况。婚礼仪式在主持人的主持下进行。新郎、伴郎在娘家陪客的规劝下进餐时,新娘的弟弟、妹妹和晚辈们为新郎、伴郎斟酒,讨要赏钱。随后,为婚礼劳累的妇女、青年们派代表为新郎、伴郎斟酒,索要劳务费,数额越多越自豪。也有的是参加婚礼者提出各种问题,请新郎、伴郎回答,若答不出或答错时必罚无疑,多则50~100元,少则5~10元不等。饭后,娘家陪客向新郎、伴郎介绍新娘的亲戚长辈,长辈们饮过新郎、伴郎斟的酒后,对新郎、新娘做一番语重心长的叮嘱,俗称"亲家宴"。随后,新娘告别父母及亲戚朋友,带着嫁妆,随新郎前往新郎家。嫁妆随富裕程度而异。一般被褥两套或一套,皮箱一对儿。近几年,随着丹东地区朝鲜族人生活水平的提高,大多数陪嫁为洗衣机、电冰箱、录音机、电视机等。

新郎一行到家后,新娘、伴娘被单独安排在一间屋里,在新郎家陪客的陪伴下接受"大桌"。桌上食品留出一部分,由伴娘带回供新娘的父母及亲戚享用。新郎、新娘向来客敬酒,客人饮酒,表示祝贺,并邀新郎、新娘唱歌。歌罢,客气一番,离去。傍晚,举行"亲家宴"。伴娘及新郎的长辈对新郎、新娘叮嘱、教诲一番,并请对方长辈们关照,多有

---

① 中国人民政治协商会议辽宁省锦州市委员会、文史资料委员会编:《锦州文史资料》第十一辑,内部发行,1993年版,第79页。

谦辞。晚上，新郎的同窗好友在新郎家举行娱乐晚会。民主选举主席（主持人），晚会在主席的主持下进行。首先让新郎、新娘自报姓名、职业、单位、恋爱经过等，并请他们独唱、合唱。随后，同窗好友且歌且舞，直到深夜方散。[①]

（四）蒙古族正婚礼

蒙古族正婚礼这一天，锦州一带新女婿到女方家的第一件事是穿女方为姑爷准备的衣服，由姑娘的嫂嫂们为新姑爷更换。新姑爷第一次吃姑娘家的饭，也必须由姑娘的嫂子们先喂三口，然后，自己吃三口。而后新姑爷向岳父、岳母和本家的长者、舅家、亲戚们依次敬酒唱歌，接着是姑娘敬酒献歌。送亲时，女方家里射招福箭，这是要招回姑娘的福禄，意为人走了，要为娘家留下福禄。过去的风俗是在送亲的路上找个风水好的平川停下，让男女双方跪拜天地，结下夫妻之缘。做法是由拜天的"阿巴"（父亲）把男女双方的头发放在一起用梳子梳上三下，这就叫结下了有缘的夫妻之发。然后把姑娘的头发打成头髻，之后结下夫妻之发的新郎、新娘到男方家中拜火神。完成这些礼节后，才吃男方家的喜宴。富人家的喜宴上必有"三全"（全羊、全牛、全马）。

阜新一带蒙古婚礼中的会亲、过礼与汉族大体相同，新郎都必须认义母来协助办婚事。正婚礼这天，新郎要身背弓箭，束腰带，左右系两块白巾，上面写着"卍"，意为首相聚义，随迎亲队伍到新娘家迎娶。第二天一早，新郎乘马先回家，等新娘迎娶回来，一同到天地桌前行礼，这时义母用绵羊右腿骨作为发簪为新娘分发，新娘的头发被分为两个发髻。另一解释为古代的结发之礼。旁边有一个喇嘛走在前面念经，新人走在后面，先进佛堂行礼，再向火池行礼，需要准备一盆水，新人一起洗脸净面，然后新娘先上床，新郎在外面。来祝贺的亲友都在喜簿上登记好喜钱，然后参加宴席，这些礼俗都与汉族相同。准许女方家送亲人来，新娘常常洒泪道别。[②]

阜新一带蒙古族迎亲仪式，依次进行"门前对辞""祭祀火祠""敬献聘礼""讨名问庚""索沙恩吐"后，女方才出阁送亲。送亲队伍来到男方村前时，男方家要举行镰火迎亲仪式；至男方院落，男方设"天地桌"，牵出一只羊作为祭天礼品。拜堂时，有一有声望的长者任"导拜老"，手持驱避凶邪的"宝勒图好日洛"，还有一年长的妇女任"结发娘"，先用佛经所净"圣水"为新郎、新娘洗手净面，然后将二人头发合拢在一起，用"沙恩吐"梳理，以示结发夫妻。之后将"沙恩吐"交与新郎、新娘，二人各执一端，跪下叩头，即谓"结拜天地"。接着进行"堂门祝福""祭拜火祠""侑酒献歌""款待新亲"。送走新亲

---

① 丹东市民族宗教事务委员会民族志编纂委员会编：《丹东朝鲜族志》，沈阳：辽宁民族出版社，2000年版，第63页。
② 张遇春等修，贾如谊纂：《阜新县志》，民国二十四年铅印本，卷六。

后，新郎引导新娘拜见公婆和各位长辈，馈赠礼品。

喀喇沁一带蒙古族娶亲时，男方由两名亲戚率领，一名忽答是男方的直系亲属，另一名忽答是邀请的懂得迎娶的规矩、能说会唱、能随机应变的人物。忽答带领新郎和新郎之嫂一起去女方家拜谒、娶亲。女方家隆重接待，并为新郎从头到脚换一套新装扮。在宴席中，新娘的近亲带领新郎一一拜见女方亲属和伴随新娘的姑娘们，散席后男方告别而归。第二天，女方家备车马送亲。送亲的人必须是儿女双全的男女两位老人，被称为"图如额布根"和"图如额嬷根"。当车到达时，男方亲友早在门外恭候迎接，敬献下马酒。新娘由两位妇女搀扶进房，博格勒亲（伴娘）向火盆祭酒念颂祝词，然后参加男方设的盛大筵席，宴后在门前敬上马酒，送走送亲人。婚礼很庄重，程序如下。

首先拜天地。拜天地是接受的汉族习俗。先选好时辰，烧香表，放鞭炮，夫妇双方跪下叩头。由忽答诵念《祭天地经》，然后由分头老妈妈把双方头髻梳一梳，并说一套祝福的话，以示夫妇结发。其次祭火。这是新娘到婆家举行的仪式，即在火盆上点劈柴，点燃海灯，向火中投入五彩布条、干鲜果品。此仪式多由喇嘛主持，念诵《祭火经》，同时为新婚夫妇净面、净手，表示去秽降福。再次拜翁姑，认亲友。男方将直系亲属安置在炕上坐好，新娘先向公婆磕头，双手敬献布鞋两双，给其他亲属敬献哈达，随后一一敬烟、敬酒、敬茶，亲属给新娘赏钱，送礼物，新娘下跪接赏。最后闹洞房。结婚闹洞房是文明的，多是祝福吉祥话，不许说污秽的词语，会叫新郎、新娘唱歌，大家齐唱，说唱好来宝。新娘给每人敬一杯酒，分发糖果。大家离去后，由分头老妈给铺好被褥，说些祝福的话，关好门窗退去。①

（五）回族正婚礼

回族婚礼当天，请阿訇来家念喜经，写结婚证书，称为"写伊扎布"。锦州一带的新郎赠给新娘礼物或红包，称为"卡宾钱"。人们用糖果、花生向新郎、新娘头上撒去，谓之"砸喜"。一群儿童抢拾地上的食物，形成喜庆热烈的场面，阿訇及亲友为之祝贺，并入席赴宴。洞房之夜，由新郎嫂嫂、婶母等给铺被褥，同时往床上扔墩子、花生、枣、栗子等，意为早立子。还有闹洞房，趣味横生。另外为了防止早婚，必须按《婚姻法》办事，阿訇只给已领取结婚证书的男女穆斯林念尼卡哈和写伊扎布。

铁岭一带回族，一般不亲迎，多是送姑娘。结婚仪式简易而隆重，阿訇宣读伊扎布婚书，但不在政府登记结婚的，阿訇不为其证婚。婚礼结束，礼成后，设宴招待客人，先招

---

① 《喀喇沁左翼蒙古族自治县志》编委会编：《喀喇沁左翼蒙古族自治县志》，沈阳：辽宁人民出版社，1998年版，第670页。

待娘家客，而后招待一般贺客。新郎拜席，女方家给拜钱，入夜亦闹洞房，闹得时间长了，新娘给大家倒茶谢客。①

三、婚后礼

（一）满族婚后礼

民国时期，沈阳地区的满族新人婚后次日，要同拜祖先、父母、姑舅等尊长亲属，谓之"分大小"。此间，还有"梳头酒"和"装烟钱"的礼俗。这一天，娘家来人为新娘梳头，这一天早上的筵席为"梳头酒"。新娘梳洗完毕，拜公婆，为一家老幼装烟。年长者须有拜钱或钗子等物作为赏给新娘的见面礼，名为"装烟钱"。《沈阳百咏》载，"诸姑伯姊上琼筵，好是梳头第二天"。第三天，由妯娌、嫂子带着喜娘去男方祖坟祭扫，并向坟墓敬烟，意为"认祖归宗"。第五天或第七天，新郎陪新娘回娘家，住上七到九天，俗称"回门"。"欢喜新娘齐见礼，大家添费吃烟钱"，咏的便是此俗。此外，另有"住对月"等习俗。"住对月"，亦即婚后一个月新娘可回娘家住一个月。

辽宁有的地方的满族结婚后，三天以内，各家亲朋好友要请新媳妇到家去吃饭，俗称"认门"，意思是日后往来时，好知道哪家在哪儿。一般都是上门来接，只接新媳妇，不接新郎。结婚第三天、第七天和一个月，新郎和新娘要到老丈人家去串门，俗称"回门"。走之前，老婆婆要给准备"四色礼"拿着。"四色"就是四样。一个月以后，新媳妇要回娘家住一个月，叫作"住对月"，就是在婆家、娘家各住一个月。"回门"时，两家距离近的，可以当天往返；距离远的，住一宿，第二天回来。姑爷和姑娘到老丈人家，姑爷必须住在西炕，因为姑爷到老丈人家算高人贵客，而满族以西为贵。姑娘睡哪儿都可以，但不能和丈夫住在一起。满族人家，娶媳妇的头一年，要举行一次祭祀祖先的跳神活动，也叫"跳喜神""烧喜香"，意思是家里添人进口了，感谢祖宗，让祖宗也高兴高兴。②

（二）其他少数民族婚后礼

锡伯族婚后第二天早起，新娘梳洗后，先为公婆点烟、敬茶、献酒、请安。第三天由公婆带领到坟地去祭祖，第九天双双到娘家省亲，谓之"回九"，当天返回。结婚后一个月新娘回娘家过对月，住一个月，在此期间要为公婆、丈夫做鞋，住满一个月由丈夫接回家

---

① 铁岭县地方志编纂委员会编：《铁岭县志》，沈阳：辽沈书社，1993年版，第636页。
② 富伟主编：《辽宁少数民族婚丧风情》，沈阳：辽宁人民出版社，1994年版，第12页。

中。怀孕后，娘家要接去住一段时间安胎。生了孩子满月后，到娘家住一段时间，娘家要给外孙缝一套新衣服，再将母子送回婆家。①

阜新一带蒙古族新人结婚三日后，还要拜庄，女方娘家来人省亲，然后新郎带领新娘去岳丈家回拜。回拜之后，新娘父母接女儿住娘家。至此，婚嫁一事方告结束。

铁岭一带回族婚后三天或九天，亦有"回门"之说，满月之后，亦"住对月"。

丹东一带朝鲜族新娘在婚后第三天，在新郎的陪伴下回娘家，俗称"归宁"或"回娘家"。新郎、新娘到家后，亲朋好友用从新郎处索要到的劳务费购买酒、肉等食品，在新娘家中举行娱乐晚会，载歌载舞，通宵达旦。②

现代婚礼中的婚后礼部分趋于简化，除了保留"归宁""回门""住对月"，传统婚礼中的"躲灯""躲元宵"已不常见。

---

① 中国人民政治协商会议辽宁省锦州市委员会、文史资料委员会编：《锦州文史资料》第十一辑，内部发行，1993 年版，第 79 页。
② 丹东市民族宗教事务委员会民族志编纂委员会编：《丹东朝鲜族志》，沈阳：辽宁民族出版社，2000 年版，第 63 页。

参考文献

［宋］李昉编纂，夏剑钦等校点：《太平御览》，石家庄：河北教育出版社，1994年。

［宋］王得臣：《麈史·风俗》，上海：上海古籍出版社，1986年。

［清］洪汝冲纂修：《昌图府志》，清宣统二年铅印本。

［清］黄维翰纂修：《呼兰府志》，民国四年铅印本。

［清］雷飞鹏等修，［清］段盛梓等纂：《西安县志略》，清宣统三年石印本。

［清］钱开震修，［清］陈文焯纂：《奉化县志》，清光绪十一年刻本。

［清］西清：《黑龙江外记》，哈尔滨：黑龙江人民出版社，1984年。

［清］徐世昌等编纂，李澍田等点校：《东三省政略》，长春：吉林文史出版社，1989年。

［清］杨宾纂：《柳边纪略》（辽海丛书本），上海：商务印书馆，1936年。

［清］昭梿撰，何英芳点校：《啸亭杂录》，北京：中华书局，1980年。

［清］赵尔撰：《抚顺县志略》，清宣统三年石印本。

［清］阮元校刻：《十三经注疏·仪礼正义》，北京：中华书局，1980年。

［清］沈兆禔著，蒙秉书，李亚超整理：《吉林纪事诗》，长春：吉林文史出版社，1988年。

《阿城市志》编纂委员会编著：《阿城市志（1986～2005）》，哈尔滨：黑龙江人民出版社，2008年。

《爱辉县志》编委会办公室编：《爱辉县志·社会》，内部发行，1983年。

爱辉县修志办公室编：《爱辉县志》，哈尔滨：北方文物杂志社，1986年。

鞍山市人民政府地方志办公室编：《鞍山市志》（社会卷），沈阳：沈阳出版社，1993年。

《拜泉县志》编审委员会办公室编：《拜泉县志》，哈尔滨：黑龙江人民出版社，1988年。

白城地区地方志编纂委员会编著：《白城地区志》，长春：吉林文史出版社，1992年。

白纯义修，于凤桐纂：《辉南县志》，民国十六年铅印本。

白云珊：《近代沈阳城市居民社会生活方式变迁研究（1905—1931）》，东北师范大学硕士学位论文，2017年。

包文俊修，李溶纂，曲廉本续修，范大全续纂：《梨树县志》，民国十八年修，民国二十三年续修铅印本。

北安市地方志办公室编：《北安县志》，内部发行，1993年。

北镇满族自治县地方志编纂委员会编：《北镇县志》，沈阳：辽宁人民出版社，1990年。

本溪市党史地方志办公室编：《本溪市志》（第四卷），沈阳：辽海出版社，2004年。

昌图县地方志编审委员会办公室编：《昌图县志》，内部发行，1988年。

长白县志编纂委员会编:《长白朝鲜族自治县志》,中华书局,1993年。

长岭县史志编纂委员会编:《长岭县志》,北京:中华书局,1993年。

常荫廷修,胡镜海等纂:《绥化县志》,民国十年铅印本。

朝阳县地方志编纂委员会编:《朝阳县志》,沈阳:辽宁民族出版社,2003年。

陈伯霖主编:《黑龙江少数民族风俗》,北京:中央民族学院出版社,1993年。

陈国钧修,孔广泉纂:《安图县志》,民国十八年铅印本。

陈见微选编:《东北民俗资料荟萃》,长春:吉林文史出版社,1992年。

陈见微:《清代东北民俗文化研究》,长春:吉林文史出版社,1999年。

程廷恒修,陶牧等纂:《宽甸县志略》,民国四年石印本。

程廷恒修,张素纂:《复县志略》,民国九年石印本。

崔福坤修,丛绍卿纂:《讷河县志》,民国二十年双城县情益书局铅印本。

大连市史志办公室编:《大连市志·民俗志》,北京:方志出版社,2004年。

丹东市民族事务委员会等:《丹东民族研究——民俗资料专辑》,内部资料,1981年。

丹东市民族宗教事务委员会民族志编纂委员会编:《丹东锡伯族志》,沈阳:辽宁民族出版社,1998年。

丹东市民族宗教事务委员会民族志编纂委员会编:《丹东朝鲜族志》,沈阳:辽宁民族出版社,2000年。

丁世良、赵放主编:《中国地方志民俗资料汇编》(东北卷),北京:书目文献出版社,1989年。

东北文化社年鉴编印处编:《东北年鉴》,沈阳:东北文化社,1931年。

东丰县志编纂委员会编:《东丰县志》,北京:中国广播电视出版社,1994年。

东辽县地方志编纂委员会编:《东辽县志》,长春:吉林文史出版社,2002年。

东宁县志办公室编:《东宁县志》,哈尔滨:黑龙江人民出版社,1989年。

杜尔伯特蒙古族自治县地方志编纂委员会编:《杜尔伯特蒙古族自治县志》,哈尔滨:黑龙江人民出版社,1996年。

段妍:《民国时期东北地区婚姻习俗的变迁》,《学术交流》2009年第11期。

法库县志编纂委员会编:《法库县志》,沈阳:沈阳出版社,1990年。

范德昌主编:《嘉荫县志》,哈尔滨:黑龙江人民出版社,1988年。

方正县志编纂委员会编:《方正县志》,北京:中国展望出版社,1990年。

抚顺市社会科学院编:《抚顺市志》(6~8卷),沈阳:辽宁民族出版社,2000年。

抚松县地方志编纂委员会编:《抚松县志》,北京:中华书局,1994年。

付永正、刁书仁:《清代东北旗人婚礼中跨鞍礼述论》,《满语研究》2013年第2期。

阜新蒙古族自治县地方志编纂委员会编:《阜新蒙古族自治县志》,沈阳:辽宁民族出版社,1998年。

富伟主编:《辽宁少数民族婚丧风情》,沈阳:辽宁人民出版社,1994年。

甘南县地方志编纂委员会办公室编:《甘南县志》,合肥:黄山书社,1992年。

高芝秀修,潘鸿威纂:《安达县志》,民国二十五年铅印本。

郭莲纯:《近二十年城乡居民婚俗礼仪习俗的嬗变——以沈阳及其所辖郊区县为例》,《辽东学院学报》2008年第4期。

郭熙楞纂:《吉林汇征》,民国六年铅印本。

《呼玛县志》编辑委员会编:《呼玛县志》,内部发行,1980年。

哈尔滨市动力区地方志编纂委员会编:《动力区志》,北京:中国大百科全书出版社,1995年。

海城市地方志编纂委员会办公室编:《海城县志》,内部发行,1987年。

黑龙江省兰西县志办公室编:《兰西县志》,海口:海南出版社,1992年。

黑龙江省肇源县地方志编审委员会办公室编,黑龙江省肇源县委史志办公室修订:《肇源县志》(修订本),内部发行,1998年。

黑山县地方志编纂委员会编:《黑山县志》,沈阳:辽宁大学出版社,1992年。

桓仁县地方志编纂委员会编:《桓仁县志》,北京:方志出版社,1996年。

胡朴安编:《中华全国风俗志》,上海:上海书店,1986年。

虎林县志编纂委员会编:《虎林县志》,北京:中国人事出版社,1992年。

桦甸市地方志编纂委员会编:《桦甸市志》,长春:吉林文史出版社,2006年。

黄任远、黄永刚、薛菁:《中国民俗知识·黑龙江民俗》,兰州:甘肃人民出版社,2006年。

黄世芳修,陈德懿纂:《铁岭县志》,民国二十年铅印本。

辉南县县志办公室编:《辉南县志》,深圳:深圳海天出版公司,1989年。

吉林省地方志编纂委员会编:《吉林省志·民俗志》卷四十六,长春:吉林人民出版社,1992年。

佳木斯市向阳区地方志编纂委员会编:《佳木斯市向阳区志(1946—2005)》,哈尔滨:黑龙江人民出版社,2006年。

建昌县志编纂委员会办公室编:《建昌县志》,沈阳:辽宁大学出版社,1992年。

金毓黻:《东北要览》,沈阳:国立东北大学编印,1943年。

锦县地方志编纂委员会编:《锦县志》,沈阳:沈阳出版社,1990年。

《喀喇沁左翼蒙古族自治县志》编委会编:《喀喇沁左翼蒙古族自治县志》,沈阳:辽宁人民出版社,1998年。

开原市地方志办公室编:《开原县志》,沈阳:辽宁人民出版社,1995年。

宽城县志编纂委员会编:《宽城县志》,石家庄:河北人民出版社,1990年。

郎元智:《地域文化视野下的近代东北婚嫁习俗》,《东北史地》2014年第5期。

梨树县地方志编纂委员会编:《梨树县志(1985—2005)》,长春:吉林人民出版社,2012年。

梨树县志编纂委员会编:《梨树县志》,沈阳:辽宁教育出版社,1992年。

李春雨、李镇华修,邵芳龄等纂:《通化县志》,民国十六年铅印本。

李毅纂修:《开原县志》,民国十九年铅印本。

梁学贵修,庞国士、朱尚弼纂:《黑山县志》,民国三十年铅印本。

梁岩修，何士举纂：《依安县志》，民国十九年铅印本。

辽宁省义县人民政府地方志办公室编：《义县志》，沈阳：沈阳出版社，1992年。

辽阳县志编纂委员会办公室编：《辽阳县志》，北京：新华出版社，1994年。

辽源市地方志编纂委员会编：《辽源市志（1986—2002）》，长春：吉林人民出版社，2012年。

廖飞鹏修，柯寅纂：《呼兰县志》，民国十九年铅印本。

廖彭、李绍阳修，宋抡元等纂：《庄河县志》，民国十年铅印本。

凌纯声：《松花江下游的赫哲族》，北京：民族出版社，2012年。

刘娟娟：《近代东北地区婚俗考略》，《大连民族学院学报》2006年第4期。

刘润璞主编：《白城市志（1986—1995）》，长春：吉林人民出版社，1999年。

刘爽著，孟东风、潘景隆等整理：《吉林新志》，长春：吉林文史出版社，1991年。

刘天成等修，张拱坦纂：《辑安县志》，民国十九年石印本。

刘维清、张之言修，罗宝书、邱在官纂：《临江县志》，民国二十四年铅印本。

柳成栋：《浅谈黑龙江民俗文化》，《黑龙江史志》2012年第12期。

柳河县志编纂委员会编：《柳河县志》，长春：吉林文史出版社，1991年。

龙江县地方志编纂委员会办公室编：《龙江县志》，北京：中国城市经济社会出版社，1991年。

栾凡：《东北地区优秀民俗文化论》，《社会科学战线》2009年第5期。

萝北县地方志编纂委员会编：《萝北县志》，北京：中国人事出版社，1992年。

《明水县志》编纂委员会编：《明水县志》，哈尔滨：黑龙江人民出版社，1989年。

马之骕：《中国的婚俗》，长沙：岳麓书社，1988年。

马龙潭、沈国冕等修，蒋龄益等纂：《凤城县志》，民国十年石印本。

梅河口市地方志编纂委员会编：《梅河口市志》，长春：吉林人民出版社，1999年。

漠河县志编纂委员会编：《漠河县志》，北京：中国大百科全书出版社，1993年。

木兰县志编纂委员会编：《木兰县志》，哈尔滨：黑龙江人民出版社，1989年。

讷河县志编纂委员会编：《讷河县志》，哈尔滨：黑龙江人民出版社，1989年。

嫩江县地方志编纂委员会编：《嫩江县志》，海口：中国·三环出版社，1992年。

宁安县志编纂委员会办公室编：《宁安县志》，哈尔滨：黑龙江人民出版社，1989年。

吉林省民俗学会、吉林市民间文学研究会编：《昔日吉林民间习俗》，内部资料，1984年。

盘锦市人民政府地方志办公室编：《盘锦市志》（科教文化卷），北京：方志出版社，2000年。

盘山县地方志编纂委员会办公室编：《盘山县志》，沈阳：沈阳出版社，1996年。

裴焕星、王煜斌修，白永贞等纂：《辽阳县志》，民国十七年排印本。

齐齐哈尔市地方志办公室编纂：《齐齐哈尔地方志》，哈尔滨：黑龙江人民出版社，2004年。

齐齐哈尔市富拉尔基区地方志编审委员会编纂：《齐齐哈尔市富拉尔基区志》，内部发行，1997年。

青冈县志编纂委员会办公室编：《青冈县志》，哈尔滨：黑龙江人民出版社，1987年。

庆安县地方志编纂委员会办公室编：《庆安县志》，哈尔滨：黑龙江人民出版社，1995年。

饶河县地方志编纂办公室编：《饶河县志》，哈尔滨：黑龙江人民出版社，1992年。

沈国冕修、苏民纂：《兴京县志·礼俗·婚嫁》(全一册)，民国十四年铅印本。

沈阳市大东区人民政府地方志编纂办公室编：《大东区志：1896—1995》，沈阳：辽宁民族出版社，1999年。

沈阳市皇姑区人民政府地方志编纂委员会办公室编：《皇姑区志》，沈阳：辽宁大学出版社，1993年。

沈阳市民委民族志编纂办公室编：《沈阳锡伯族志》，沈阳：辽宁民族出版社，1988年。

沈阳市民委民族志编纂办公室编：《沈阳满族志》，沈阳：辽宁民族出版社，1991年。

沈阳市人民政府地方志编纂办公室编：《沈阳市志》第十六卷，沈阳：沈阳出版社，1994年。

施立学、曹保明主编：《中国民俗大系·吉林民俗》，兰州：甘肃人民出版社，2004年。

绥中县地方志编纂委员会编：《绥中县志》，沈阳：辽宁人民出版社，1988年。

孙剑平主编，《克山县志》编纂委员会编：《克山县志》，北京：中国经济出版社，1991年。

孙荃芳修，宋景文纂：《珠河县志》，民国十八年铅印本。

孙蓉图修，徐希廉纂：《瑷珲县志》，民国九年铅印本。

孙吴县志编纂委员会办公室编：《孙吴县志》，哈尔滨：黑龙江人民出版社，1991年。

塔河县地方志编纂委员会编：《塔河县志》，北京：中华书局，2000年。

铁岭县地方志编纂委员会编：《铁岭县志》，沈阳：辽沈书社，1993年。

通榆县志编纂委员会编：《通榆县志》，长春：吉林人民出版社，1994年。

汪清县地方志编纂委员会编：《汪清县志（1909—1985）》，内部发行，2002年。

王宏刚、富育光编著：《满族风俗志》，北京：中央民族学院出版社，1991年。

王辉：《民国时期东北汉族民间信仰研究（1912—1931）》，吉林大学博士学位论文，2017年。

王世选修，梅文昭纂：《宁安县志》，民国十三年铅印本。

王树楠、吴廷燮、金毓黻等纂，东北文史丛书编辑委员会点校：《奉天通志》，沈阳：东北文史丛书编辑委员会，1983年。

王文璞修，吕中清纂，杨焕文续修，刘振翮续纂：《北镇县志》，民国二十二年石印本。

王永恩修，王春鹏纂：《海龙县志》，民国二十六年铅印本。

望奎县地方志编纂委员会编纂：《望奎县志》，内部发行，1989年。

五常县地方志编纂委员会编：《五常县志》，哈尔滨：黑龙江人民出版社，1989年。

魏毓兰、馨若氏编辑，李思乐、张玉春、王彩云校点：《龙城旧闻》，哈尔滨：黑龙江人民出版社，1986年。

文镒修，范炳勋等纂：《绥中县志》，民国十八年铅印本。

《锡伯族简史》编写组，《锡伯族简史》修订编写组：《锡伯族简史》，北京：民族出版社，2008年。

西丰县地方志办公室编：《西丰县志》，沈阳：沈阳出版社，1995年。

萧德润修，张恩书纂，曹肇元补修，希廉等补纂：《西丰县志》，民国二十七年铅印本。

辛广瑞等修，王郁云纂：《盖平县志》，民国十九年铅印本。

新民县县志编纂办公室编：《新民县志》，沈阳：沈阳出版社，1992年。

邢麟章、王瀛杰修，李耦纂：《东丰县志》，民国二十年铅印本。

兴城市地方志编纂委员会编：《兴城县志》，沈阳：辽宁大学出版社，1990年。

岫岩县志编辑部编：《岫岩县志》，沈阳：辽宁大学出版社，1989年。

徐维淮修，李植嘉纂：《辽中县志》，民国十九年铅印本。

延吉市地方志编纂委员会编：《延吉市志》，北京：中华书局，2003年。

严兆霖修，张玉书等纂，《望奎县志》，民国八年铅印本。

阎云翔著，李放春、刘瑜译：《礼物的流动——一个中国村庄中的互惠原则与社会网络》，上海：上海人民出版社，2000年。

杨晋源修，王庆云纂：《营口县志》，民国二十二年石印本。

杨锡春：《满族风俗考》，哈尔滨：黑龙江人民出版社，1998年。

姚祖训：《磐石县乡土志》，吉林省图书馆1960年油印本。

伊春市地方志编纂委员会编：《伊春市志》，哈尔滨：黑龙江人民出版社，1995年。

伊春市上甘岭区地方志办公室：《伊春市上甘岭区志（1953—1985）》，内部发行，1989年。

尹郁山编著，李宏光整理：《吉林满俗研究》，长春：吉林文史出版社，1991年。

榆树县地方志编纂委员会编：《榆树县志》，长春：吉林文史出版社，1993年。

陈占甲修，周渭贤纂：《镇东县志》，民国十六年铅印本。

《庄河县志》编纂委员会办公室编：《庄河县志》，北京：新华出版社，1996年。

张超：《东北民俗文化的特征研究》，《开封教育学院学报》2017年第10期。

张佳生主编：《中国满族通论》，沈阳：辽宁民族出版社，2005年。

张鉴唐、刘焕文修，郭逵等纂：《锦西县志》，民国十八年铅印本。

张兴贵主编：《乾安县志（1986—2000）》，长春：吉林人民出版社，2008年。

张岩岩：《清末民初东北婚俗变迁述略》，《辽宁师范大学学报》2010年第4期。

张遇春修，贾如谊纂：《阜新县志》，民国二十四年铅印本。

张元俊修，车焕文纂：《抚松县志》，民国十九年排印本。

张宗文编著：《东北地理大纲》，杭州：中华人地舆图学社，1933年。

张书翰、马仲援修，赵述云、金毓黻纂：《长春县志》，民国三十年铅印本。

彰武县志编纂委员会办公室编：《彰武县志》，内部发行，1988年。

赵亨萃、李宴春等修，赵晋臣、孙云章等纂：《怀德县志》，民国十八年铅印本。

赵金波、徐海丹编：《大庆市让胡路区志》，哈尔滨：黑龙江人民出版社，2009年。

肇东县县志办公室编：《肇东县志》，内部发行，1985年。

郑士纯等纂修：《桦川县志》，民国十七年铅印本。

郑士纯修，朱衣点纂:《农安县志》，民国十七年铅印本。

郑治平主编:《绥棱县志》，哈尔滨：黑龙江人民出版社，1988年。

中共长海县委员会、长海县人民政府、《长海县志》编纂委员会编:《长海县志》，内部发行，1984年。

中国科学院民族研究所辽宁少数民族社会历史调查组:《满族社会历史调查报告》上册，内部资料，1963年。

中国人民政治协商会议辽宁省锦州市委员会、文史资料委员会编:《锦州文史资料》第十一辑，内部发行，1993年。

朱立春:《吉林省民俗节庆》，长春：吉林人民出版社，2012年。

后 记

我在编写本书时，对东北地区社会生活的丰富多彩、包罗万象以及当地婚礼习俗的异彩纷呈惊叹不已。本书通过对黑龙江省、吉林省和辽宁省的婚前礼、正婚礼和婚后礼进行细致的梳理与观察，进而呈现出东北地区婚礼习俗的历史演变和发展现状。东北地区的南部与北部、城市与乡村都有较大差异，各民族也有各自不同的特点。东北民俗文化有着历史的传承性并随着时代发展不断丰富和变化，其丰富多彩的少数民族婚礼文化，使得东北地区的婚礼习俗凭借其鲜明的地域特色当之无愧地成为中国婚姻礼俗中的华丽篇章。

本书在写作过程中，曾一度因资料不充分而停滞不前，幸而瞿明安教授在篇章结构、写作框架和文献资料等方面给予帮助与支持，并对书稿提出许多宝贵的修改意见，这些无私的帮助无疑是一次次的雪中送炭。师门苏醒、丁桂芳也给予帮助与支持，在此一并感谢。此外，感谢张丽琴为本书资料收集提供的热心帮助，感谢我的父母和家人一如既往的支持。由于研究能力有限，错误之处在所难免，恳请专家学者给予批评指正。

张桔

2022 年 8 月 30 日